本书是广东省"十三五"规划项目"粤东客家华侨妇女生存地位的深层构成——以民俗与文学双重视野为重点研究"（GD16TW0824）的研究成果

本书是苏区精神（广东）研究中心重大项目"客家女性在苏区文艺建构中的历史地位研究——以红色歌谣与戏剧为重点分析"（SQJSKT—201901）的研究成果

本丛书出版得到以下研究机构和项目经费资助：

嘉应学院客家研究院

梅州市客家研究院

广东省特色重点学科"客家学"建设经费

嘉应学院第五轮重点学科"中国史"建设经费

广东省客家文化研究基地—嘉应学院客家研究院

广东客家文化普及与研究基地—嘉应学院客家研究院

广东省非物质文化遗产研究基地—嘉应学院客家研究院

理论粤军·广东地方特色文化研究基地—客家文化研究基地

广东省普通高校人文社会科学省市共建重点研究基地—嘉应学院客家研究院

客家学研究丛书

第六辑

客家女性
生存地位的深层构成

以民俗与民间文学双重视野为重点研究

周晓平 著

暨南大学出版社

JINAN UNIVERSITY PRESS

中国·广州

图书在版编目（CIP）数据

客家女性生存地位的深层构成：以民俗与民间文学双重视野为重点研究/
周晓平著．—广州：暨南大学出版社，2022.4
（客家学研究丛书．第六辑）
ISBN 978 - 7 - 5668 - 3376 - 1

Ⅰ．①客… Ⅱ．①周… Ⅲ．①客家人—妇女地位—研究—中国 ②民间
文学—文学研究—中国 Ⅳ．①D442.7 ②I207.7

中国版本图书馆 CIP 数据核字（2022）第 046276 号

客家女性生存地位的深层构成：以民俗与民间文学双重视野为重
点研究
KEJIA NÜXING SHENGCUN DIWEI DE SHENCENG GOUCHENG：YI MINSU
YU MINJIAN WENXUE SHUANGCHONG SHIYE WEI ZHONGDIAN YANJIU
著　者：周晓平

出 版 人：张晋升
策划编辑：杜小陆
责任编辑：王莎莎
责任校对：苏　洁　黄亦秋
责任印制：周一丹　郑玉婷

出版发行：暨南大学出版社（510630）
电　　话：总编室（8620）85221601
　　　　　营销部（8620）85225284　85228291　85228292　85226712
传　　真：（8620）85221583（办公室）　85223774（营销部）
网　　址：http://www.jnupress.com
排　　版：广州良弓广告有限公司
印　　刷：佛山市浩文彩色印刷有限公司
开　　本：787mm×960mm　1/16
印　　张：16.75
字　　数：304 千
版　　次：2022 年 4 月第 1 版
印　　次：2022 年 4 月第 1 次
定　　价：69.80 元

（暨大版图书如有印装质量问题，请与出版社总编室联系调换）

总　序

　　客家文化以其语言、民俗、音乐、建筑等方面的独特性，尤其是客家人在海内外社会经济发展中的突出贡献，引起了历史学、人类学、民俗学和语言学等诸多学科领域内学者的关注。而随着西方人文学科理论和研究方法在 20 世纪初传入我国，客家历史与文化研究也逐渐进入科学规范的研究行列，并相继出现了一批具有开创性的研究成果。1933 年，罗香林《客家研究导论》的出版，标志着客家研究进入了现代学术研究的范畴。20 世纪 80 年代以来，著作、论文等研究成果的推陈出新，也在呼吁学界能够设立专门的学科并规范客家研究的科学范式。

　　作为国内较早成立的专门从事客家研究的机构，嘉应学院客家研究院用二十五载的岁月，换来了客家研究成果在数量上空前的增长，率先成为客家学研究的重要阵地，也引起了国内外学术界的高度关注。但若从质的维度来看，当前的客家研究还面临一系列有待思考及解决的问题：客家学研究的主题有哪些？哪些有意义，哪些纯粹是臆测？这些主题产生的背景是什么？它们是如何通过社会与历史的双重作用，而产生某些政治、经济乃至文化权力的诉求与争议的？当代客家研究如何紧密结合地方社会发展的需要，又如何与国内外其他学科对话与交流？诸如此类的疑惑，需要从理论探索、田野实践和学科交叉等层面努力，以理论对话和案例实证作为手段，真正实现跨区域和多学科的协同创新。

一、触前沿：客家学研究的理论探索

　　当前的客家学研究主要分布在人文社会科学的诸多学科范围之内，所以开展卓有成效的客家研究自然需要敢于接触不同学科领域的学术理论。比如，社会学科先后出现过福柯的权力理论、布尔迪厄的实践理论、吉登斯的结构化理论、鲍曼的风险社会理论、哈贝马斯的沟通行动理论、卢曼的系统理论、科尔曼的理性选择理论和亚历山大的文化社会学理论。① 社

---

①　DEMEULENAERE P. Analytical sociology and social mechanisms. Cambridge：Cambridge University Press，2011.

会科学研究经常需要涉及的热点议题，在客家研究中同样不可回避，比如社会资本、新阶层、互联网、公共领域、情感与身体、时间与空间、社会转型和世界主义。① 再比如，社会学关于移民研究的推拉理论、人类学对族群研究的认同与边界理论以及社会转型与文化变迁的机制，都可以具体应用到客家研究上，并形成理论对话而提升客家研究的高度。在研究方法上，人文社会科学提倡的建模、机制与话语分析、文化与理论自觉等前沿手段，② 都可以遵循"拿来主义"的原则为客家研究所用。

可以说，客家研究要上升为独具特色的独立学科，首先要解决的便是理论对话和科学研究的范式问题。客家学作为一门融会了众多社会人文学科的综合性学科，既不是客家史，也不是客家地区政治、经济、文化等内容的汇编或整合，而是一门以民族学基础理论为基础，又比民族学具有更多独特特征、丰富内容的学科。③ 不可否认的是，客家研究具有自身独特的学术传统，但要形成自身的理论构架和研究方法，若离开历史学、文献学、考古学、人类学、语言学、社会学、民俗学等诸多学科理论的支撑，显然就是痴人说梦。要在这方面取得成绩，则非要长期冷静、刻苦、踏实、认真潜心研究不可。如若神不守舍、心动意摇，就会跑调走板、贻笑大方。在不少人汲汲于功名、切切于利益、念念于职位的当今，专注于客家研究的我们似乎有些另类。不过，不管是学者应有的社会良知与独立人格，还是人文学科秉持的历史责任与独立思考的精神，都激励我们坚持实事求是的原则，在触碰前沿理论上不断探索，以积累学科发展所需的坚实理论。

要做到这一点，就得潜下心来大量阅读国内外学术名著，了解前沿理论的学术进路和迁移运用，使客家研究能够进入国际学术研究对话的行列。

二、接地气：客家研究的田野工作

学科发展需要理论的建设与支撑，更离不开学科研究对象的深入和扩展，而进入客家人生活的区域开展田野工作，借助从书斋到田野再回到书斋的螺旋式上升的研究路径，客家研究才能做到"既仰望星空又能接地

---

① TURNER J H ed. Handbook of sociological theory. New York：Kluwer Academic Publishers，2001.

② JACCARD J & JACOBY J. Theory construction and model-building skills. New York：Guilford Press，2010.

③ 吴泽：《建立客家学刍议》，载吴泽主编，《客家学研究》编辑委员会编：《客家学研究》（第2辑），上海：上海人民出版社，1990年。

气"，才能厚积薄发。

人类学推崇的田野工作要求研究者通过田野方法收集经验材料的主体，客观描述所发现的任何事情并分析发现结果。① 田野工作的目标要界定并收集到自己足以真正控制严格的经验材料，所以需要充分发挥参与观察、深度访谈和问卷调查的手段。从学科建设和学科发展的角度，客家族群的分布和文化多元特征，决定了客家研究对田野调查的依赖性。这就要求研究者深入客家乡村聚落，采用参与观察、个别访谈、开座谈会、问卷调查等方法调查客家民俗节庆、方言、歌谣等，收集有关客家地区民间历史与文化丰富性及多样性的资料。

而在客家文献资料采集方面，田野工作的精神同样适用。一方面，文献资料可以增加研究者对客家文化的理解，还可以对研究者的学术敏感和问题意识产生积极影响；另一方面，田野工作既增加了文献资料的来源，又能提供给研究者重要的历史感和文化体验，也使得文献的解读可以更加符合地方社会的历史与现实。譬如，到图书馆、档案馆等公藏机构及民间广泛收集对客家文化、客家音乐、客家方言等有所记载的正史、地方志、文集、族谱及已有的研究成果等。田野调查需要入村进户，因此从具有深厚文化传统的客家古村落入手，无疑可以取得事半功倍的效果。

在客家地区开展田野调查，需要点面结合才能形成质量上乘的多点民族志。20 世纪 90 年代，法国人类学家劳格文与广东嘉应大学（2000 年改名为嘉应学院）、韶关大学（2000 年改名为韶关学院）、福建省社会科学院、赣南师范学院、赣州市博物馆等单位合作，开展"客家传统社会"的系列研究。他在长达十多年的时间里，辗转于粤东、闽西、赣南、粤北等地，深入乡镇村落，从事客家文化的田野调查。到 2006 年，这些田野调查的成果汇集出版了总计 30 余册的"客家传统社会"丛书，不仅集中地描述客家地区传统民俗与经济，还具体地描述了传统宗族社会的形成、发展和具体运作及其社会影响。

2013 年以来，嘉应学院客家研究院选择了多个历史悠久、文化底蕴深厚的古村落，以研究项目的形式开展田野作业，要求研究人员采用参与观察、深度访谈、文献追踪等方法，对村落居民的源流、宗族、民间信仰、习俗等民间社会与文化的形成与变迁进行深入的分析和研究，形成对乡村

---

① 托马斯·许兰德·埃里克森著，周云水、吴攀龙、陈靖云译：《什么是人类学》，北京：北京大学出版社，2013 年，第 65 - 67 页。

聚落历史文化发展与变迁的总体认识。在对客家地区文化进行个案分析与研究的基础上，再进行跨区域、跨族群的文化比较研究，揭示客家文化的区域特征，进而梳理客家社会变迁和文化发展过程。

闽粤赣是客家聚居的核心区域，很多风俗习惯都能够找到相似的元素。就每年的元宵习俗而言，江西赣州宁都有添丁炮、石城有灯彩，而到了广东的兴宁市和河源市和平县，这一习俗则演变为"响丁"，花灯也成了寄托客家民众淳朴愿望的符号。所以，要弄清楚相似的客家习俗背后有何不同的行动逻辑，就必须用跨区域的视角来分析。这一源自田野的事例足以表明田野调查对客家学研究的重要性。

无论是主张客家学学科建设应包括客家历史学、客家方言学、客家家族文化、客家文艺、客家风俗礼仪文化、客家食疗文化、客家宗教文化、华侨文化等，① 还是认为客家学的学科体系要由客家学导论、客家民系学、客家历史学、客家方言学、客家文化人类学、客家民俗学、客家民间文学、客家学研究发展史八个科目为基础来构建，② 客家研究都无法回避研究对象的固有特征——客家人的迁徙流动而导致的文化离散性，所以在田野调查时更强调追踪研究和村落回访③。只有夯实田野工作的存量，文献资料的采集才可能有溢出其增量的效益。

三、求创新：客家研究的学科交叉

学问的创新本不是一件易事，需要独上高楼，不怕衣带渐宽，耐得住孤独寂寞，一往无前地上下求索。客家研究更是如此，研究者需要甘居边缘、乐于淡泊、自守宁静的治学态度——默默地做自己感兴趣的学问，与两三同好商量旧学、切磋疑义、增益新知。

客家研究要创新，就需要综合历史学、人类学、语言学、音乐学、社会学等学科理论和方法，对客家民俗、客家方言、客家音乐等进行综合分析和研究，以学科交叉合作的研究方式，形成对客家族群全面的、客观的总体认识。

客家族群作为中华民族共同体的一个重要支系，在其形成和发展过程

---

① 张应斌：《21世纪的客家研究——关于客家学的理论建构》，《嘉应大学学报》，1996年第4期。

② 凌双匡：《建立客家学的构想》，《客家大观园》，1994年创刊号。

③ 康拉德·菲利普·科塔克著，周云水译：《文化人类学——欣赏文化差异》，北京：中国人民大学出版社，2012年，第457-459页。

中融合多个山区民族的文化，形成独具特色的文化体系。建立客家学学科，科学地揭示客家族群的个性和特殊性，可以加深和丰富对中华民族的认识。用客家人独特的历史、民俗、方言、音乐等本土素材，形成客家学体系并进一步建构客家学学科，将有助于促进中国人文社会科学本土化的发展，从而为中国人文社会科学的发展和繁荣作出应有的贡献。客家人遍布海内外 80 多个国家和地区，客家华侨华人 1 000 余万，每年召开一次世界性的客属恳亲大会，在全世界华人中具有重要影响。粤东梅州是全国四大侨乡之一，历史遗存颇多，文化积淀深厚，华侨成为影响客家社会历史和文化发展的重要因素。建立客家学学科，将进一步拓宽华侨华人研究领域，有助于华侨华人与侨乡研究的深入发展。

在当前客家学研究成果积淀日益丰厚、客家研究日益受到社会各界重视的情况下，总结以往研究成果，形成客家学学科理论和方法，构建客家学学科体系，成为目前客家学界非常紧迫而又十分重要的任务。

嘉应学院客家研究院敢啃硬骨头，在总结以往研究成果的基础上，完成目前学科建设条件已初步具备的客家文化学、客家语言文字学、客家音乐学等的论证和编纂，初步建构客家学体系的分支学科。具体而言，客家文化学探讨客家文化的历史、现状和未来并揭示其发生、发展规律，分析客家族群的物质文化、制度文化和精神文化的产生、发展过程及其特征。客家语言文字学探讨客家方言的语音、词汇、语法、文字等的特征，展示客家语言文字的具体内容及其社会意义。客家音乐学探讨客家山歌、汉剧、舞蹈等的发生、发展及其特征，揭示客家音乐的具体内容和社会意义。

客家族群是汉民族的一个支系，研究时既要注意到汉文化、中华文化的普遍性，又要注意到客家文化的独特性，体现客家文化多元一体的属性。客家学研究的对象，决定客家学是一门融合历史学、民俗学、方言学、音乐学、社会学等众多社会人文学科的综合性学科。如何形成跨学科的客家学研究理论与方法，是客家研究必须突破的重要问题。唯有明确客家学研究的基本概念、理论和方法，并通过广泛的田野调查和深入的个案研究，广泛收集关于客家文化、客家方言、客家音乐等各种资料，从多角度进行学科交叉合作的分析和研究，才能实现创新和发展。

嘉应学院地处海内外最大的客家人聚居地，具有开展客家学研究得天独厚的地缘优势。1989 年，嘉应学院的前身嘉应大学率先在全国建立了专门性的校级客家研究机构——客家研究所。2006 年 4 月，以客家研究所为

基础，组建了嘉应学院客家研究院、梅州市客家研究院。因研究成果突出、社会影响大，2006 年 11 月，客家研究院被广东省社会科学界联合会评为"广东省客家文化研究基地"；2007 年 6 月，被广东省教育厅评为"广东省普通高校人文社会科学省市共建重点研究基地"。之后其又被广东省委宣传部、广东省社会科学院评为"广东地方特色文化研究基地——客家文化研究基地"，被广东省文化厅评为"广东省非物质文化遗产研究基地"，被广东省教育厅评为"广东省粤台客家文化传承与发展协同创新中心"；还经国家民政部门批准，在国家一级学会"中国人类学民族学研究会"下成立了"客家学专业委员会"。

2009 年 8 月，在昆明召开的第 16 届国际人类学大会上，客家研究院成功组织"解读客家历史与文化：文化人类学的视野"专题研讨会，初步奠定了客家研究国际化的基础。2012 年 12 月，客家研究院召开了"客家文化多样性与客家学理论体系建构国际学术研究会"，基本确立了客家学学科建设的基本途径和主要方法。另外，1990 年以来，嘉应学院客家研究院坚持每年出版两期《客家研究辑刊》（现已出版 45 期），不仅刊载具有理论对话和新视角的论文，也为未经雕琢的田野报告提供发表和交流的平台。自 1994 年以来，客家研究院承担国家社会科学基金项目 2 项，广东省哲学社会科学规划项目等 20 余项，出版《客家源流探奥》① 等著作 50 余部，其中江理达等的著作《兴宁市总体发展战略规划研究》② 获广东省哲学社会科学优秀成果一等奖，肖文评的专著《白堠乡的故事——地域史脉络下的乡村建构》③ 获广东省哲学社会科学优秀成果二等奖，房学嘉的专著《粤东客家生态与民俗研究》④ 获广东省哲学社会科学优秀成果三等奖。深厚的研究成果积淀，为客家学学科建设奠定了坚实的理论基础。经过几代人的不懈努力，嘉应学院的客家研究已经具备了在国际学术圈交流的能力，这离不开多学科理论对话的实践和田野调查经验的积累。

客家学研究丛书的出版，既是客家研究在前述立足田野与理论对话"俯仰之间"兼顾理论与实践的继续前行，也是嘉应学院客家学研究朝着国际化目标迈出的坚实步伐。"星星之火，可以燎原"，这套丛书包括学术

---

① 房学嘉：《客家源流探奥》，广州：广东高等教育出版社，1994 年。
② 江理达等主编：《兴宁市总体发展战略规划研究》，广州：广东教育出版社，2009 年。
③ 肖文评：《白堠乡的故事——地域史脉络下的乡村建构》，北京：生活·读书·新知三联书店，2011 年。
④ 房学嘉：《粤东客家生态与民俗研究》，广州：华南理工大学出版社，2008 年。

研究专著、田野调查报告、教材、译著、资料整理等，体现了客家学学科建设的不同学术旨趣和理论关怀。古人云，"不积跬步，无以至千里；不积小流，无以成江海"，我们愿意从点滴做起。希望丛书的出版，能引起国内外客家学界对客家学学科体系建设的关注，促进客家学研究的科学化发展。

编 者

2014 年 8 月 30 日

前　言

　　记得 2002 年 7 月，我于江西师大的汉语言文学专业硕士研究生毕业并应聘到广东嘉应学院任职。9 月初，酷暑炎热的季节未过，我提着一个较大的行李箱，外加两个行李包，搭上了从武昌到汕头的列车，来到了世界客都——梅州，开启了人生新的生活、工作旅程。时至今日，足足有 18 个年头。

　　梅州是客家的大本营，是客家人的摇篮。这里人杰地灵，人文荟萃。尤其，近现代以来在客家这块古老的土地上孕育了许多文化名人：宋湘、温仲和、黄遵宪、叶璧华、丘逢甲、林风眠、李金发、张资平、林文铮、蒲风等，不胜枚举。他（她）们在中国近现代文化史上都是举足轻重的人物，并在各个领域作出了一定的贡献。

　　那么，这种奇特的文化现象的产生，其内在根源是什么呢？

　　一方水土养一方人。记得 20 世纪中叶，美国文化人类学家斯图尔德率先把研究自然生态环境的多样性与系统、动态、平衡的生态学理论延伸到和社会科学有关的民族风俗与道德、宗教与哲学、文学与艺术等人文学科领域，并创立了"文化生态学"。主张从人与自然、社会、文化的各种变量的交互作用中研究文化的发展规律，从而探讨文化发展的模式。① 客家生态是与客家社会、人文与自然生态紧密联系在一起的。梅州这个地区是典型的客家文化的播布区，从建筑风格、出土的文物到客家人的性格、审美、习俗，从显性到隐性都可以领略到客家文化的风范。厚重客家文化的遗存和积淀，熏陶并影响客家人的生活、风俗和认知，又进一步加深了本地区灿烂的文化底蕴。譬如作为具有显著特色的民间山歌、戏剧文化，其形成肯定与它的某种地理环境、历史沿革与文化背景相关。因此，从文化人类学的角度来分析探讨任何一种文化形式的产生与发展，总是要与当地的历史环境和地域生态相联系的。只有在微观上对其进行细致而缜密的考察，才能从宏观上对其文化背景及语境的大趋势有所把握。

①　罗娜：《基于文化生态的梅州客家影视文化创作思路》，孙博：《客家文化与发展幸福导向型产业》，北京：光明日报出版社，2013 年，第 72 页。

客家先民因为战乱或灾荒被迫离开华夏发祥地——中原，而千里迢迢迁徙至粤闽赣山区。据现有的资料统计，客家人主要分布在粤闽赣三省交界的内陆山地。粤东地区则占绝大多数。

语言是文化的载体，是人类历史的活化石。由于特殊的自然地理条件，其风格也各具特色。客家语言的底语是古汉语，后经逐步化合熔铸，发展演进而成独特的客家语系。客家传统民间文学，如客家山歌具有一般山歌的风格特点，即节奏比较自由，音调高扬，声音绵长，以求传得悠远，让人听得清楚，但它又有自己的个性。因为客家人聚居的地区属于丘陵山地，气候比较温和湿润，客家人的祖辈都曾在这里经历过艰苦的创业，生活比较简朴又有向海外拓展的愿望；在客家山歌的音调中，因为语言风格的不同，音乐中强调的调式主音也不同，这也是客家山歌与其他山歌风格不同的原因，既有古朴的遗风，又略带几分忧愁的野味。在客家地区存在着大量的"过番谣"，这是客家人漂洋过海到东南亚的马来西亚、印度尼西亚、新加坡、泰国、老挝、缅甸等国去谋生的历史见证。由于经济、政治、历史的原因，客家人被迫"过番"。这种"过番谣"大多数是苦情歌、恋歌、杂歌（既有从儿童的视角观察"过番"，又有社会各阶层对"过番"与"金山客"认识的反馈）。

譬如《"过番"情歌》：

阿哥出门去过番，洋船等在粤海关；阿妹有话当面讲，下次搭信过艰难。

阿哥出门去过番，阿妹送到汕头关；番邦赚钱番邦使，去就容易转就难。

汕头出海七洲洋，七日七夜水茫茫；行船三日唔食饭，妹个言语当干粮。

阿哥出门去南洋，唐山隔山路途长；鸳鸯枕上无双对，壁上灯草挂心肠。

浑水长流有清日，阿哥走后难见人；路远迢迢莫问处，朝看日头夜看星。

出门寻哥到汕头，寻哥唔到日夜愁；洋船过番都晓转，样般阿哥么回头。

梁上燕子对对飞，朝晨同出夜同归；阿哥出门么信搭，目汁流干自家知。①

也有规劝家乡的人不要"过番"的歌谣，譬如《过到番邦更加难》：

家中贫苦莫过番，过到番邦更加难；若系同仁做新客，三年日子样
得满。

至嘱亲友莫过番，海浪抛起高过山；晕船如同天地转，舱底好似下
阴间。

昔日谋生到外洋，初到锡山苦难当；公司事务唔相识，冷言冷语刺
心肠。

讲起过番催讨饶，挑起锡泥过浮桥；千转过得千转好，一转失脚命
都无。

日头似火热难当，挑担锡泥上跳梆；一身晒到锅底黑，心中苦楚谁
思量？

…………

苦劝叔侄莫过番，番邦唔得转唐山；山高水远无依靠，辛苦日子唔
得满。

郎在番邦妹在唐，两人共天各一方；妹在唐山无双对，郎在番邦打
流浪。②

一般来说，客家民间说唱、山歌或其他传统口头文学样式，其内容、音调都显得相对悲苦，这是客家人在长期的迁徙奔波中心路历程的写照。同时，辛苦辗转的农耕生活，加上民不聊生的战争与天灾人祸，这种生活背景与社会背景，造成了客家山歌音调的低沉与悲哀。

客家文化的遗存和积淀，熏陶并影响了客家人的生活、风俗和审美。客家民间文学正是在客家文化的孕育中产生与发展起来的，是客家文化土壤中一枝鲜艳的奇葩。

客家民间文学，如客家山歌、故事、传说、民间小戏在客家社会具有广阔的生存空间。譬如客家山歌，客家人无论在哪种场合都会利用山歌这种方式来表现自己的喜、怒、哀、乐。这种娱乐与生活方式几乎贯穿客家人生活的方方面面，成为人们日常生活的一道亮丽的风景。这种特殊的民俗，让我感到十分惊奇。

———————————

① 参见罗英祥编著：《飘洋过海的客家人》，开封：河南大学出版社，1994 年，第 308 页。
② 参见罗英祥编著：《飘洋过海的客家人》，开封：河南大学出版社，1994 年，第 312 页。

18 年来，我在教学工作之余，把更多的精力投入到客家民间文学这一块园地之中进行科学研究。它是我辛勤耕耘的一块广阔的园地。多年以来，更看了不少的客家山歌剧、五句板、采茶戏、傩戏。在梅州客家采访了一些山歌大师与民间艺人，如汤明哲、余耀南等。在《赣南师范大学学报》《嘉应学院学报》《韶关学院学报》等发表了不少相关的论文，也申报了一些相关的课题。令我吃惊的是，我在研究客家民间文学的同时，搜集到不少近代以来海内外客家地区流传的"过番谣"。这些凄凉、悲惨的"过番谣"，令人想到客家人"过番"的不容易。客家人不惜生命漂洋过海，除了经济贫穷之外，是否还存在其他的隐忧呢？如今有些客家华侨在海外取得了巨大的成就，可是在这种繁华的背后隐藏了多少心酸，深藏着多少落寞、凄凉的故事！

客家民间文学与客家女性有着天然的不解之缘，一方面客家民间文学以大量的篇幅再现了客家女性的生活与生存方式，另一方面，客家女性利用客家民间文学这种精神媒介把客家社会、人生描绘得如此客观而真实，表现得如此生动活泼。客家人，尤其是客家女性在客家民间文学中的表现，使我深刻认识到客家女性的优秀与不朽。

"历史是人民创造的。"对于客家女性，有许多外国的民俗学家、历史学家进行过不少的褒扬，如日本、美国、英国等多国专家都进行过惊人相似的赞美，而这些还原到客家民间文学与民俗中来，都是最好的见证。

周晓平
2020 年 12 月

目 录
Contents

第一章 绪 论

第一节 客家及海外民俗与民间文学的学术史回顾

一、客家及海外民俗文化视野和传统文学研究的回眸与前瞻

"自古山歌从口①出，哪有山歌船载来？"

这首山歌源于一个故事，说的是，古时客家梅县松口是唱山歌风气特盛的地方，那里有一个聪明美丽的年轻姑娘叫刘三妹，出口成歌，远近闻名。一日，某秀才用船载着歌书来寻她斗歌，趾高气扬而来，瞠目结舌而去。

在客家人聚居的其他一些地方，也有"刘三妹"（在广西则叫"刘三姐"）的故事流传，只是版本各不相同罢了。其中，古籍记载最为详尽的，要数清朝初年屈大钧著的《广东新语》中的"刘三妹"了。大意说，刘三妹12岁就很会唱山歌了，千百里内慕名前来对歌的、观看的人围了几百层，都以为她是仙女。他们唱了七天七夜，最后都变成了石头。后人视刘三妹为歌仙，祀以香火。

"刘三妹"的故事在许多地方流传的现象，也许正好反映了客家人历史上的迁徙生活。从清初至清中叶，聚居在梅州的客家人，由于人口膨胀，大批西迁到广东、海南各地及广西、四川、湖南、贵州、云南等地，于是，客家山歌和包括"刘三妹"在内的山歌故事也就"一把芝麻撒上天，落地开花万万千"了。说来也巧，广西的"刘三姐"是"梅州人"（据柳州州志记载是"潮梅人氏"。梅州与潮汕同在粤东，旧时统称"潮梅"）。电影《刘三姐》的扮演者黄婉秋是"梅州人"（祖籍梅县）。被视为"昔有刘三姐，今有柯大哥""继刘三姐之后的一位八桂歌乡的好歌手"

---

① 从口：双关语，谐音"松口"。

的柯炽也是"梅州人"（原籍梅州大埔县）。这应该是"歌随人迁"的印证。

在客家梅州各地，民间还流传有许多"刘三妹"式的山歌人物，如杨四娣、刁嫂子、张六满、冯祖丕、张水三、何好娘等，他们都是名扬一方的"山歌精"。这正好说明客家民间文学自古有之，而且盛行。

（一）客家民俗文化研究的回顾

客家文化是一种独特的地域文化，这种独特性以迁徙背景为发展归宿。客家文化赖以生成的基本特质对于乡邑客人的精神影响、历史积淀、人文特色、风俗民情的产生发展起到了至关重要的作用。它对中原与土著文化进行了有机的融合，既体现出与中华文化的一脉相承，又呈现为一定程度的区别特质。从精神内核来看，客家文化经历了从原始农业经济到现代都市开化、从偏远山区的自我封闭到现代文明的开放、从单一到多元的转换过程。因而，在客家这块古老而神奇的土地上，各种文化的碰撞、融合形成一种奇特的文化现象——多元特色的文化。这种文化品格源于世世代代的客家人历经磨难、身处危厄、流徙之中却不断开拓进取的发展历程。它的深刻蕴涵，主要体现为博大与包容，既坚持文化中心论，又固守边缘文化传统。相对于中华文化传统继承来说，显现为更纯粹、本源的性质。在迁徙过程中，客家人无论身处何方，都是追宗念祖，故云："宁卖祖宗田，莫忘祖宗言。"使其在迁徙辗转中所携带的原初文化刻意地得到保存，并成为中华文化的活化石。

客家民俗文化历经上千年，形成了一种相对包容的文化。这并不是说客家人对于自己的传统不够重视，恰恰相反，其对母根文化的呵护十分强烈，对于传统文化有着非同一般的自豪感。迁徙环境的险恶，使之无法回避任何困厄。客家人文依旧保持着草根文明的本色，并呈现出三种基本特质：质朴无华的风格、务实避虚的精神、反本追远的气质。[①] 它体现为对现有秩序的疑问与挑战，因此提升了客家文化对新事物、新观念的辨别与接受能力。[②] 它杂陈南北、调和新旧，折射了一种新质文化而撑起了华夏一段独特的民族文化历史。

土生土长的客家民俗文化一旦辐射海外，客家华侨又会进一步推动原乡地民俗文化的进一步发展与融合。按照"国家—社会"结构理论阐释，

---

① 朱双一：《闽台文学的文化亲缘》，福州：福建人民出版社，2003年，第361-362页。

② 参见谭元亨主编：《海峡两岸客家文学论》，香港：中国评论学术出版社，2006年，第348页。

村落传统宗族和民俗仪式的复兴，表明现代化不仅没有抛却传统，而且在相当的程度上拯救与复活了传统，这是社会行政控制弱化退出后，沉酣的民间文化苏醒后的自然反弹。① 海外华侨有"中华文化"情结，他们重视后代的中文教育，不愿意子女数典忘祖，尤其是早期移居东南亚的客家老华侨，他们一直保持着思念故土的情结。② 祖先崇拜情结是海外客家华侨凝聚家族和社群的重要纽带。在东南亚的客家华侨最长或许延绵五六代了，在语言、穿着、生活方式、价值观等方面已经和当地居民大致融合，但是祖神崇拜这种源于故土的民俗文化得到保留，③ 甚至有过之而无不及。20 世纪 70 年代末，中国改革开放后，客家华侨纷纷回到故乡寻根问祖，祭祖仪式的恢复和族谱的编修提上日程。客家华侨要做的另一件重要的事情就是修建祖屋，祖屋的象征意义远大于它的现实意义，它是触发客家华侨对故乡记忆的栖息地。只要在此就能找到与祖宗同在的感觉。他们还得在祖屋举行一系列的民俗祭祀活动，如家祭、墓祭、祠祭等，以及其他祭祀，如添丁、婚庆、上梁（新房落成）、岁时节日的祭祀。通过这些民俗活动寄托对先辈们的哀思，表明香火传承；通过血缘关系起到敬祖荣族的功用，并向外显示家族的力量，树立家族的声誉。这种力量与声誉同样延伸至海外，增强了家族后代为故地继续做贡献的荣誉感。④ 譬如新加坡的客家华侨，从性别的视角来看，新加坡国家父权制度所推崇的"家庭为根"的理念部分继承了家庭父权制，家庭建立在长幼有序、男女有别、男主女从的性别秩序基础上。新加坡华侨对于女性的第一个定位就是"贤妻良母"，照顾好孩子、辅助好丈夫；第二个定位就是"好劳动力"，为社会经济的发展群策群力。政府也从现代化与传统化的角度来塑造华侨女性形象。⑤ 这种民俗文化与祖籍地如出一辙。

显然，客家民俗的传统性不言而喻，随着现代社会的发展，客家人移民海外与国外民俗的融合，使客家民俗也会受到一定影响。

① 林聚任、解玉喜、杨善民等：《一个北方村落的百年变迁》，北京：社会科学文献出版社，2013 年，第 11 页。

② 庄国土：《华侨华人与中国的关系》，广州：广东高等教育出版社，2001 年，第 358 页。

③ 陈支平：《近五百年来福建的家族社会与文化》，北京：中国人民大学出版社，2011 年，第 123 – 136 页。

④ 陈支平：《近五百年来福建的家族社会与文化》，北京：中国人民大学出版社，2011 年，第 123 – 136 页。又转自周云水：《寻找祖荫与宗族复兴：海外客家华侨的集体记忆与文化反哺》，《比较视野下的中国侨乡研究论文集》，2015 年，第 18 页。

⑤ 参见范若兰：《新加坡妇女权利与国家父权制关系试析》，《东南亚研究》2016 年第 1 期，第 6 页。

1. 客家及其海外华人客家学研究的回顾

客家源自"河洛"，中原汉人南迁至粤闽赣边境，与当地畲、瑶、苗等民族长期生活在一起，形成独特的客家民系。随着人口的激增，再迁徙至湖南、湖北、广西、四川、海南等地开创新天地。自宋朝末年，特别是鸦片战争之后，粤闽赣边境人多地少的矛盾日益尖锐，人口纷纷流向中国港澳台地区，以及欧洲、美洲、大洋洲和东南亚等地区，为侨居地的经济繁荣作出了应有的贡献。侨居海外的客属华侨华人精英，他们不忘祖国、不忘故乡，在中国革命和社会主义建设各个时期都给予大力支持和援助。他们无私奉献，不断地输入新鲜的血液，促进祖国经济的快速发展。[1]

客家文化源远流长。客家学的研究，若从惠州丰湖书院山长徐旭曾《丰湖杂记》（清嘉庆十三年，即 1808 年）算起，达 200 年之久；若从 1933 年罗香林《客家研究导论》论及客家种种问题算起，亦已达 80 余年之久，此外也有不少中外非客家籍的学者或多或少言及客家系列问题。新时期以来，随着改革开放，学术氛围宽松与浓烈，尤其是 20 世纪 80 年代中国文化寻根热潮的出现，客家研究借助这股东风而呈现出强劲的势头。海外客家乡贤怀着赤子之心，从世界各地纷纷回到故土寻宗问祖，国事家事与客家历史种种话题被提到日程上来。中国许多客家研究机构（如大学、省社科院）的学术刊物也不断发表研究客家的论文和专著。在将近 20 年间，客家研究形成高潮。就梅州而言，出版客家著作近百部，研究论文不下千篇。这种盛况体现了客家文化研究事业的兴旺发达。自 20 世纪初至今，客家研究表现为两个高潮，当时著名学者顾颉刚、罗常培、章太炎等均致力倡导客家研究，并委派罗香林编《客家史料丛刊》（这一时期罗香林的《客家研究导论》是其主要代表作）。但是，在这之后的几十年时间里，尤其在"文革"十年期间，除了偶尔有关于客家方言的零星文章问世外，与客家相关的研究一度中断。新时期以来，客家地区呈现日新月异的面貌，新生事物不断涌现。客家学的研究也与时俱进，客家联谊社团、研究机构等在中国各个客家省（区）组织和建立，客家文化交流比以往任何时期更为频繁。以文献资料与社会调查、理论创新与研究方法相结合，纵论客家学的传统与新出现的重大问题，使其在研究前人的基础上又前进了一步。新时期以来的 30 年里，客家研究再度兴盛，形成第二个高潮。20世纪 90 年代以来，以华东师范大学客家研究中心和闽西客家研究会为代表，试图以建立客家学理论体系为目标，进行理性探索和深化研究领域：

---

[1] 参见吴琪文主编：《客家学文献荟萃》，北京：中国文联出版社，2004 年，第 128–129 页。

给客家学下定义，对客家文化、客家精神、客家民系的时空界定、语言与民俗等给予了学术上的概括，而且力求准确；集中于研究客家民系的历史、现状和未来并揭示其规律。①

可贵的是，在作为客家学研究重镇的广东省嘉应学院客家研究院和江西省赣南师范大学客家研究所等机构的共同参与下，法国远东学院和附属社会科学院联合开展了"客家传统社会"研究计划。它由法国学者劳格文和福建省社会科学院客家研究中心的杨彦杰共同主持，形成了一定规模的研究团队。他们动员了不少地方史的研究人员。当地的"民族志"工作者在实际的田野调查中，凭借天时地利人和的优势把乡土文献与实地调查有机地结合起来进行研究，这种研究所得出的结论是可信的。他们首次把文化人类学的视野与方法引入客家研究领域，并先后在赣南、闽西、粤东与粤北等客家地区进行了实地调查，取得了一系列的学术成果。②

值得引起重视的是，"客家传统社会"研究计划另辟蹊径地开展了对客家学研究的新方向，突破了传统的从谱牒、故纸堆中寻找依据的原始研究方式，加强了真实性。它的成果涉及一些专题性的研究，如客家服饰、饮食、礼俗、音乐、舞蹈、曲艺等。客家学研究从两性文化、宗族组织，进而发展到教育领域，其研究不断深入。客家地区的共性及不同客家地区的差异研究也在不断取得进展，而且这个计划的实施在客家学研究中一直得到延续。伴随时代发展的经济大潮，广东作为文化强省走向全国，客家学研究亦走向海外。

21 世纪以来，在已有成果的基础上，研究者分别以地域、人物和客家文化的个案研究为主题组织编写了客家研究系列书籍，由华南理工大学出版社出版。③ 2007 年 7 月广东省教育厅组织专家全面深入进行评估论证，正式批准嘉应学院客家研究院为"广东省普通高校人文社会科学省市共建重点研究基地"，说明嘉应学院客家学研究的超前性。当然这种领先地位的形成，一是与粤东梅州作为"世界客都"的天然地理位置的优势密切相关；二是长期以来研究人员下大功夫研究客家学的结果。多年以来，嘉应学院依托客家文化资源与地理资源的优势致力于关于民俗、历史、社会、方言、美术、音乐、建筑等文献和口述史的收集与整理，从不同的视角、

① 参见吴琪文主编：《客家学文献荟萃》，北京：中国文联出版社，2004 年，第 175 页。

② 参见王东：《那方山水那方人：客家源流新说》，上海：华东师范大学出版社，2007 年，第 14 页。

③ 参见林碧红主编：《客家研究文丛·客与梅州书系》，广州：华南理工大学出版社，2006 年，总序第 3 页。

不同的层面，多学科地开展客家人文资源的挖掘与研究，发展和完善客家学研究理论与方法。其特色是把人类学的田野调查、"参与体验"的方法与历史学的文献训诂、考据、文本解读的方法结合起来，取得了丰富的研究成果。① 尤其是 2010 年由吴善平主编的"十一五"国家重点图书——"客家研究文丛·客家古邑"，从民俗、诗文、方言、史要、文物、山水、探源、艺韵、传说、民居、恐龙之乡等方方面面对客家的特色进行了介绍。山川胜迹、地方传说、人物风华、民俗之醇、人物之美、艺术之珍……展现了河源客家绚丽多姿的历史画卷。② 近些年来，江西、福建客家研究著作甚丰，值得推崇。还有近年来各地举办的客家文化学术讨论会所取得的一些研究成果（在此不一一列举），都是可圈可点的。③

时至今日，客家学研究方兴未艾。这些研究渗透于人类学、历史学、政治学、民俗学、社会学、艺术学（美术、音乐舞蹈）、文学等多学科领域，呈现出一种良好互动的局面。

客家学研究的当务之急是如何在原有研究的层面上，进一步挖掘客家文化的深刻内涵，研究与保护客家文化。这是一项前无古人的宏大工程，涉及面相当广泛。客家文化研究应突破以往的历史框架和保护性目的的束缚，用科学的观点和方法去研究客家民系的历史、现状和未来并揭示其形成、发展规律。从那种粗浅、狭小的格局中走出来，以全面、特色、系统、文化性的研究为目的，以丰富的内容、深刻而独到的文化阐释来建构客家文化格局，揭示出独特的客家文化精神。

吴泽在《建立客家学刍议》中指出：客家学的内涵应该是全面又系统地研究客家民系的源流、社会经济、语言、文字、民俗文化、心理情感、民系意识等发生、发展及其演变过程，揭示这一民系的发展规律并科学地预测其未来趋势；其外延是从历史、社会、人类民族、语言文学和民俗等众多学科的视角出发，全面地、多方位地研究客家民系与汉民族共同体及中华民族大家庭文化的关系，剖析其个性特征，揭示其在文化人类学中的价值。

---

① 参见肖文评主编：《罗香林研究》，广州：华南理工大学出版社，2008 年，第 2－3 页。

② 参见吴善平主编：《客家研究文丛·客家古邑文化书系》，广州：华南理工大学出版社，2010 年，总序第 3 页。

③ 如《河洛文化与江西客家研究》（罗勇，2009 年）、《赣闽粤边区客家服饰的艺术人类学研究》（周建新，2008 年）、《当代赣闽粤边区客家与畲族族群关系与社会发展研究》（陈文红，2009 年）、《从文化客家的生成看移民族群的认同文化》（蓝希瑜，2006 年）；同时由吴汉光主编、于 2011 年海峡文艺出版社出版的福建客家文化丛书，也展示了福建客家深厚的历史文化、风俗民情、山川名胜以及世代相承的客家精神，如《福建客家著名民居》《福建客家名祠名墓》《福建客家著名景区》和《福建客家红色圣地》等。

客家学的建构与研究是基于对客家文化的建构与研究。笔者在前人研究的基础上，根据掌握的现有资料对研究成果作了一个概述。近几十年来，客家学的研究成果的确不少，但是，也存在不足。如果要对这种研究状况进行概括的话，20 世纪的客家研究存在的基本问题，一是论题狭隘，主要局限在客家源流和方言两大领域；二是主观性太强，缺乏一定的科学推理，尤其以客家源流的研究为甚（在此不作展开论述），而且出现不少重复工作。

客家学是一门边缘而又独立的学科。客家学的建构大致可从客家学导论、客家民系学、客家历史学、客家方言学、客家文化人类学、客家民俗学、客家作家文学、客家民间文学这八个研究方向入手。① 在这八个研究方向建构客家学的过程中，客家作家文学②、客家民间文学是客家学建构中最为薄弱的两个环节，若不进行有效的研究补偿，势必影响整个客家学

① 参见王东：《那方山水那方人：客家源流新说》，上海：华东师范大学出版社，2007 年，第 63 - 64 页。

② 客家作家文学蕴藏相当丰富，大致可以分为两类，一是著名作家及诗人的文学作品，如近代诗人黄遵宪、丘逢甲、温仲和的客家诗人群等的诗歌文学；现当代作家、诗人如张资平、李金发、蒲风、林兰修、楼栖、杜埃等人的文学作品，这一类人的文学作品已汇入中华文学之流；二是普通作家作品，如清人胡曦《梅水汇灵集》、张煜南《梅水诗传》、古直《客人丛书》、罗香林《兴宁先贤丛书》等。当代客籍作家程贤章、谭元亨等人的作品也非常重要，它们有待进一步开发研究。早期如宋湘、黄遵宪、易堂九子、贞堂文士等，或以其循吏品质建言立传，或以其卓尔风范传承文化精神，含英咀华，默默地构建客家文化大厦，如惠州丰湖书院徐旭曾《丰湖杂记》所言客家人"其忠义之心，可谓不因地而殊，不因时而异矣"；台湾钟肇政的《台湾人三部曲》、谢霜天的《梅村心曲》，以及梅州程贤章的《围龙》与《大迁徙》，赣南李伯勇的《寂寞欢爱》《轮回》《旷野黄花》，还有福建张永和的《胡文虎》等作品写出了客家人生存的情仇境遇与悲欢。（参见钟俊昆：《客家文学创作与批评：全球化背景下的构想》，《客家研究辑刊》2005 年第 1 期，第 90 页。）黄伟经与刘发清主编的《客家名人录》（小传），充满客家浓郁的乡土气息的"射门诗社"中年轻人的新诗，台湾的黄恒秋利用纯净的客家方言创作的方言诗歌［参见罗可群：《"增强客家意识"，大步走向世界——从客家文学的现状谈精品创作》，《"客家文化与全球化"国际学术研讨会论文集》（下），2003 年，第 68 页。］，它们是别开生面的客家风俗文学的体现。而且，所谓"青年女作家群""青年诗人群""深圳作家群"等业已形成，共同构成了广东"新移民写作"。评论家张燕玲称之为"充满时代感与丰富性的新的文学板块"（江冰：《广东文化的自信与文学的"本土言说"》，《"中国新文学学会第二十八届年会"暨"萧殷与中国新文学批评"学术研讨会论文集》，2012 年。），其对于客家文学的研究成果，主要集中于新时期以来的研究。罗可群先生的《广东客家文学史》《现代广东客家文学史》非常全面、科学地介绍与评述了广东客家文学在各个时期的产生与发展情况，这是对广东客籍作家研究的两部最为重要的学术专著；钟俊昆的《客家文学史纲》在相当宽广的基础上梳理了闽西、赣南、粤东客籍作家的创作成就，志在联结全球客家人的情感，弘扬客家文学；曾令存的《论"客家文学"的发生》，旨在揭示客家文学的来龙去脉，对客家文学产生、发展进行了较大程度的梳理；林运来的《李金发与象征派诗歌》、周晓平的《客家文化视野下张资平与李金发文学观的比较》等，也从历史、民俗、宗教等方面对客家文学进行了阐释，对于当代客籍作家如程贤章、谭元亨等人的作品也有一些评论与介绍。

的建构。在此，笔者不对已取得实际成果的客家学研究再进行述评，仅对客家学研究尚存缺陷的客家民间文学和客家民俗学方向，阐述个人的观点与看法，企图提出自己的构想。

2. 海内外客家民俗与民间文学的搜集整理及其研究困境

客家民俗形成的过程是漫长的，一旦形成则具有稳定性。千百年以来，它一直支配和影响着客家人的精神与物质生产。无论是本地客家人，还是移居海外的客家华侨的生活习惯都以客家民俗为标志而区别于其他民系。譬如，山口洋（Singkawang）位于印度尼西亚加里曼丹省北部，与新加坡隔海相望，面积为504平方公里，是西加里第二大城市，人口大约20万，其中华侨占大多数，约60%。山口洋华侨基本上来自粤东客家地区，由于地处偏远，华侨数量大且居住集中，并恪守传统的民族特性，客家传统较好地被保存下来。不仅客家话保留至今，而且客家许多民俗也被很好地保存下来。譬如，在山口洋：

> 婚俗流传至今。提亲过程包括求婚、看日子、送日；订婚过程包括送聘礼、订婚仪式、发请柬、送嫁妆等；婚礼当天有迎亲、拜堂、进新房、敬茶等民俗；结婚宴席则有喜酒、请亲等仪式。婚后，新娘回"三朝"或"十二朝"。客家华侨婚嫁还有禁忌，如同一个姓氏禁止结婚。结婚的时间不能安排在农历的六月和七月，等等。①

与本地客家人所不同的是，客家人移居海外变成居住国的华侨后，其族群民俗会受到所在国家民俗的影响而产生变异。但是这种变异也是些许的，而且要经过相当之久，甚至经历了一两代人的生存时间才能被保留下来。譬如，祖神崇拜是东南亚民间信仰的一种形态。所谓"祖神"也即"祖佛"，它最初是到南洋发展而移民到东南亚的华人（或客家人）祖籍原乡的神明。这些华侨带去了故乡的民俗：祖先崇拜、生老病死、婚丧嫁娶、岁时节庆等。在社会发展变迁的过程中，这些祖籍神明也成为华侨居住国的社群祖神，并作为认同的象征承担起整合社群、维系华侨与祖籍地关系文化的又一条纽带。②

国内一些民俗研究者长期致力于客家民俗研究。从罗香林之后，特别

---

① 赵敏、［印尼］钟裕宏：《海外客家华人婚俗研究——以印尼西加山口洋客家华人为例》，《东南亚研究》2013年第3期，第93－96页。

② 参见曾玲：《祖神崇拜：东南亚华人与祖籍地文化纽带之建构》，胡百龙、梅伟强、张国雄主编：《侨乡文化纵论》，北京：中国华侨出版社，2005年，第95页。

是到二十世纪八九十年代有关客家民俗的研究取得了比较多的成果，国外人类学家劳格文到赣南客家十八个县进行田野作业，调研得到第一手资料，这对客家民俗的研究无疑起到一个推动的作用。虽然如此，客家民俗研究仍然需要进一步加强。笔者调研过一些客家博物馆、民俗档案馆，各地地方志中仍然珍藏着一些民俗资料，民间还有一些口述民俗资料尚待挖掘。譬如，在粤东平远县的历史档案馆中就珍藏有一篇珍贵的客家历史文献《平远妇女俗咏》①。光绪年间姚菊隐在诗歌长篇《〈平远妇女俗咏〉赏析》（上）中有一段序：

吾平妇女尚俭朴、耐勤劳为其特性，普通多在艰难困苦中度生活，出其能力，与环境奋斗，绝不依赖男子，而能有以自立。风化流衍，成为习俗，使社会不陷入畸形状态，至足钦佩。倘能纬以学识，女权振奋，必更斐然可观。余向者尝欲搜集邑中妇女故实，附以闻见，编撰平远女史。荏苒岁月，迄未成书。癸酉冬，旅居沪上，客感怀乡，爰将一般妇女普通状况，用雅俗韵语拉杂咏之，成绝诗一百二十首，颇具女史意义。虽未尽全豹，亦可窥见一斑云尔。

他的一首诗是这样写的：

习惯勤劳力不疲，木兰故事小姑知。倘教应募从军去，不信男儿胜女儿。

竹杠镰刀佩上身，女流尚武竞精神。采樵御虎传奇事，博得头衔号孺人。

它描绘了客家妇女的生活状态与民俗风土。姚雨平认为姚菊隐的序与诗赞同遍游世界的黄遵宪对客家女性的观点：我国客族女性勤劳俭朴之优美习俗，"谓五大洲实无其匹"。姚雨平进一步说道："方今国难日深，生产落后，一般妇女之涂脂抹粉，不能与男子通力合作者，每为社会所诟病。"认为《平远妇女俗咏》出版不仅可使平远"保持其固有善良之风俗，发扬而光大之"，而且其意义又不限于平远。"且可促进全国二万万女流独立生活之运动。或与男子共同努力，于整个民族之生存竞争，则斯集之影响如何伟大，又岂仅区区有造于平远一邑而已哉。"

---

① 叶俊新搜集整理，2020 年 2 月 27 日。原文刊登于公众号"程源史志"，南粤古驿道网采编整理。

客家民间文学同样相当丰富。在漫长的岁月里，客家人用歌声陪伴自己的劳动，用歌舞戏剧再现各种劳动和生活场景，用谚语来总结生产和生活的经验，用各种神话、传说、故事来反映现实，表现理想。它记载了客家人奋斗的历史，表现了客家人喜、怒、哀、乐的感情。它是建构客家学的绝好材料的重要资源：一是已成书和尚散传于民间的近代、现代、当代的客家歌谣、民谚、故事等成果相当之多；二是客家戏剧、民间音乐、民间舞蹈等也是一个宝库。这些资料在海内外客家人社群当中都存在不少的数量。它们是研究客家妇女的第一手原始资料。

近现代以来客家民间文学的研究者主要是客籍本土人。客家民间文学，如张之田《梅州竹枝词》、胡曦《兴宁竹枝词杂咏》、梁伯聪《梅县风土二百咏》极富人文价值。黄遵宪、罗香林、李金发、钟敬文、朱希祖、黄药眠、古直等学者、诗人、作家有较多的涉及客家传统口头文学创作、整理与研究的成果。他们积极从事客家民间文学方面的整理工作，特别是客家山歌的搜集与整理出版，如黄遵宪认真研究民歌，探索民歌特别是客家民歌的基本特色：歌词清丽；声调纯真、天然、抑扬顿挫；情感真挚缠绵等。他收录许多首客家山歌，保存在《人境庐诗草》手写本中，其在思想内容和艺术形式上都进行鉴赏评判，学术价值很高。在现代，有李金发的《岭东恋歌》、罗香林的《粤东之风》、钟敬文的《客音情歌》等，还有在《歌谣周刊》《民俗周刊》上发表的一批客家山歌，使之步上了文学的殿堂。它们可以帮助考察国情民俗，增强了中国民俗学研究的典型性与代表性，突破了古籍文化资料的限制，使研究具有广泛性、全面性与系统性，并推动了客家歌谣的搜集整理工作，让人们认识了客家民间文学的精髓。

近30年来，伴随着客家学的兴起，越来越多的研究者开始关注客家文化的发展。如赣南客家地区的严恩萱（《严谨文存》）、杨遵贤（《对联雅俗谈》）、杨启昌（《昌平斋闲谈》）等十分重视对赣南客家民间文学的记录与整理，在客家对联、俗语等方面花了大量的工夫进行实际调查。广东梅州的黄火兴（《客家情歌精选1900首》《梅水风光——客家民间文学精选集》）、胡希张（《客家山歌知识大全》）、罗英祥（《客家情歌精选录》）、曾海丰（《梅县采风集》）等也对客家传统口头文学，特别是客家情歌情有独钟。松口山歌"甜妹"童爱娜，山歌"金嗓妹"廖小荣，山歌大师汤明哲、余耀南等作为客家的民间艺人，把客家山歌演绎得非常精妙，而且还自编自创山歌剧。陈扬明先生也对客家山歌情有独钟，他一生中的绝大多数时间都在收集民歌，研究客家山歌。

　　20 世纪 80 年代，粤闽赣客家地区有不少文史工作者积极地投身于民间故事、民间歌谣、民间戏剧"三套集成"的采写中，现在出版的这类成果显得极为珍贵，里面收集了大量客家地区的传统口头文学作品，它们是很好的研究对象与材料。① 叶云章、黄火兴的《客家山歌欣赏》，杨宏海、叶小华的《客家艺韵》，其书编撰遵循三原则：学术性、可读性、资料性，虽然还是偏重对客家民间文学的收集整理，但是资料价值颇高。罗可群先生的《广东客家文学史》更有专章论述客家民间文学，叙述与评判相结合，历史地、客观地对客家民间文学进行梳理与评价，学术价值非常高，难以企及。赣南师范大学钟俊昆教授的《客家山歌文化研究》剖析了客家山歌的艺术表现价值，从客家山歌的角度，深刻论及作为典型移民内容的客家文化。王焰安教授、曾汉祥教授也陆陆续续发表了一些理论文章。钟俊昆、曾晓林教授的《客家民间文学研究现状与后续发展论》对客家民间文学研究进行了回顾与展望，对客家民间文学的后续发展研究的困境也表示了担忧。笔者也作了一定程度的探求，继而在 2004 年提出了"要重视客家民间文学研究"的理论；并在理论上对客家民间文学的相关论题进行阐释，也提出了一些可供参考的相关问题。

　　虽然如此，客家民间文学这一领域的研究仍然非常薄弱，研究成果十分有限。系统的关于客家民间文学研究的理论著述极少，这不能说不是缺憾。对于客家民间文学的研究还仅仅处于搜集整理的初级阶段，并未在真正意义上对其在学理上展开论证分析，研究范围狭隘，仅仅集中在山歌与地方剧方面；研究的格调不高，相关论文的发表档次较低，相关研究的重大课题较少。必须指出的是，客家民间文学是一个宽广的文学概念，蕴含丰富而多方面的价值，它是客家学研究有待深入挖掘的宝贵矿藏。目前，研究客家民间文学的人，零乱而松散，从事研究的人员少，更不要说专门从事研究的人员了。人们对于客家民间文学的研究认识不清，重视不够，研究内容简单而粗糙，研究方法单一，甚至把研究客家山歌等同于对客家民间文学的研究。在理论上也缺乏应有的深度。客家民间文学艺术异彩纷呈，丰富多彩，从山歌剧、木偶戏、采茶戏到舞龙灯、舞狮灯、舞鲤灯等，许多在"老家"早已失传的民间艺术，在客家的土地上却得到长足的发展，如傩舞、大腔傀儡戏、肩膀戏、梅林戏、南词等，遗憾的是也没有得到足够研究，目前成果或者有失偏颇，或者浅尝辄止。

011

---

① 钟俊昆、曾晓林：《客家民间文学研究现状与后续发展论》，《农业考古》2010 年第 6 期，第 394 页。

（二）客家民间文学与客家女性的关系研究

客家女性的研究是客家民间文学研究的重要部分。千百年以来，客家民间文学记录着客家女性的生产、生活与思想的各个方面，客家民间文学是研究客家女性的一个最为重要的精神载体。

客家女性的民俗崇拜与信仰、婚丧嫁娶节庆等习俗，既继承了原住地本族祖先的习俗，又夹杂了所在迁徙之地的民俗。衣、食、住等方面是客家女性文化生活的物质表现，女性在精神层面的表现就要看她们不同的神明信仰。客家女性是客家族群关系研究的一个重要视角，如在祖先崇拜方面，女性地位的重要性一如男性，甚至有些方面还有过之而无不及。女性信奉的神明多而庞杂，除了人类普遍存在的天、地、自然物、鬼神崇拜和汉族普遍信仰的正统佛教、道教之外，还有许多地方性的神明，其属性非佛非道非儒，而又佛又道又儒。比如女性的定光佛信仰、猎神信仰、石崇拜与树崇拜；又如女性祖先的坟墓常常与男性祖先的坟墓分开。在神明信仰方面，一些所在番邦的客家华侨女性同样信仰妈祖、陈靖姑、七姑婆、"金山"等神明。在婚丧嫁娶节庆习俗方面，出嫁时女儿要唱哭嫁歌，要穿五色裙衫、白内衣或反穿内衣；丧葬中出嫁的女儿要"哭路头"（即哭丧歌）等。在故事传说方面，如牛栏祖地的传说、天葬风水的传说、祖婆智取风水的传说、开基祖婆的故事、械斗中妇女享有特权的规定等，都有助于从学理上阐发客家与畲族及其他相邻族群的关系。如"金山神话"：粤东客家女性于异国他乡中，也同样在苦难中以理想的色彩点缀，从而演绎了一个又一个又仙又涩的苦海中的故事。它既是客家男性也是客家女性梦想与理想之源的写照。

客家地区的民间传说、民间故事、民间长篇叙事诗（如哭嫁歌）、民间谚语、寓言与笑话等，民俗文学如戏曲、民间竹枝词、民间说唱、民间傩舞等在客家人社会生活中大量存在，但还有待进一步发掘。它深深地支配和影响着女性的思想、工作与生活，是广大客家女性赖以生存的精神资源。这些传说、故事在海内外客家地区大量存在。①

综观而言，客家民间文学自产生之日起就一直伴随着客家族的历史，以一种"艺术的真实"记叙和反映着这个族群的生产生活、风土人情、道德习尚、宗教信仰、婚姻家庭、乡规民法、气象天文、历法计数等多方面的事物和知识。客家神话、客家传说、客家民间故事、客家民歌、客家戏剧、客家木偶、客家民间歌舞、客家说唱都可以作为重要的研究领域，通过对不同时代的客家民间文学进行研究，可以知道客家传统口头文学与客家人文精神的关系，以及新时代的客家民间文学又是如何存在和发展的，如何指导与支配客家人的这种生存与生活方式。

多年来，对于客家民间文学与客家女性关系的研究还只是零散的，未形成一种系统。对于客家民间文学的研究，劳格文教授是可效仿的榜样。他对客家地区十多个县的民间流行山歌作出全面而深入的田园调查，如果研究者都如此下功夫，那么客家民间文学与客家女性关系的研究，将会有一个新的突破与进展。②

（三）客家民间文学、民俗与客家女性研究的路径与分析

客家民间文学与客家女性关系研究要进一步取得较大的成就，一是要进一步深入实地，全面调查、搜集资料（这一方法尤其对女性研究显得格外重要）；二是要努力开掘课题，着重理论研究；三是要加强科研队伍的建设。

客家民间文学的研究，无论是对民间流传的作品进行搜集、整理，还是对民间具体作品进行专题研究，都同等重要。材料获得的渠道很多：可

---

① 如"刘三姐"传奇（生活故事）、林姑娘万里寻兄（生活故事）、两个华侨朋友（生活故事）、许清泉过番奇遇（传说）、三保公鸡（传说）……在海外客家则有"三宝公"庙（传说）、曼谷龙莲寺（传说）、谢枢泗与泰南唐人城（传说）、捎着市篮去过番（歌谣）、新加坡食品谣（谚语）、水尾圣娘海上显圣（故事）、木帆船的眼睛（传说）、张君丁应约修灰路（传说）、韩江鳄下南洋（传说）、椰姑娘（传说）、中国公主（传说）、中国寡妇山（传说）、中国皇帝向马来公主和亲（传说）、生活山歌（歌谣）、榴莲果名的由来（传说）、龙飞南洋（传说）、鸡尾堆谁人要（笑话）、女护士的手指（笑话）、马来半岛采锡女工人苦（传统歌谣）、锡矿工人苦（传统歌谣）、争回幸福太平年（抗日山歌五句板）、抗日救亡保家乡（客家山歌五句板）、乐龄山歌夫妻相骂（山歌）、群英汇聚美里来（山歌）、河婆山歌大家唱（对唱山歌）、新加坡华侨华人陈嘉庚选婚（传说）、后羿和嫦娥（传说）、华侨富翁与日本妓女（传说）、棉兰五祖庙（传说）、山伯与英台在印尼（传说）、菲律宾华侨华人林阿凤（生活故事）、泰国华侨华人郑王的故事（传说）、十八缸咸菜（传说）等。

② 参见周晓平：《客家文化土壤中一枝鲜艳的奇葩——论作为重要课题研究的客家民间文学》，《赣南师范学院学报》2010 年第 4 期。

以从别人发表的书面文章中获得；可以通过与同行的交流、交谈获得；可以通过信息网站（互联网）获得；可以通过亲自深入实地调查，由民间艺人的口述获得；可以在海外调研获得，等等。各种材料的使用目的和场合的差异，使得调查的方式与方法有所不同，如普遍调查和有具体目标、具体对象的调查都可进行。① 鉴于客家民间文学的理论研究还仅仅是刚刚起步，学术地位并不高，所以理论研究还得从最基本的层面做起，要进一步拓宽研究空间。第一，客家民间文学与女性关系的研究势必与客家民俗、历史、地理、宗教文化等相关学科联系起来，把客家民间文学、客家女性的研究渗透到这些相关领域，扩大其研究范围，并从其他交叉学科的研究中得到启示。第二，积极组织申报客家文学方面的各类各级课题（包括省、部、国家级课题），争取各种研究经费，取得相关部门的支持。积极申报各级纵向研究计划，或者与政府部门、企事业单位合作，策划将客家文学物化为旅游资源，通过一些项目带动吸纳科研经费的挹注，以此来实现更高的研究目标，促进客家文学研究有效地服务社会。② 第三，客家民间文学的研究人员大多来自各高等院校，主要是闽西、粤东、赣南客家地区的高校，以及港澳台地区的高校及其客家研究机构。这些研究人员文化素质较高，研究潜能大，但是人员分散，这就需要加强区域性的客家传统口头文学交流与通力合作。与此相反，任何闭门造车、自以为是的研究方法都是有害的。要加强研究队伍的建设，为了研究客家女性，要在队伍中吸纳女性研究人才。一是尽可能地增加女性报告人，二是让更多的女性学者参与研究。女性参与调查与研究对于开展客家民间文学与女性社会关系研究具有特殊意义，因为女性社会带有浓厚的性别色彩，其社会生活方面，如特异的婚嫁情节、神秘的性教育以及女性社会网络等，都只限于女性参与，不为男性所注意。从同性报告人处获得的更是没有城府、未经加工的真实想法和当地口耳相传的故事，以及久久无闻的传说，其田野资料更贴近当地社会的实际，显得弥足珍贵。同时，注重女性学者的介入。研究女性社会，女性学者自有其得天独厚的优势，可免除许多麻烦和众多的忌讳，还可以与当地女性打成一片，更直接地参与当地社会的女性活动，以其特有的眼光加以体验和感悟。③ 并且要有计划地培养一些高层次的专门研究人才。比如1996年经上级部门批准，在华东师大史学所、客家研究

① 杨春茂：《傈僳族民间文学概论》，昆明：云南教育出版社，2002年，第78页。
② 江冰：《广东文化的自信与文学的"本土言说"》，《"中国新文学学会第二十八届年会"暨"萧殷与中国新文学批评"学术研讨会论文集》，2012年，第396页。
③ 参见刘大可：《田野中的地域社会与文化》，北京：民族出版社，2007年，第85－87页。

中心开设客家学硕士研究生班；在以钟俊昆教授为领衔导师的带领下，赣南师范大学开设了客家民间文学与民俗学的研究生班，均是志在培养客家学研究方面的专门人才。在客家民间文学学科建设的具体实施过程中，有计划地进行实地考察，有的放矢地组织高质量的学术交流和合作。调动一切积极因素，客家民间文学的建构才能百尺竿头更进一步，并由此进一步展开对客家女性的研究。

二、两个值得重视的问题

（一）文化的多元与客家民间文学的源流

客家文化的内涵、特质是学术界所关心和重视的一个问题，人们一定会探求其来龙去脉。大多认为客家文化出于"中原说"。这当然是有道理的，因为中原作为华夏儿女的发源地，中国各民族文化与之都有密切的渊源，中原文化几千年，华夏这块古老的大地都被它辐射过。但是如果反把客家文化简单地进行归纳处理，并形成这种单一说，似乎并不辩证。正如谢重光认为，早期客家文化研究中许多论著强调客家人本是"汉族嫡派""中原衣冠"，这在一定程度上忽略了客家人迁徙至南方之后，与周边南方诸族之间的交流与融合。客家文化是以中原文化为主要来源并深受南方百越文化影响的多元一体文化。[①] 这种论断应该是切合实际的。吴永章在《客家文化亚源头新论——南方民族文化对客家文化的渗透与影响》中，举证了不少百越、畲、瑶族的民俗事项对客家文化的影响，不无依据。例如在"'买水'浴尸"中写到，"显然，此俗非客家人所有，而是受土著民族古越人之遗俗的影响"；在"二次葬"中写到，"粤东此俗可以溯源于'炎人之国'俗，即古越人之遗俗"；在"女劳男逸"中认为，客家女性在日常生活中负责主要劳动，而且早在清代即已形成。清代屈大均《广东新语·女语》卷八千"长乐（今五华）、兴宁妇女"条载："妇女耕锄采葛，其夫在室中哺子而已。夫反为妇，妇之事夫尽任之，谓夫逸妇劳，乃为风俗之善云。"作为中原移民的客家先民，本无"女劳男逸"之习，盖源于岭南越人遗风。最早记载此俗者，当推宋人周去非。他在《岭外代答·蛮俗》卷十"十妻"条载："余观深广之女，何其多且盛也。男子身形卑小，颜色黯惨；女子则黑理充肥，少疾多力。城郭虚市，负贩逐利，率妇人也……为之夫者，终日抱子而游，无子则袖手安居。"两段记载，

① 参见吴永章：《客家文化亚源头新论——南方民族文化对客家文化的渗透与影响》，王建周主编：《客家文化与产业发展研究》，桂林：广西师范大学出版社，2007 年，第 594 页。

015

何其相似乃尔。①

在中华民族群星璀璨的地域文化中，客家文化犹如一枝奇葩，它既比较完好地保存了古代"中原文化"的精髓，又在民系长期的迁徙辗转过程中吐故纳新形成了自身的地域特色，是勇于开拓、敢于创新的"拓荒者精神"。它是经过漫长的历史过程积淀蒸馏而成的，其形成过程的独特性造就了其文化品格的独特性，正是其形成过程中的多元性因素和动态特征，为其内在品质及精神内核的形成创造了契机。它一经产生就与客家历史、劳动者结下不解之缘，并在某种程度上指导和支配着客家人的生存与生活方式，它是伴随着客家民系的发生、发展而嬗变的。

客家文化在中国文化中占据着既是边缘文化又代表中心文化的独特位置，它是南方文化的典型代表，具有丰富性与变化多样性。② 客家人拥有自己原初的文化，但为适应迁移地，又必须对迁移地文化加以吸收，是一种以中原文化为核心并对南方文化加以吸收的地域文化。当初，中原文化的统治者一度认为自己是天朝大国，拒绝外来文化的输入，而客家地区则以边缘文化为特征，具有极大的宽容性。由于缺乏内核文化那种强大的辐射传递力，所以变异性强，对他文化的移植有较大的宽容性。客家人具有那种努力超越"传统向导"③ 的进取精神。由于其远离中国传统文化内核，这种超越"传统向导"的进取精神处处迸发出来。一方面表现在对固有传统文化的吸收，另一方面则是大胆革除传统的弊端，提倡"创新新器""著作新书""启发新俗"（康有为《请厉工艺奖创新折》）。在客家近现代史上，涌现出一批这样的文化名人，如诗歌革新运动的黄遵宪，思想启蒙运动的梁启超等。④ 俗话说"一方水土养一方人"，这除了说明人们生活对经济的依赖之外，还说明生存的环境对于人们的气质、素养、观念、习俗都有重要的影响。它们决定了客家族群的心态与性格特征：他们不怀旧，不拘泥于历史，富于冒险，勇于开拓，容易接受外来的新事物，又善于对新生事物进行融合、消化、吸收；他们精明能干，善变兼容，淡泊政治，讲求经济实效。表现在日常生活中，他们一方面对于西方物质与精神文明大胆追求，另一方面又不忘祖宗文化，并在其思想、理念的支配下求得生

---

① 参见吴永章：《客家文化亚源头新论——南方民族文化对客家文化的渗透与影响》，王建周主编：《客家文化与产业发展研究》，桂林：广西师范大学出版社，2007 年，第 597 页。

② 参见徐肖南：《走向世界的客家文学》，广州：华南理工大学出版社，2001 年，第 37 页。

③ 所谓传统向导，是指在人们的思想行为中，由于对传统的崇拜而形成一种极力维护传统的现象。这种"传统导向"在人类社会早期有一定的标杆作用，而随着社会生产力的发展，它的积极作用就逐渐减弱，而消极保守的一面则日益显露。

④ 叶春生：《岭南民间文化》，广州：广东高等教育出版社，2000 年，第 19 页。

存与发展。

因此，强调客家群体和个别社会的文化与其他文化的差别时不应忽略共同的人性，不应忽略人类或民族的共同文化因素，即边缘性、交流性、对话性。中华不同区域人们的言说表达了某种历史进化的同一性。如果没有西域少数民族的南侵，便没有客家民系现在的生存状态；如果没有客家文化的保存，中华文化也不是今天的格局与样态。客家文化无论在中华文化整体中还是在世界性文化体系中，尤其在现代文化世界对话的全球一体化语境中，都具有独特的价值与意义。①

（二）客家女性于民间文学与民俗研究中的特殊性

客家文化的特殊性，必然导致客家女性生存构成的特殊性。

对客家女性进行研究，其性生活、生育等问题就不可回避。通过对客家女性性生活、生育、信仰、风俗、习惯及行为方式等的研究，可以深入地了解客家女性文化，从学理上深入探讨客家女性的贞操观念、性生活，以及对伯母、陈靖姑、观音等生育神的信仰。客家当地为什么有那么多的贞节牌坊？客家人为什么那么重视女性贞洁？这些现象又是如何在民间文学中得到反映的？显然，它有助于了解客家女性与相邻族群的关系，进一步阐释客家族群的若干历史之谜。这种现象早在客家女性社会生活的说唱、民间小戏、民间傩舞等中表现出来，而且在作家如黄遵宪、杜埃、韩素音等的文学作品中都有表现。它揭示了客家地区生老病死、婚丧嫁娶、男尊女卑、传宗接代等民俗理念。通过研究，能为客家女性改变这种生死观念、传宗接代的生育观念提供对策，强化客家女性的社会地位，凸显传统而现代的客家女性意识。

"所谓女性意识，就是指女性对自身作为人，尤其是女人的价值的体验和醒悟。对于男权社会，其表现为拒绝接受男性社会对女性的传统定义，以及对男性权力的质疑和颠覆；同时，又表现为关注女性的生存状况，审视女性心理情感和表达女性生命体验。"客家女性的意识包含她们对自身的觉醒及对男权社会的挑战和父权社会的突破，同时也包含女性自我意识觉醒的价值追求。应该说在女性意识的觉醒上，因为特殊的生存状态与境遇，客家女性要先行一步。这是她们优越于其他族群女性思想意识的一个表现。她们给现代女性尤其是岭南女性的自我意识的解放提供了一

①　参见徐肖南：《走向世界的客家文学》，广州：华南理工大学出版社，2001 年，第 37 – 38 页。

条很好的思路。①

西蒙·波伏娃说："女人不是天生的，是形成的。"也就是说，女人是文化塑造而成的。客家女性形象的形成，是文化积淀的结果，是经过漫长的历史而形成的一种集体潜意识的外化形象。而客家民间文学正反映了一定的社会意识形态，这些形态包括礼仪、禁忌、观念等，这些文化形态的潜意识又恰恰体现在民风、民情及各种各样的规范中，客家人的"崇正"思想和"重礼"的族群文化意识非常浓厚。例如，要求女性安于次要地位，位于家庭妇女、闺阁女子的地位，她们的活动范围限制在"大门不出，二门不迈"，个人的才能无从发挥，只有在家侍奉公婆尊长，相夫教子，无法摆脱柴盐油米的藩篱。客家女性深受封建思想的影响和封建礼教的束缚，其地位低下，她们的婚姻几乎不能自主。由于客家女性的文化水平较低，所以客家传统口头文学如客家山歌，便成为她们发泄不满的最好也是最直接的表达方式。由于女性处于从属地位，故她们的修养、谈吐、服饰都得与男性的喜好相符；她们的雅俗之分、美丑之判也得遵循男性的标准。司马光甚至在《家范》中制定了标准："为人妻者，其德有六，一曰柔顺，二曰清洁，三曰不妒，四曰简约，五曰恭谨，六曰勤劳。"这种"标准"尤其适合客家女性。对于女性来说，美丽、端庄、娴静、柔顺、贤惠、勤劳、洁净、忠贞、善良是美德；那丑陋、多言、凶悍、淫荡、懒惰则是恶行。具有美德的女性得到赞美，品行恶劣的女性则遭到唾弃。

在客家民间文学与民俗学的女性研究中，一方面可以看到客家女性在这两个方面中所体现出来的积极性、优越感，另一方面可以看到海内外客家女性由于深深受到封建民俗礼教的重压而又体现出了相当程度的消极性，甚至产生灾难，让人们了解到客家女性生存境遇的悲剧性。譬如民国《丰顺县志》中的"大事记"记载了光绪八年（1882）丰顺知县许普济祭河伯仪式中留隍客家女性集体自杀事件：

光绪八年七月十五日，知县许普济率留隍绅耆致祭河伯。留隍沿江乡村年轻妇女投水自沉之风极盛，连年死者百有余人。绅士陈期昌悯之，询悉投江被救回者，皆言愿嫁河伯为妇，临江见采舟来迎，或见龙堂鳞屋，异常壮丽。群信为水鬼作祟，因呈请陈牲致祭河伯以镇之，祭后遂息。②

---

① 参见周颖、谢姗姗：《从咸水歌解读"疍家女"的女性意识》，《比较视野下的中国侨乡研究论文集》，2015 年，第 200 页。
② （民国）《丰顺县志》卷 3《大事记》。

　　关于女性的集体自杀事件，丰顺邑绅李介丞在其主纂的《丰顺县志》"杂录"中有着比"大事记"更为详尽的描绘：

　　留隍地濒韩江，沿岸乡村年轻妇女在昔投江自沉之风极盛，俗以为河伯娶妇所致。光绪年间邑绅陈期昌呈请县令仿韩公祭鳄鱼事，祭告河伯，以维民命。略云：三十年来妇女投江死者，不下三四百人，年十六至二十岁，未经生子兼有姿色者。三五成群，或针线缝其衣裳，或以绳带并系其手足，更互结其发，视死如归。传闻河干时，有水鬼露出真形，五六为群，皆系青年男子。有人见而问之，答云："到某处娶亲。"初不知其为鬼也，诇旬日内，是处即有妇女投水者。又有妇女被救回者，皆言："当时所见无水，有见为华屋楼台者，有见为楼船画舫者，中有男子招之。"如小产村陈益彩之妻，约同伴六人投江。其四人不及往，昏迷若狂，恨叹不得与之同居，尤为目见事实。邑令许普济，因于七月十五日率当地绅耆，备牲轻，为文祭河伯于留隍江干。其文有云：蜃楼海市，几迷化鹤之心；裙布荆钗，悉葬鱼之腹。推原其故，厥非无由。或见男子相招，约同居而同穴；或见楼船可住，美美轮美奂。夫妻虽凤世之缘，人鬼岂嘉耦之配。叹鲲鱼之夜泣，俨然求娶人间矜鸾。凤之待伞，忽尔同登鬼。惟愿河伯威灵，驱逐邪祟，免令孤魂无主，出为厉阶，庶使生命免付波流等词。祭毕，投之江中。自是，其患遂息。是果河伯之有灵耶？抑或官绅神道设教之效欤？

　　当时，客家女性自杀在韩江西岸的留隍镇沿江乡村盛行。从实际年龄来看，大多为青年女性，在 16～20 岁之间，并且是未生育且相貌美丽者。沉江的原因都是"见男子相招""约同居而同穴"，又见江中"华屋楼台""美轮美奂"，因此受吸引，欲嫁河伯为妇，也就是乡民所说的"水鬼作祟""河伯娶亲"。[①] 这种悲剧给人们留下了深深的思考。一是青年女性的自杀为什么是自愿的，甚至是乐意为之的？二是为什么青年女性的自杀事件不是偶发的，而是长期以来在这些地方都存在的？这说明它已经获得了当地老百姓的认同。这让我们不得不撇开事件的本身，去究清事件之外的客家封建礼教及在封建礼教深深笼罩之下的客家乡土宗法制度的惨绝人寰。正如钟晋兰认为，传统留隍女性的集体投江自杀与其家庭婚姻、经济和社会生活状态密切相关。换言之，因为女性在经济上普遍贫困；在生产

019

---

　　① 参见钟晋兰：《文学与田野中的粤东侨乡妇女集体自杀研究——以清末以降丰顺县留隍镇为中心》，《"全球客家移民与地域社会发展"学术研讨会论文集》，2017 年，第 296－297 页。

与家务劳动方面极度劳累；家庭与经济地位低下：婚姻方面极度不自由，如多种形式的畸形婚姻；在家庭生活中家婆权力过大，媳妇常受到压迫；加之族群关系在当时比较激烈。女性的生存状态可能是导致她们集体自杀的家庭与社会根本原因。[①] 这种观点是颇有道理的。

从客家民间文学中研究女性的生产习性、生活习性、岁时节日、婚嫁礼仪、民间信仰等问题，是一种另辟蹊径的研究创新。客家学研究有些问题需要得到进一步证实。而这些问题不同程度地与女性的社会结构、社会风俗、社会观念及故事、传说密切相关，因为这些层面保留了大量先民的记忆。因此，开展客家女性在民间文学方面的研究，不但可以弥补以往客家女性问题研究的不足，而且有助于文化人类学研究的纵深发展。

客家女性的研究特征是明显的，一是这个族群的女性在汉族其他族群中其特质十分突出；二是客家女性在族群历史形成的过程中，产生了特殊性，这表现在贯穿于她们整个人生的生老病死、婚丧嫁娶等具体过程中。本课题的研究意义也正体现于此。

第二节　相关概念与研究路径

一、客家民间文学的内涵

客家民间文学源于客家远古社会时期的口头文学活动。它与客家初民的劳动、语言、宗教、游戏、风俗等紧密地联系在一起。具体来说，原始形态的客家民间文学主要包括三个方面：一是建立在劳动节奏基础之上，渗透于生活各个方面的歌谣活动；二是宗教活动中叙述性的神话；三是休闲时借以消遣的传说与故事。可以从客家古籍上的零星记载和当代客家人的民间文学来推测这些客家文学的形态。什么是客家民间文学的范围呢？对属于客家民间文学范畴的作品，笔者列为研究对象去加以讨论；对于那些不属于其范围的作品，除了在必要时进行对比研讨外，通常都不把它们列为讨论对象，至少不能将它们作为本课题专题讨论的对象。从广义上讲，凡是客家劳动者口头创作的传统的语言艺术都看作其作品，都具有值得去进行挖掘和探讨的意义。不过，从建立系统学科的具体角度上看，按照这一总体概念去确定客家口头创作范围的做法是不够科学的。这

---

① 参见钟晋兰：《文学与田野中的粤东侨乡妇女集体自杀研究——以清末以降丰顺县留隍镇为中心》，《"全球客家移民与地域社会发展"学术研讨会论文集》，2017年，第302页。

里，有两个值得注意的问题：一是因为这些作品所包含的学术范围较宽泛，当中有不少作品所牵涉的问题，事实上已超出文艺学的范围，应当由其他社会学科去讨论；二是因为当中有少数作品可能是跨门类、跨民族的。客家民间文学是客家劳动者的口头创作，但并不是所有口头创作的作品都属客家民间文学。它们无论是现已被搜集、整理为书面形式的作品，还是仍旧以口头流传的方式继续存在和发展于民间的作品，最早都是客家人的"集体口头创作"。很显然，它们与小说、散文等作家文学不同：首先，因为它们是本族群劳动者集体创作出来的，所以很难找到它们的具体作者。其次，正因为它们的作者是客家人，所以从内容的角度上讲，它们反映的是客家人切身经历的社会生活，表现的是其自己的思想感情；从形式上说，它们生动活泼、朴实无华，更具劳动者的艺术特征，更便于普通老百姓掌握和运用，更易为其喜闻乐见。它深深地扎根于乡土民心，并世代传承。这种由客家人口头创作出来，用以表现其社会生活与思想感情，体现他们的审美观念和艺术情趣，且在客家普通老百姓中间广为流传、世代相袭的语言艺术就属于客家民间文学的范畴。

如果把客家人的社会生活比作一个复杂的空间立体图形的话，那么客家民间文学就是构图的线条。因此，在理解客家民间文学概念的时候，绝不能只看到一个"平面"，单一地把它理解为一种文学现象，而必须看到它所勾画成的整个立体空间"图形"，要认识到，它是整个客家普通老百姓社会生活和思想智慧的总和，是本族群社会文化的集中代表，是一种十分深广的社会历史现象。

二、客家民间文学与客家女性关系研究的路径

（一）多学科、深层次与宽路径的研究方法

客家女性社会的研究涉及面广，在客家民间文学学科的观照下，以多种学科介入与参与。就当前的研究而言，应该较多地采用历史学的"文献法""口述历史法"，人类学的"田野调查法"等，以丰富的研究手段，拓宽学术视野和研究方法。

第一，文献法：收集和鉴别文献的方法。收集文献的方法：一是调查采访；二是藏书摸底。调查采访需要做到实地采访、及时采访、跟踪采访、广泛采访。藏书摸底则需要做到图书馆摸底、博物馆与档案馆摸底、区乡村档案馆摸底、私家藏书（含往来书信、文书）等摸底。

第二，口述历史法。文献资料不足是一个经常遇到的难题，人们生活

中所见、所闻、所感的种种认知，不一定都能在文献上获得印证。所谓口述历史，是以录音访谈的方式收集口传记忆以及具有历史意义的个人观点。访谈的录音（影）带经过制作抄本、摘要、列出索引这些程序后，储存在图书馆或档案馆。它可用于研究、摘节出版、广播或录影纪录片、博物馆展览、戏剧表演以及其他公开展示。譬如，海外客家华侨女性的研究和老年华侨女性生命史的研究，在史料方面显得尤为缺乏，它们适合运用口述历史法加以研究。

第三，田野调查法。历史学实地采访主要侧重于获得文献资料，而人类学的田野调查除此之外，还需要采用观察法、参与法和谈话法。田野调查要做到：①忠实记录全部活动；②准确记录方言土语；③同步记录演唱过程；④详细记录相关资料。

要实地采访本土客家女性，尤其重视归国客家华侨女性的采访，而且要到华侨居住较多的侨居地采访。

（二）注重吸收女性研究者充分参与研究

由于本课题研究的特殊性，需要特别注重吸收女性参与研究：一是在进行田野调查时，需要女性参加，增加女性报告人，更多地记录她们的所见、所闻、所感，女性的看法及其观点，在本课题研究中也显得格外重要。在实际的田野调查中，我们注意到鲜活的民间文学主要存留与散播于女性口头语言表达之中，无论是山歌的传承，还是其他口头文学体裁都如此。而且民间艺人的传承人大多为女性。千百年以来，女性的喜、怒、哀、乐贯穿于民间文学的主体。二是让更多的女性学者参与研究。首先，从女性的角度观照女性，更加显现真实、客观而不会带有过多的偏见，更加能够设身处地地为女性生存导向问题提供建设性意见，从而进一步提出更为切实可行的举措。女性参与调查与研究对于开展客家女性社会研究具有特殊意义。其次，获取的调查资料更为详细、真实而可靠：研究女性社会，女性学者自有其得天独厚的优势，可免除许多麻烦和众多的忌讳。在深山老林的一些客家山区，由于特殊的地理位置，许多客家女性长期生活于山里，她们缺少与外人打交道的机会，对于外来人，尤其是外来男性有一种天生的排斥，甚至产生一种警惕性的敌视。在这种情况下，要走进她们的心灵深处，谈何容易！相比之下，女性研究者的介入，就要容易得多，方便得多。

第二章 客家民间文学的生成

第一节 客家民间文学的发生与演进

一、自然环境孕育了民间文学

粤东、闽西、赣南地区是典型的客家文化的播布区。客家文化遗留很丰富,从建筑风格、出土的文物到本地人的性格、审美、习俗;从显性到隐性都可以领略到客家文化的风范。厚重的客家文化遗存和积淀,熏陶并影响了客家人的生活、风俗和审美,同时也形成了本地区灿烂的文化底蕴。一种山歌文化的形成肯定与它所处的某种地理环境、历史沿革与文化背景相关。因此,从艺术人类学的角度来分析探讨任何一种艺术形式的产生与发展,总是要将之与当地的历史环境和地域相联系在一起的。只有这样,才能从宏观上对其文化背景及语境的大趋势有所把握,并在微观上进行考察。

客家先民因为战乱和灾荒被迫离开华夏发祥地——中原,而千里迢迢迁徙于粤闽赣山区。据现有的资料统计,客家人主要分布在三省交界的边远山区。粤东地区则占绝大多数。

客家地处偏远,崇山峻岭,山势崎岖,自古以来人多田少。由于祖先多次迁徙才在该地区定居下来,因此客家人十分珍视这来之不易的生存空间。罗香林认为:山脉绵亘的结果,使客家地方发生两种极其明显的特性:其一为耕地的缺乏,粮食的不足;其二为交通的艰难不便,外力的难以入侵。前者可以驱迫客家人不断向外发展,后者比较能够保存他们固有的语言和习惯。客家人的语言习俗是他们的居地山岭过多所致;因为山岭繁多,则可依照天然形势使之成为无数聚族而居的村落,各依其固有风俗,度其生活。系外人们极不易向其发展各种业务,即便能发展亦不愿久居其地。因此外系的势力或潮流,昔时亦不能向其地作连续不断的进攻,

只能由他们自身吸收与仿效，这是很明显的。① 这种自然环境对于客家人的人文形成有三个明显的特征：显著的流移性、强烈的宗族观念、浓厚的地方习俗。客家人的宗法理念与宗教信仰正是与这种自然地理环境密不可分的，因而带有强烈的地方生态性。当然，这种特征的形成并非一朝一夕，而是历经千百年。自然环境如河流、山脉、土地、物产在客家人的人文形成过程中所起到的影响是十分深远的。譬如，五六百年前客家人从中原迁徙而来，现在仍然保留有那种外适内和的中原人文、方言特征，这是否与客地崇山峻岭、交通阻塞而限制了对外交往，使得客家人在一个相对封闭的生存空间有关呢？客家山歌盛行，大街小巷到处都有客家山歌的传唱。这种山歌的流行，是否与客家人以山地劳作为主，如采茶、耕作梯田诸劳动相关呢？答案是显而易见的。客方言作为我国七大方言之一，又叫"山话"，反映了与"山"相关的内容。客家地区神明信仰、婚丧嫁娶、生老病死诸民俗十分盛行，而且带有浓厚的地方色彩，这也是客家人赖以生活、生存的最基本的精神之源。而且由于客地山区的特性：一分田，三分水，六分山，客家人出外谋生，向外开拓成为必然趋势。数百年以来，漂洋过海到南洋各地去谋生者大有人在，这也为当地人留下了不少令人心酸的传说故事，抑或佳话。

那么，什么是客家传统的山区文化？其有何突出的特色呢？

所谓客家山区文化是指客家人在长期的迁徙过程中，创作的物质与精神生活样式的成果总和，有别于总体上的客家文化，它的特征是"山区性"。一方面是众多的历史人文遗迹及其他名胜景观，如以"蓝布"唐装为代表的服饰文化，以香、肥、咸为代表的客家饮食文化；以土楼、围屋为代表的民居建筑文化等，这是在物质外形方面。另一方面，在精神内质方面则体现为：有以民间传说"刘三妹"为代表的客家山歌，有广东汉剧、提线木偶、采茶戏、烧火龙、船灯舞、竹马舞、杯花舞、花环龙等民间文化；尤其是客家的竹板说唱，保留着大量的历史故事与地方掌故。有繁多而盛大的民间传统节庆，有古朴的婚嫁习俗和聚族而居的血缘家族乡土制度；有以祖先崇拜为主的宗教信仰，有以读书为本的教育思想，有以刻苦耐劳、开拓进取、团结合作为代表的集体精神。这些都体现为一种客家精神。② 在山区演出的轻音乐节目不受青睐，但演出的民间小戏和其他民间艺术则有丰富的文化底蕴，因而受到热烈欢迎，观众情绪非常高涨。

---

① 罗香林：《客家源流考》，北京：中国华侨出版公司，1989年，第60页。

② 参见周晓蕾：《客家文化旅游——闽粤赣边区特色旅游发展的优势及设想》，《"客家文化与全球化"国际学术研讨会论文集》（下），2003年。

民间文化活动有相当的群众基础，而且一般消费不高，受众面十分广泛。

　　客家人大都居住在人烟稀少、山高林密的山区，从事开垦、伐木放排、耕耘劳作，生活条件和生产环境都非常艰苦。上山砍柴，开山种植，下田耕作或过户交谈，都要走一段山间小路。因此，一出门就有一种幽僻的感觉，再加上怕遇上毒蛇猛兽，因而客家人大都喜欢用一种大声响气的嗓音来讲话，甚至打个哟嗬，吊个高腔唱几句山歌，一来给自己壮胆，惊吓野兽，二来也能呼唤在另一地方耕作的对方，得到照应，以驱散内心的寂寞。还有一个作用就是客家人离家远行快到家时，隔几座山就唱起山歌打着哟嗬，因它可以使家人听到从远处传来的声音，向家人报个平安，可让家人放心、宽心。久而久之，山区客家人自然养成了喜欢大声讲话的习惯，因而客家山歌往往被客家人引吭高歌。

　　语言是文化的载体，是人类历史的活化石。由于特殊的自然地理条件，其语言风格也独具特色。客家传统口头文学，如客家山歌具有一般山歌的风格特点，即节奏比较自由，音调高扬，声音绵长，以求传得悠远，让人听得清楚。但它又有自己的个性，因为客家人聚居的地区属于丘陵山地，气候比较温和湿润，客家人的祖辈都曾在这里经历过艰苦的创业，生活比较简朴又有向海外拓展的愿望；客家语言的底语是古汉语，后经逐步化合熔铸，发展演进而成具有独特语言风格的客家语系。在客家山歌的音调中，因为语言风格的不同，音乐中强调的调式主音也不同，这也是客家山歌与其他山歌风格不同的原因之一。虽然客家山歌有的音调高扬绵长，但与西北高原山歌的高亢激越有所不同，其相对比较平稳流畅，起伏不那么大，但与江南民歌的秀丽委婉相比又没有那么甜美；客家山歌既有古朴的遗风，又略带几分忧愁。一般来说，客家民间说唱、山歌或其他传统口头文学样式，其内容、音调都显得相对悲苦，这是客家人长期迁徙奔波的心路历程的写照。反映在曲调旋律上，客家山歌音区较高，音域相对窄些，旋律激进较多，跳进较少，大的跳进更少，且节奏自由，节拍多样，甚至常出现混合节拍。而根据演唱者个人的嗓音条件不同又会在同一首山歌中略有变化。同时，客家先人辛苦辗转的农耕生活，面朝黄土背朝天，加上民不聊生的战争与天灾人祸，这种生活背景与社会背景，造成了客家山歌音调的低沉与悲哀，同时也反映了客家传统口头文学中说、唱的单调与灵性的缺乏。

二、民俗与信仰是民间文学生存的精神源泉

　　客家文化意识的主要特征，以及起主导作用的核心精神，是儒家的

"人文精神"。它是客家文化精髓的重要部分。其直接表现为孔孟思想中的圣贤之道，"三纲五常"在某种程度上成为当地人处世的准则，重视"忠、孝、节、义"与"仁、信、礼、智"的儒家信条。这体现了客家人的世界观和人生观。上千年以来客家人迁徙辗转，历经磨难，这种"人文精神"不但没有减弱，反而加固了，而且这种精神外化为反对强权、反对外来侵略者。当外敌入侵的时候，他们团结御敌。在更高层面上，则展现为一种齐家、治国、平天下的精神。在客家文化意识中，一方面受到中国传统文化的影响，延伸着中原文化的优良传统；另一方面，客家人在长期的迁徙过程中，吸纳融合了异族文化的特征。同时在经济落后的年代，客家人由于外出谋生，远走异国他乡，在生存竞争中其文化不可避免地与外族文化接触、碰撞，从而不断扬长避短，容纳新质。晚清以降，客家文化发生新的变化：既有浓厚的理想主义色彩，又富于实干精神；由过去的崇文重教慢慢渗透了重视商利的意识。①

追本溯源是人类的天性，客家族群慎终追远更为深长。祠联这种专门反映祖先神灵安妥之所的文化内涵的艺术形式也不例外，客家大部分楹联都有缅怀先祖、不忘故土的初衷。②

如祠联：

由嘉应居石坑，尊祖敬宗，长念馨香俎豆；迁花峰住官禄，光前裕后，宏开礼乐冠裳。（花都区官禄布洪氏宗祠壁联）

念我祖，自粤来川，恳恳勤勤谋燕翼；冀吾孙，由云及耳，承承继继振鸿基。（成都太和场钟亮生祠祠联）

由嘉应徙杨梅，祖德宗功，经之营之，力图官禄之基础；藉花峰贯花邑，光前裕后，耕也学也，恢宏敦煌之遗风。（花都区《洪秀全族谱》所录祠联）

如楹梁联：

山水壮奇观，前朝丹竹，后枕韩江，祖庙筑于斯，遥夺一方秀气；地天交泰运，左献月形，右陛日角，风云欣际会，蔚为万代人文。

---

① 南山：《论客家文化意识》，张卫东、王洪友主编：《客家研究》（第一集），上海：同济大学出版社，1989年，第182页。

② 参见刘佐泉：《观澜溯源话客家》，桂林：广西师范大学出版社，2005年，第266页。

　　这种慎终追远，也体现为对本土文化的固守。旧老的乡里社会的典型结构是村落。在我国汉族和少数民族居住的大部分区域，村落至今仍然是一种普遍存在的群体聚居方式。在客家人的乡土社会里同样是以村落为基础的，客家乡土社会的村落以单一家族村落、亲族联立村落为主，他们居住在环境相对封闭且偏僻的山村社区。在相对漫长的社族演化时间里，形成了自己的民俗活动与民间信仰。一方面是为了获取生存资料，客家人与天斗，与地斗，与自然灾害斗；另一方面是山区的农业生产，形成了客家社会部落自然耕种的农业生产区域。他们为了放松、愉悦身体而借用山歌这种娱乐方式自娱自乐。作为传统的客家口头文学，其在村落文化中所发挥的功能是多方面的。村落的封闭性与开放性是决定客家传统口头文学与客家社会类型存在发展状况的重要因素。生活环境的封闭，造成了客家人对异族排斥的心理。他们对业已形成的客家民俗是保守的。同时，为了维持客家社会组织所担负的族群繁衍、民族生存和经济生产等方面的功能，不仅需要统一的文化，以增强成员之间的凝聚力和向心力，而且在文化尚不发达的情况下，口头文学的确能够起到不可替代的继承作用。它从各个侧面展示了客家人不同时期的生活方式、民俗风情和历史足迹。

三、民间文学生命力的铸就源于客家山区采茶行为艺术

　　就赣南而言，据明嘉靖《赣州府志》"贡赋"篇载："宋，贡垇片茶，明贡茶芽十一斤。"① 清同治《赣州府志》又载："九龙茶，出安远九龙峰，雍正五年，巡道王州绳取以进贡。"② 由此史料可见，赣南于宋始贡茶，是茶园盛兴，茶叶始享有盛誉之时，茶山歌舞可能基于此时随茶叶贸易之发展而产生。因此采茶歌舞艺术的孕育、形成、发展与茶有着密不可分的渊源关系。清道光甲辰（1844）修石城县《熊氏族谱》熊休莆先生传记日记载："万历庆天丙子（1575），每月座上常满，酒斗酬，则率子奚唱插秧、采茶歌，自击竹附和，声呜呜然，撼户牖。"这就是说，在明朝万历年间，赣南就有了"插秧、采茶歌"。赣县王田渡下帮乡的《李氏族谱》记载："开园摘茶前夕，皆有唱茶歌、舞茶灯古习。"③ 康熙年间，王维淮的《公余偶吟》诗云："秧歌小队竞招邀，高髻云鬟学舞腰，十二花篮灯簇簇，采茶声中又元宵。"乾隆年间，记载陈文瑞作《南安竹枝词》中曰：

① 《赣州府志》，第 235 页。
② 《熊氏族谱》，第 132 页。
③ 《信丰县志》，第 332 页。

"淫哇小唱数营前，妆点风流美少年，长日演唱三脚戏，采茶歌到试茶天。"① 由于赣南地处山区，茶园兴起，因而古时上山采茶，一边劳动，一边唱着山歌，借以消遣抒怀。由于山歌内容多茶山情景、茶家之事，当地群众习称山歌为"采茶歌"，换言之，"采茶歌"实际是山歌的一种，古时的"采茶歌"，又常在新春之际，随民间种种灯彩在乡村表演。

茶歌的产生，与茶农的劳动有直接的关系。梅州地区的大浦、梅县诸地自古均产名茶。以赣南为例，安远九龙山茶为清朝贡品。每年阳春三月，九州八府的茶商，云集于九龙，采购春茶。此后，始源于同为客家人大本营——粤闽赣主要组成部分粤东的采茶灯传入赣南，其与九龙茶区民间灯彩结合，演变成简单情节与人物歌舞动作相结合的采茶小戏，比如《姐妹摘茶》。茶歌完全是茶农和茶工自己在劳动中创作的山歌，如每年到武夷山采制茶叶的劳工创作的山歌，其歌词称："采茶可怜真可怜，三夜没有两夜眠。茶树底下吃冷饭，灯火旁边算工钱。……"类似的茶歌描绘了茶工的辛苦，表达了他们对贫困生活的担忧。

关于采茶戏，在粤东流传着这么一个传说：

据说很久以前，阴那山下来了一老一少，老汉姓田，少的是他女儿。父女俩靠江湖卖唱为生。田老汉吹拉弹唱样样精通，还有一身功夫。女儿则能歌善舞，还打得一手好鼓。别人打鼓用三根棒子，她则用两把雪亮的小刀，耍起来寒光闪闪，技艺之精湛，令人佩服。

老人爱上茶山风光，女儿爱上种茶。他们在阴那山下定居下来。女儿改名为茶妹子。

茶山上有个乡俗，每年到了春茶夏商的时候，都要大开茶园，举行一次茶灯会：一是喜庆丰收；二是欢迎前来买茶的各路客商。因为这个茶灯会年年歌舞都是老一套，大家都感到没有很大趣味，于是要求茶妹子和她的父亲，编一套新节目来满足人们的期望。

茶妹子砍来翠竹，编了九盏茶篮灯，盏盏八角分明，点上红烛，熠熠闪烁。九个妹子端着九盏灯翩翩起舞，五彩缤纷。并且茶妹子与其父田老汉，根据在田间、山上采茶时的动作，编制了一套舞蹈；再根据茶农一年四季的忙闲苦乐，编制了春、夏、秋、冬四季采茶歌。茶女们跳起来恰似蝴蝶翩飞，声音婉转悠扬。这出戏一上演，立刻引起轰动，各路客商来买茶叶的络绎不绝。

---

① 《听雨斋诗集》，第118页。

有一年，从京城来了个采办茶叶的朝奉。他看了"九龙茶灯"，不由十分欢喜，并心生一念：皇帝深居宫院，何曾看过民间那么好的歌舞？如果能弄一套给皇上看看，只要龙颜一喜，这比买多少茶叶朝奉都好。于是打定主意，企图与茶妹子的父亲田老汉商量。田老汉却直指自己的女儿，要朝奉去找茶妹子。

不知轻重的朝奉果真找到茶妹子商谈，茶女们相视一笑，转眼望着茶妹子。茶妹子理解了姐妹们的心思。她唱了一首歌：

阴那山上种茶人，只爱茶来不爱金；皇家纵有千金富，千金难买茶女心。①

朝奉听后灰溜溜地走开了。

在粤东，修茶山种茶，秋收后到来年的阳春三月（农历），茶树吐绿，插秧前为头茶的采摘时间。采茶多由心灵手巧的青年女性来完成。采茶时节，风和日丽，春暖花开，满山遍野绿绿葱葱，难免歌兴大作，于是产生了许许多多的采茶歌。这类茶歌，由于采茶动作本身很有规律，具有律动的节奏，有如翩翩起舞，加上舒展的旋律，所以常被归入民间舞蹈音乐之列。茶歌主要分布于客家范围的赣南地区。赣南茶歌曲目丰富，异彩纷呈，优美动听。茶歌里面除了采茶歌外，还有种茶歌、制茶歌、售茶歌等，几乎每一道工序的劳动过程都有茶歌存在。其中售茶歌多为男人所唱，男人外出卖茶叶，就唱出了许多富有缠绵情感的售茶歌。这种茶歌，具有一定的戏剧性，情深意切，楚楚动人，是茶歌中最优美动听的民歌。清代末年，梅州采茶盛行。早期脚本如《张三郎遇妻》《访妻》《补缸》《赶会》《卖杂货》《过番邦》《梳妆》《送哥》等，每出戏中有两个或三个角色，表演程式有扇花、手巾花、高步、矮步、碎步、圆手等。音乐唱腔以七言四句为最多，分茶腔、灯腔、路调、杂调几类，并以茶腔为主，抒情优美，轻快活泼，其中有《上山调》《长歌》《红绣鞋》等曲牌。②

采茶戏是在民间歌舞基础上发展起来的地方小戏，其中综合保存了大量的民间歌舞，也积淀了历代艺人发展创造的异彩纷呈的舞蹈形式。采茶舞蹈存在着本能的自赞、自赏、自乐的自娱性，形成了载歌载舞、连唱带舞的风格特点。采茶的舞蹈动作具有象形性、虚拟性、情绪性，并以通俗

---

① 参见杨宏海、叶小华编著：《客家艺韵》，广州：华南理工大学出版社，2006 年，第 163 –
164 页。

② 参见杨宏海、叶小华编著：《客家艺韵》，广州：华南理工大学出版社，2006 年，第 163 –
164 页。

029

易懂的语言、优美动听的音乐、欢乐明快的节奏、独具风格的舞蹈、妙趣横生的表演，成为客家特有的山歌剧种。著名的舞蹈理论家资华筠曾多次强调：一定要关注声音、动作背后的意义。从人类学角度来看，对音乐、舞蹈的考察，不仅要看音乐、动作的形式，而且要体会音乐动作背后的意义所指。在客家民间文学中，充分体现了客家人的民俗风情、宗教信仰、生活习惯与审美意识，几乎所有文化形态都与这些因素有着密切的联系。粤东、赣南、闽西的采茶山歌舞蹈，就是典型的例子，它不可避免地显现出其所置身的文化生态环境赋予的意识和观念，它与客家人的生活息息相关，与客家人的宗教信仰息息相关，深刻地折射出形式背后的观念上的含义。

第二节　民间文学生存的基本形态

一、客家民间故事

客家民间故事内容丰富，有神话传说故事、历史故事、生活故事、寓言、笑话等，无论哪一类的客家民间故事，都以表现客家人物为主。其特点是有浓郁的地方色彩，尤以熟练地运用方言土语见长。例如，梅县白渡镇流传有用客家方言土语对对子的故事：宋湘到了一个饮食店，店家知道宋湘的文采好，便声称，若是能对上他撰写的上联吃点心不用付钱。于是出现了"烧酒滑冷"的诸多客家方言故事。这种用客家方言土语讲述的民间故事，因为它是以平民百姓熟悉的生活语言作载体，所以群众特别喜爱，"客家味"十分浓。这也是客家民间故事区别于其他地方民间故事最显著的特征。客家民间故事是客家人文化心理的表现。客家人重视读书，受中原传统文化的影响特别深，有许多关于读书人的民间故事，譬如《神光映读》《李二何妻子毁容》《四铸元魁塔顶》等。客家民间故事常常与其他文学样式互相渗透。如民间故事中引进了山歌、谚语、童谣，而民间故事又成了山歌等的题材，或直接提炼成为谣谚。譬如，《孟姜女哭长城》中就有孟姜女唱《五更叹》《十二月寻夫歌》的情节。《三斤狗的故事》由"上夜三斤狗，下夜三伯公"这一谚语发展而来。民间故事中有《刁嫂子山歌调的由来》《山歌酒醒》《闹公堂》《山歌一条谷一担》等，而在山歌中歌咏民间故事传说的歌词更是比比皆是，不胜枚举。

二、客家山歌

客家山歌与客家人的生活息息相关，他们通过唱山歌诉说生活的艰辛，憧憬美好的未来，宣泄心中的郁闷，寄托自己的情怀。一般来说，客家山歌多为即兴歌唱，见什么唱什么。日常生活中的事物、百业民情、人物风情、节庆风俗、山川草木、日月星辰、花鸟虫鱼、日用器具等，无一不可入歌。因此，客家山歌的内容丰富多彩，呈现出一幅幅美丽的生活画卷，有反映歌唱活动的，有反映劳动生活的，有反映"过番"情景的，有反映爱情与婚姻生活的，有反映革命斗争的，等等。对于客家山歌中情歌比较丰富的情况，客籍学者罗香林曾在《粤东之风》中作过分析。一般来说，大致有这几种情况值得注意：第一，客家人聚居的地区多属山区和丘陵地带，这里原是少数民族和其他土著居住的地方，封建礼教控制力量较为薄弱，青年男女较易冲破宗法礼教的藩篱而利于情歌的传唱，而这恰又成为青年男女反抗封建礼教的手段。第二，客家山歌在形成过程中曾受到江南吴歌的影响，而在吴歌中情歌占有很大比重。第三，在旧社会，客家女性和其他地方的女性一样深受封建政权、族权和夫权的压迫，但客家女性由于要从事诸如犁、耙田等重体力劳动，男子如果"过番"（出洋）谋生，女性更要承担全家的生产和生活重担，因此她们在宗族中、在家庭中的地位就不是无足轻重，相比其他地区的女性，她们就多一些自己独立的人格。她们争得唱山歌的权利，自己唱，也可以和男子对唱，于是情歌便产生了。

三、客家说唱

客家地区的丧葬风俗中，有"做和尚"（或"做斋嬷"）的传统，请和尚（斋嬷）念经，能够超度亡灵，即使亡灵脱离地狱，升上天堂，到西方净土的极乐世界中去。人们通过这种仪式，寄托自己的哀思，表达自己对死者的怀念，减轻失去亲人的痛苦。因此，一般稍有经济能力的人家均不免俗，一般是"一日一夜"。经济困难的，仅做一夜，一般做"救苦"段，钱多的则做"三日三夜"。旧社会的豪富人家为了彰显实力，甚至有做"七日七夜"的。宣传佛理教义是客家说唱不可或缺的内容，如《写勘》中的《十王劝善歌》，是劝善惩恶、因果报应思想的集中体现，而《开光》中的一首唱词则是禅宗六祖惠能"人人皆有佛性"的通俗说明。客家说唱中有一种"叫花歌"，演唱者多为走村串户的盲人或乞丐。"叫花歌"或唱自己的不幸遭遇，引起人们的同情；或为娱乐听众唱的"爱情

031

歌""玄虚歌""消骂歌"；或是以叙事为主的"传本"。《低河饮水念高岗》则一直被人们誉为"劝世文"，在粤东地区广泛传唱。同时，客家神话、传说、寓言、长篇叙事诗、地方戏等也被不断传唱。

综观而言，客家民间文学主要包括四大类：一是演唱类，包括木偶、粤东与闽西汉剧、山歌戏、采茶戏、船灯小戏等；二是技舞类，如龙灯、香灯、竹马灯、舞灯、走古事、民乐演奏等；三是吟唱类，如山歌、竹板歌、歌谣等；四是念白类，如谚语、童谣、歇后语、谜语、神话、传说、故事、笑话等。这些民间艺术具有高度的融合性、显著的地域性、鲜明的大众性和强烈的艺术性，还有积淀的丰富性等特色。其中粤东、闽西客家的汉剧非常丰富，大小剧目一千多个，唱腔、串调、吹牌及锣鼓经不下八百种。① 从广义的定义来说，就其内容而言，都属于客家民间文学的范畴。

---

① 参见刘大可：《田野中的地域社会与文化》，北京：民族出版社，2007 年，第 35 页。

第三章 客家民间文学与母性文化

第一节 客家母性文化的前世今生

有研究者认为，道家思想是肇源于伏羲、神农、黄帝的初级社会的原始宗教，而儒家思想则是继承尧、舜之后的夏、商、周时代的父系氏族的宗教传统。在父系氏族时期，因为经济水平的低下、思想的蒙昧，在繁衍后代这个问题上缺少基本的认识，所以产生了女性始祖崇拜和女阴崇拜心理。《道德经》中的核心词"道"就是对母系氏族生殖崇拜的哲学抽象和升华。"道"为何物？老子常将它比作"母""玄牝之门""谷神"。"谷神不死，是谓玄牝。玄牝之门，是谓天地根。绵绵若存，用之不勤"①，此处的"谷"是生养的意思。"谷神"是指能够生养天地万物，但没有形体、深妙难释的"道"。"玄牝之门"是指幽微不测的母性之门，指女性的生殖器官。可见"道"的内涵最初是建立在对女性生殖功能的认识上的，然后将其普遍化、本源化，用以说明宇宙创生万物的过程："道可道，非常道；名可名，非常名。无，名天地之始；有，名万物之母。故常'无'，欲以观其妙；常'有'，欲以观其徼。此两者，同出而异名，同谓之玄。玄之又玄，众妙之门。"② 将道喻为"母""天下母""万物之母"，也可见女性崇拜的遗迹。道生万物的过程在《道德经》中也是用女性生育的喻体加以说明。句中的"始"在《说文解字》中解为"女之初"，在《尔雅》中解"胎"为"始"，"始"的本意为女性受孕结胎、婴儿从无到有的不断形成过程的初始阶段。《道德经》将女性的安静柔弱视为最佳的持道方式："天门开阖，能为雌乎""知其雄，守其雌，为天下溪。为天下溪，常德不离，复归于婴儿。"③ 其中充斥着女性形象与女性崇拜。可见，《道德经》源于

---

① （春秋）老子著，王弼注：《老子》，上海：上海古籍出版社，1989 年，第 11 页。
② （春秋）老子著，王弼注：《老子》，上海：上海古籍出版社，1989 年，第 1 页。
③ （春秋）老子著，王弼注：《老子》，上海：上海古籍出版社，1989 年，第 11 页。

原始母系氏族生产生活的经验和智慧，它所推崇的繁殖、鞠养万物、安静柔弱是女性所特有的。

康德认为女性的性别特性在于：①种的保存；②由女性使人受到社会的教化与教养。"大自然把它最宝贵的信物，即种的繁衍托付给女性的身体，通过胎儿使人类繁殖下去并达到不朽时，它仿佛是顾及到种的繁衍，于是就把恐惧以及对类似危险的恐惧植入于女性的本性之中。"由于大自然还想引出那些文化教养方面的，就是善于交际并合乎礼貌的感觉，它就有先见之明地让女性通过她们的娴熟及其在说话时善于辞令和富于表情，而成为主人。①

和所有女性一样，客家女性正是作为男性的陪衬和"种"的保存而存在。不过，客家女性在这方面的表现则有过之而无不及。"男主外，女主内"的家庭模式，让客家女性几乎承担了一切家庭劳作。客家女性自幼就开始承担家中和田间的劳动，其内容很广泛，包括做饭、洗衣服、纺纱织布、砍柴、种菜、耕田种地、饲养家禽家畜等。除此之外，还要养育子女、孝顺家中长辈。她们一生中扮演的角色也在不断转换，幼年和少年时是家中的孝女兼童工；十五六岁出嫁了就转为贤妻良母兼支撑家庭经济的骨干。

这样的角色定位基本上是儒家文化传统规定下来的。自古以来儒家提倡的闺训、闺范，如《女诫》《列女传》《闺训千字文》《女儿经》之类，对女性的思想言行和道德准则都有细致的论说，今以《女儿经》② 为例：

> 习女德，要和平，女人第一要安贞。父母跟前要孝顺，姊妹伙里莫相争。父母教训切休强，姊妹吃穿心要公。东邻西舍休轻去，早晚行时须点灯。油盐柴米当爱惜，针线棉花莫看轻。莫与男人同席坐，莫与外来女人行。兄弟叔伯皆避忌，惟有娘亲步步从。若有丫头听使唤，使唤亦须谅人情。外奶舅妗或看望，看望亦须不久停。坐立行走须庄重，时时常在家门中。但有错处即认错，纵有能时莫夸能。出嫁倘若遭不幸，不配二夫烈女名。此是女儿第一件，听了才是大聪明。我今仔细说与你，你要用心仔细听。修女容，要正经，一身打扮甚非轻。搭胭抹粉犹小事，持体端庄有重情。莫要轻薄闲嘲笑，莫要恼怒好相争。身歪体斜伤体面，抛头露面坏声名。光梳头发净洗脸，整洁自是好仪容。衣服不必绫罗缎，布棉衣服要干

---

① 参见施萍：《林语堂：文化转型的人格符号》，北京：北京大学出版社，2005年，第168－169页。

② 见（清）贺瑞麟编：《女儿经》，张福清编注：《女诫：妇女的枷锁》，北京：中央民族大学出版社，1996年，第131－133页。

净。油水柴面容易染，做时须要小心行。箱柜桌炕勤打扫，自无半点尘土生。有时出外看亲戚，先须腹内要安宁。吃喝穿着不尽量，莫贪饭碗与酒盅。衣枷衣服须搭整，衣箱叠板莫乱拥。此是女儿第二件，听了才是理性能。莫要半晌说闲话，莫要无故冒搔风。磨牙斗嘴非为好，口快舌尖不算平。但遇面生莫开口，休要轻易冒答应。父母使唤休强嘴，姊妹言语要和听。好翻舌头多惹事，好说谎的落骂名。家中纵有不平话，低声莫叫外人停。姑姨妗婶当问候，也要沉重莫发轻。有该说处休多说，不该说处且消争。正正经经说几句，止须说个理儿明。闲言碎语休细整，七嘴八舌莫乱虫。我今仔细说与你，你要用心仔细听。此是女儿第三件，听了不是木盅明。扫地梳头忙洗脸，便拈针线快用功。勤女工，要紧情，早起莫到大天经。件件用心牢牢记，会做还须做得精。纺织裁剪皆须会，馍面席桌都要东。临明莫要贪睡觉，到晚莫要空点灯。不要闲立又闲坐，不要西去又往成。百拙一件不会做，临了落个败家名。殷勤女儿终须好，懒惰女儿总无雄。虽好不快跟不上，虽快不好不为赢。描花绣彩皆女事，不可一件有不通。这是女儿第四件，听了便是大才能。我今仔细说与你，你须用心仔细听。

客家女性的形象，主要是由自然环境造成的。这里的客家人，十有八九住在山区，一年到头辛辛苦苦耕作，所收获的粮食仅仅能维持几个月。生活十分艰苦，单靠农作不能维持生计。因此，造成了"男子外出，女子当家"的传统分工。男子要外出营生，田园种作皆由女子承担。由浙江杭州人编写的《清稗类钞》题为《大埔妇女》的文章写道：

大埔妇女，向不缠足，身体硕健而运动自由，且无施脂粉及插花朵者。日出而作，日入而息，自奉节俭，绝无怠惰娇奢之性，于勤俭二字，当之无愧……故田园种植耕作者十居七八，凡下种、耘田、施肥、收获等事多用女子。除少数富户妇女外，无不上山樵采者，所采之薪自用有余，辄担入市卖之，居山僻者多以此为业。又勤于织布，惟所织者多属自用耳。其中道失夫者，更能不辞劳瘁，养翁姑，教子女，而曲尽为妇之道。至若持家务，主中馈，犹余事耳。总之，大埔妇女能自立，能勤俭而艰苦耐劳，诸美德无不具备。[①]

① 参见李德礼：《略谈客家妇女》，广东省梅州市文史资料委员会编：《梅州文史》（第一辑），1989年，第142页。

美国传教士罗伯·史密斯在嘉应州改名为梅县后传教十余年，对客家妇女的劳动感到惊讶，曾高度评价客家妇女："在客家人中，一切粗重工作都属妇女的责任，在我所见到的任何一族妇女，最值得赞赏的当推客家妇女了。"① (《中国的客家》)

由此观之，客家女性在客家社会中的地位不言而喻。文中虽然所举为大埔、梅县女性的例子，其实对所有客家女性都适用。正是因为如此，自古以来的客家女性，都是承担着家务与农业生产的双重任务，对男性的依附较少，在经济上有独立的能力。特别是明末清初以来，男子多出洋谋生，少则三年五载，多则十年几十年，甚至有赚不到钱终生混迹在异乡的，家门全靠女性撑持。因而客家女性受到男性的特别尊重，社会地位也比较高。②

在客家民系形成的南宋时期，恰恰是宋明理学在思想界取得统治地位的时期。它对于伦理道德的改造和强调，特别是它的礼欲观，对于客家人的社会心理、对于客家女性的生活都产生了重大而深远的影响。程朱理学显然带有封建社会"三纲五常""三从四德"的内容，并且这一套纲常上升到"天理"的高度，使女性更加失去独立与自由。尤其晚清以来，随着封建专制走向极端，女性的地位进一步下滑。而宋明理学特别是朱熹对女子教育的独特见解，对客家女性的文化教育，以及客家民系崇文重教精神有很大的影响。③ 北宋时期，理学呈现出典型的男子中心主义，崇尚男尊女卑，要求女子无条件地为男子牺牲青春、幸福乃至生命。朱熹是理学的集大成者，在女性的贞节观方面他继承了程颐等人的思想，认为老百姓只是要求粗茶淡饭有个温饱，"君子"则要求老百姓为了他们的"理"去死，认为妻子若不为她们的丈夫守节而生，这样的生之意愿就是万恶之人欲，是与"天理"对立的。所以"君子"的任务是"穷天理，灭人欲"。这种"天理""人欲"之说，像一根巨大的绳索，深深地勒在女性的脖子上。自宋明理学在客家地区传播之后，特别是明中叶客家宗族制度形成后，其情况就有了复杂而微妙的变化。在封建礼教推动下，客家社会从城市到乡村，纷纷制定乡约和族规，把人们的思想禁锢在礼教的范围内，客家女性的爱情与婚姻自由因而受到极大的限制。④

036

① 参见田辛垦：《从一首民谣看客家妇女的特色》，广东省梅州市文史资料委员会编：《梅州文史》（第一辑），1989 年，第 145 页。

② 参见李德礼：《略谈客家妇女》，广东省梅州市文史资料委员会编：《梅州文史》（第一辑），1989 年，第 142 页。

③ 参见谢重光：《客家文化与妇女生活》，上海：上海古籍出版社，2005 年，第 141 – 142 页。

④ 参见谢重光：《客家文化与妇女生活》，上海：上海古籍出版社，2005 年，第 152 页。

　　如果进一步分析客家女性的生存状态及其与大自然的关系，它可以从更高的理论层面得到阐释。在荣格看来：

　　神话的结构单位即存在于无意识心理中的原始意象或原型，文明人的理性发展使无意识完全被强大的意识所遮蔽和覆盖，只有当意识沉睡（梦）或因疾病而削弱时（精神异常），集体无意识才能借原型的显现再度迸发出来。对于文明人来说，这种正常意识被打破的状态，恰恰相当于意识的原始状态，或者说回归到了原始人的无意识自发思维状态。

　　它不是个人行为，而是一种集体行为，是行为集合与文化源流的沉淀物。依据这种理论剖析客家女性的自然观，可以找到一种接近完善意义上的解释。

　　在历史发展的过程中，花草鱼虫、飞禽走兽都是人类的同伴，人和所有生物一样有自己的感受和欲望。人的生存状态一开始就受到大自然各种既存法则的制约，可是人类为了自身的利益，不惜破坏这种法则，结果得不偿失，自食恶果。因此，人们最好是顺应这种自然的规律。这是一种原始的集体性记忆，也是对同根生命的"同情"①。客家先民在一次次的辗转迁徙过程中，遭受大自然的苦难，这种潜藏的记忆再次被牵引出来。因此，客家人认为大自然才是他们最为亲密的伙伴。朱光潜认为："同情就是把我们与别人、与大自然之物等同起来，使我们也有它们的感觉、情绪与感情。"客家人在迁徙记忆的引发下，与自然界有一种天然的密切联系。尤其在客家人的童年时期，他们靠天、靠地，风调雨顺带来好的收成，天灾人祸则带来巨大痛苦。饱尝了大自然的淫威，也感受到了大自然的恩赐，尝尽了人间的疾苦与悲凉。正因为有如此的经历与愿望，它更展现了客家人原初的集体意识。其对于大自然的敬畏，从原来的"自发"到了后来的"自觉"，慢慢地演化成一种习惯，其后成为一种习俗。当然，在漫长的进化中，客家人在尊重大自然习俗的过程中，更多的是对祖先的感恩情绪和情感的尊重，逐渐淡化了对于自然本身的呵护与血脉的相连。②

　　客家民间文学不仅在中国，而且在海外也有广泛的流播。有的是原汁原味的民间文学，如传说、故事在海外流传，有的是客家故乡的民间文学融合了客家华侨所在地风土人情而成为一种新的民间文学。

　　那么，客家民间文学是如何把客家女性与大自然"同情"联系起来的呢？下面将通过具体的神话、传说、故事进一步展开。

---

　　①　参见梁伟光编：《客家古邑·民俗》，广州：华南理工大学出版社，2010 年，第 78 页。
　　②　参见梁伟光编：《客家古邑·民俗》，广州：华南理工大学出版社，2010 年，第 78-79 页。

第二节　客家民间女神神话

客家地区流传的神话有两类。一类是远古的汉民族神话，如《盘古开天地》《鲧禹治水》《女娲补天》《后羿射日》等有较强影响力的神话，在客家地区仍广泛流传，这是整个汉民族的神话，这里不再赘述。另一类是汉人南迁后产生于客家地区的神话，下列叙述的就是这一类。

从客家地区流传的神话来看，大体可分为祖先的神话和佛、仙、神的神话。

一、人蜕壳、蛇蜕皮的祖宗神话

（一）祖先蜕壳

据说上古时候，我们的祖先是长生不老的，只是每年要像蛇一样蜕壳一次。

一天，我们的祖先正在蜕壳，忽然来了个老太婆。这个老太婆是上古仙人女娲的化身。老太婆问我们的祖先："蜕壳很痛苦吗？"

我们的祖先说："蜕至头部、眼皮时痛得特别难受，像这样每年蜕壳一次，何年何月才能解除痛苦呢？"

老太婆说："照你说来，长生不老不好？"

我们的祖先说："宁愿死了，也不蜕壳。"

老太婆说："好吧，除死无大灾，从今天起你们就不再受蜕壳的痛苦了。"说完老太婆就不见了。

从此，我们的祖先便不再蜕壳受苦，人间开始了有生有死。①

（二）人蜕壳、蛇蜕皮

这是来自客家祖地福建宁化石壁的神话。说的是有一天，玉皇大帝与太上老君巡视天下，出了南天门，跨五月过四海，见天下万物兴盛，不觉龙心大悦。

老君趁这大好时机问道："陛下，今日出巡，可有何物赐予下界？"玉帝欣然解下腰间一方玉佩说："我赐下界一方乐土。"说完，玉帝将玉佩一

---

① 参见杨宏海、叶小华编著：《客家艺韵》，广州：华南理工大学出版社，2006年，第6页。

抛，人间顷刻出现一个青山如黛、沃野纵横的桃源美境。石壁村又称玉屏村，据说其名即由此而来。

老君一看大乐，说道："万岁既如此大方，臣亦不敢落后，当为下界赠送万物生灵。"言罢，揭开腰间葫芦往下一倾，飞禽、走兽纷纷下落，布满了桃源美境。

"如何没有人？"玉帝问道。"万岁，老臣法力有限，遣人之事，只有你才能办到。"

"遣谁好呢？"玉帝左顾右盼，天上各路神仙皆各司其职，不觉沉吟。

"天上难动，下界拨动，如何？"老君出主意道。

"天上难动，下界拨动，好主意。"玉帝用袖向下一拂，下界即翻天覆地，刀光剑影，城头变幻大王旗。于是人潮纷乱，流去流来，有一批人就在石壁村住了下来。

玉帝对这批臣民大有偏爱之心，担心他们水土不服会得病，担心他们操劳过度难长寿，便将蛇的蜕皮术改作蜕壳术赐给了他们。于是，石壁人每十年蜕壳一次，蜕壳以后即显得和十年前一样年轻力壮，从而长寿不死。而蛇呢？失去蜕皮术后，再也难以生存，横七竖八地躺在地下僵死。因此石壁很快就出现了人满为患和蛇将灭绝的状况。

老君发现这一问题后，连忙向玉帝启奏，并向玉帝极力兜售自己"道一乱，天下乱"的论调。玉帝意识到这个问题的严重性，就同意老君的意见。宣旨去掉人的蜕壳术，恢复蛇的蜕皮术，但同时又明令蛇不得随意伤人，并吩咐由蛇的舅舅竹神负责监督。所以，以后石壁人进山劳作时，经常带着竹棒，而蛇凡是见到拿着竹棒的人就赶紧溜走。

这两则神话都与蛇有关系。前一则神话脱胎于汉民族远古神话，虽然没有说蛇，但化身老太婆的女娲是位人首蛇身的女神。她炼五色石补天，用黄土造人。在汉代，女娲与其兄长伏羲以人类始祖身份名列祖先崇拜的榜首。后一则神话与远古神话没有任何联系，显然是汉人南迁以后的作品。汉人南迁以后多居住于山野草莽之间，与蛇打交道的机会很多，于是与蛇有关的神话作品便产生了。①

二、宗教女神神话：惭愧祖师

客家人多信佛，客家地区关于佛的神话流传很多，其中较为典型的是关于惭愧祖师的神话。

---

① 参见杨宏海、叶小华编著：《客家艺韵》，广州：华南理工大学出版社，2006年，第6页。

039

唐代粤东阴那山灵光寺开山祖师潘了拳，是福建三明沙县人。据说他一出娘胎，便有一只手紧握着，到了周岁还伸不开，故名潘拳。潘拳周岁那天，忽然有一个远方的高僧上门求见，说与潘拳有佛缘。其父母赶快带出潘拳。说也奇怪，潘拳见和尚就笑起来。和尚在潘拳的小拳头上写了一个"了"字，这拳头就慢慢地张开伸直了。其父母连声道谢。和尚抚着潘拳的头说："这小孩就叫了拳吧，与我佛有缘，17年后当再相见。"从此潘拳改名了拳。

了拳11岁时，父母先后病死，只得替姑母牧牛过日。姑母听说了拳贪玩，便于一日悄悄到山间探看。她到了山间，只见牛在吃草，了拳却不知哪里去了。她怕牛吃人家的东西，想赶回家去，可赶来赶去，牛总在一个圈子里打转。原来，那是了拳画下的圈子。直至了拳回来把圈子擦去后，牛才得到自由。

一次，与了拳一块牧牛的同伴听说漳州做戏，都想去看看。可是路途遥远，怎么去呢？了拳说有办法，叮嘱大家抱紧他闭上眼，他就能带大家飞到漳州。大家照着办，果然很快便飞到了漳州。不料，看完戏连夜飞回时，途中有一人偷偷睁开眼睛看，这一看可不得了，人立即从云端掉下来，摔死了。死了人，出了事，了拳被姑母赶出家门，流落到大埔县西河镇黄沙车上严屋，认一个姓游的寡妇为母亲，在那里居住下来，度过了他的青少年时代。

黄沙车村附近有个赤蕨岭，赤蕨岭上有一块大石头，了拳在赤蕨岭牧牛时，经常在大石头上打坐参禅。有一次，他在石上静坐入定后，忽觉心明眼亮，浑身是劲，就用指甲在石头上写下"大生石头"四字，字迹深入石中，宛如铁凿刀刻，据说至今仍笔画清晰。

了拳17岁那年，一天，当年赐了拳"了"字的那位高僧，果然又来寻找了拳。从此，了拳便开始在赤蕨岭出家。他认的那个母亲，疼爱了拳，不仅常常来看望了拳，给了拳送穿的吃的，有时还把拾来的田螺和小鱼煎煮好，送给了拳下饭。因了拳此时已戒杀生，便悄悄地将母亲送来的，破了"笃"（屁股）的熟螺和焦成一片乌一片白的鱼放入潭中。据说，当地公王潭下至今仍有无"笃"的田螺和半熟的鱼。了拳母亲去世之后，他便离开赤蕨岭，寻觅落脚的地方。一天，他在与阴那山一河之隔的浒梓村见到一位和尚，觉得他似曾相识，正想发问，和尚莫名其妙地说了一句偈语："子若渴时逢梅熟"，了拳正欲问明其意，和尚却转身离开了。离开浒梓村，了拳想渡河往阴那山五指峰。来到江边，见河中有几块石头，排列状似莲花，便跳上石头，乘莲花渡河而去。清朝广东学使徐花农有对联道："灵迹此间存，石上莲花江上苇；禅居何处是，天边明月岭边云。"渡河后，了拳行至南福村，碰上民间打大醮。这时，已近中午，了拳十分口渴，特向打醮坛边煮食的人讨茶水喝。煮食的人觉得为难，指着那一排冒着烟火的火灶说："师傅，打醮的锅灶烫鸡煮肉，烧出的茶水恐怕不好喝。"了拳说："没相干，没相干，借个碗用用就行。"他接过碗，掀开锅盖，用碗朝那浮满油星的水面轻轻拂了两下，立即油归油水归水地分开。了拳盛了一碗水，一饮而尽。

在鸟飞兽走、古木参天的阴那山麓，了拳发现了大片梅林，其时，梅子正当成熟，了拳摘一个吃，溅齿留香，顿悟"子若渴时逢梅熟"偈语，便在此结茅定居。远近乡民闻知后纷纷而来，了拳便旦夕与众讲经说法，于是阴那山成为佛家圣地。现在阴那山灵光寺前有两株古柏，一枯一荣，据说是了拳所植。植时有一为枯苗，人们问他，枯者何植？了拳答，无妨，生枯同长。说也奇怪，其时至今，已历漫长年载，两柏果然长得高大相齐，荣者固枝叶繁茂，老而茁壮；枯者亦枝干不朽，柏香犹存。人们啧啧称奇，名之为"生死树"。

眨眼间，三十余年过去了。一天，了拳召集徒众嘱告："从前佛祖都能弘演法经，自度而且度人，我未能做到，心中实为惭愧！而今我就要寂灭西归了，七日之后，请藏吾骸于塔下，并号为惭愧。"① 这就是客家地区的"惭愧祖师"。

三、八仙女神神话

（一）李铁拐成仙记

据客家人说，八仙里面原先并没有李铁拐，是他们过海时，临时找来顶替王仙人的。

那年，八仙约好共赴瑶池蟠桃会，谁知七个仙人都到了，单单不见王仙人，等得大家十分焦急，怕因此错过时辰。再等许久，王仙人仍不见来。这时，曹国舅忽然发现一座新建坟堂，即建议众仙不如起度死尸，点化成仙一同过海，以免错过蟠桃盛会。众仙同意了他的建议。谁知，这死尸一条腿已腐没，点化后成了独脚仙人。独脚仙人怎么走路？众仙又发起愁来。

正巧，这时来了一只很大的公狗。众仙人即把狗的后腿斩了一条，配给独脚仙人，但是，两条腿长短不同，独脚仙人成了个跛子。因此，众仙

---

① 参见杨宏海、叶小华编著：《客家艺韵》，广州：华南理工大学出版社，2006年，第8-9页。

便叫他李拐子。那只狗被斩了一条腿后，痛得"汪汪"直叫，不能走路。众仙人怜悯它，拿来一张纸，做了一条腿给它配上。所以，公狗拉尿时，这条腿总要抬起来，害怕被尿淋烂。至于王仙人，则因错过良机，被众仙除名，流落凡间，成了野仙。

（二）张果老破牧童和嫦娥姻缘

客家人说，八仙过海以后，各奔东西，张果老和他的牧驴童子带着从龙宫取来的月桂宝树，到了月宫居住。不久，嫦娥偷吃了灵药也来到月宫，做了张果老的女徒弟，日夜帮助师父酿酒、炼丹。一个少妇，一个牧童，两人渐渐地相爱了。

有一次，嫦娥与牧童幽会，被张果老捉住了。张果老装出十分慈祥的样子，笑嘻嘻道："年轻人相好，何必瞒着老夫呢？"嫦娥与牧童跪下哀求师父饶恕。张果老假意地说："老夫成全你们，但有个条件，你们必须为师父办妥一件事。"嫦娥与牧童异口同声地说："多谢师父成全，我俩一定办妥。"张果老哈哈大笑："好、好、好！你俩起来，现在就去办吧。"说完从身上解下一个酒葫芦，说："嫦娥，你去把酒装满。"张果老又取过一把斧头，对牧童说："你去把那桂树砍了回来。"张果老又说："你俩假若事情办不好，就不要怪为师薄情了！你们一直到办妥了才能回来，到时老夫为你们办喜事。"谁知，一个是张果老的宝葫芦，一株是龙宫的宝树。痴情的嫦娥年年月月、日日夜夜不停地装酒，也装不满；痴心的牧童一斧斧用力地砍，但一歇气，桂树又长回了原样，永远砍不断它。就这样，一个装，一个砍，没完没了。

（三）何仙姑过河试后生

客家人说，从前，某地有一条河，河面很宽，没有桥，也没有渡船，当地有一后生便来此靠背人过河谋生。年长月久，人们都称赞这位后生心地善良。

这事传到何仙姑耳中，她便变作一位年轻漂亮的姑娘到了那里，问后生为什么要背人过河。那后生说家里穷，父母年老多病，靠背人挣点钱过日子。何仙姑三次叫他背过河，他都很规矩。何仙姑极为感动，告诉他说，明天一早，河中间会有一只红箱子漂下来，你可捡回家去，以后就不愁吃穿了。第二天，那后生果然在河中间捡来一只从上游漂来的红箱子。他回家打开一看，尽是黄金珠宝。后来他就娶了媳妇，过上了好日子。

这事被外村的一个浪荡后生知道了，他想碰碰运气，也来背人过河，但是，每次背到河中间时，他都要恐吓客人，敲诈勒索钱财，见是女性则进行调戏。何仙姑又变作一位年轻美丽的姑娘来到河边试探。那浪荡后生一看，马上起了歪心，赶紧跑过去背，背到河中间就乱摸乱动，并声言要与她欢乐，否则就把她丢到河中间淹死。何仙姑一一答应，并说明日一早有一只红箱子从河中漂来，到时捡到尽可受用。那后生知道遇上了何仙姑，便不敢再胡来。第二天他一早起来，来到河中间，果然捡到一只红箱子，打开一看，箱子里有十条紫黑色的死湖鳅，他拿到鼻子前一闻，不料黏在鼻子上了，怎么拉也拉不下来。吃东西时，湖鳅在鼻子上乱动乱拨，以致后生什么也吃不进口。慢慢地，那浪荡后生就被饿死了。①

四、盘王女神

在汉、瑶、畲族的许多民族神话中，伏羲、女娲作为人类始祖，是从葫芦中出来的。这与粤北客家过山瑶的《盘王歌》有密切关联。

《葫芦晓》：

伏羲种瓜有七夜，未经三夜便开芽。葫芦瓜核大州出，未经三夜核头开。伏羲种瓜有七夜，未经三夜起青青。葫芦瓜核大州出，大哥行往得归居。伏羲种瓜有七夜，未经三夜满天铺。……寅卯二年洪水发，伏羲走入里头藏。葫芦里头有七格，七格里头有天堂，寅卯二年洪水发，伏羲浮起到天庭。

《洪水尽》：

洪水尽，淹死天下无数人。重有伏羲两姊妹，天下无人自合亲。

《为婚了》：

相合自相合，伏羲相合未成亲。隔岸烧香隔岸拜，火烟相合正成亲……

在粤北客家另有史料记载：

远古的时候，螟蛉子向天上飞去，地下留的是拱屎虫。一个造天，一个造地。拱屎虫勤快，造的地很宽；螟蛉子很懒，造的天很狭小。到天盖

①　参见杨宏海、叶小华编著：《客家艺韵》，广州：华南理工大学出版社，2006 年，第 11－12 页。

地的时候，老盖不严。于是，米洛甲把大地抓起来，把地皮扯得鼓胀起来。这回天地盖得严实了。但大地上鼓起来的地方，就成为山坡高地，凹下去的地方，却成为深壑裂缝，于是就成河流湖海。

米洛甲见大地毫无生气，便想造些人来。她撑开两脚，站在两座大山上，突然吹来一阵风，觉得尿很急，便撒了一泡尿，尿湿了土地，然后便用手把泥土抓起来，照着自己的样子捏了很多泥人，用乱草蒙盖起来。经过七七四十九天，打开蒙盖的乱草一看，这些泥人便活起来了。

活着的人乱跑乱跳，叫也叫不住他们。米洛甲便到树林里采集很多杨桃和辣椒，向人群中撒去。这些活着的泥人便来抢，结果抢到辣椒的便是男人，抢到杨桃的就是女人。于是，这宇宙间才有男人和女人。

相传米洛甲是一位造天地、造人类和万物的女神。她吹一口气，升到上面便成了天空；天空破漏了，抓把棉花去补就成为白云。天空造成了，她发现天小地大，盖不住，便用针线把地边缝缀起来，最后把线一扯，地缩小了，天能盖得住了。然而地又不平了，大地边沿都起了皱纹，高突起来的就是山，低洼下去的就成了江河湖海。她没有丈夫，只要赤身露体地爬到高山上，让风一吹，就可以怀孕，但孩子从腋下生出来。她见地上太寂寞，便又造了各种生物。她的生殖器很大，像个大岩洞，当风雨一来，各种动物就躲进里面去。

由于自身的繁衍对原始人类的极端重要性，粤北客家地区将盘王女神奉为生育大神，拜她为圣母。随着社会的发展，盘王女神又变成主管生育的花婆母神、花婆王，成为已婚女子求子的偶像。当今客家人祖坟的外形之所以很像一个大大的女性生殖器，它的寓意就是让后人繁衍昌盛，多子多福。这与客家人崇拜祖先盘王女神不无关联。

第三节　民间传说与客家神女

一、"葛藤坑"的客家农妇、"荔枝姐妹"与生态

（一）"葛藤坑"的客家农妇

客家人在端午节时，门两边挂菖蒲和艾叶，门楣挂葛藤。挂菖蒲和艾叶是中国汉族的共同传统，而挂葛藤则始于客家文化。传说唐代乾符二年

（875），黄巢随王仙芝起义。第三年起义军来到江西。当时，民间传说黄巢东山拔剑，西山立刻有三千人头落地，故黄巢被传为杀人如麻的"魔王"。因此，老百姓只要听到黄巢这个名字就如惊弓之鸟，纷纷往南面逃。一天，黄巢发现在逃亡的难民中，有一个中年妇女，手中牵着一个男孩，背上背着一个男孩，背着的男孩比牵着的男孩还大，牵着的男孩走不动了，啼哭不止，可那妇人却不愿背那个男孩。黄巢见了很诧异，上前问那妇人为什么。那妇人不认识黄巢，回答说："听说黄巢杀人如麻，我们若不赶快走，让他们赶上就没命了。我牵的是我的亲生儿子，背的是我的侄子。因我弟弟与弟媳都死于乱军中，只剩下这点骨血，要是有什么闪失，岂不断了他家的香火，我怎么去见九泉之下的父母！"听了她的一番话后，黄巢深受感动。他对妇人说："你不必惊慌，快回到住所，在门口挂上新鲜的葛藤，这样就不会有人来侵害你们了。"这妇人见黄巢谈吐不俗，想必非等闲人物，于是回家并告知全村的村民这个消息，大家都在门、窗上挂起葛藤。黄巢的军队来到这个村，见到葛藤果然秋毫无犯，全村人人平安。这件事一传十，十传百，很快传遍各地。从此端午节挂葛藤、菖蒲和艾叶，成为中国客家地区普遍的一种习俗，这个村也叫葛藤村，还称"葛藤坪""葛藤凹""葛藤坑"，今为南田村。①

　　这个故事不仅是这个客家民系的"创世纪"神话，也是这个民系意识的来源。正是这位"葛藤坑"女性，以自己伟大的秉性，说服了黄巢，从而拯救了整个"葛藤坑"，或者说整个客家民系，使他们免受战乱之苦，避免了灭族之险。没有这位女性，客家民系便无法形成，客家文化就不能产生日后的辐射作用。这个神话确定了客家女性的历史地位以及所承担的"救世"功绩。危难当头，顾他人而忘自我，这确实是客家女性的伟大之处。不顾自己的儿子，而顾恤侄子，这种宽厚仁义感天动地，也感动了"杀人魔王"黄巢。

　　"葛藤坑"传说中的母性形象，为我们展现了丰富的客家文化蕴涵。②

（二）"荔枝姐妹"与生态

　　位于广东梅州梅县松口镇的世德堂内，屹立着三棵有三百六十多年树龄的荔枝树，她们年岁甚高，却像姐妹一样相互守在客家围屋的"化胎"上，并共同见证着千年古镇的风雨历程。走进世德堂，远远便见三棵枝繁叶茂、古朴苍劲的荔枝树，每棵都高达十米以上，根茎发达，枝干粗壮，

---

① 参见刘善群：《客家与石壁史论》，北京：方志出版社，2007年，第298页。

② 参见谭元亨：《客家圣典》，深圳：海天出版社，1997年，第273页。

需要三四人才能合抱。由于族人的悉心照料，作为世德堂风水林的荔枝树，几百年来与老屋相伴。"荔枝树是先辈建造房屋时种下的，客家人因注重风水，以'七星伴月'之形状种下七棵荔枝树。树为'星'，围龙屋为'月'，并且起到调节阴阳的作用。后因树龄之久，只剩三棵树依然茂盛。传说中的三棵荔枝树是圣母之树。每年五六月是荔枝产果的季节，因为有先母的庇护，荔枝树年年硕果累累，每年丰收时，世德堂的媳妇们都会摘一些送给娘家作礼物。"

传说世德堂是明朝太子朱慈烺最后的行宫，松口镇的李二何是当时太子的老师，世德堂是李二何之子所建。明末清初时，太子被清朝官员追杀，躲避于此。又因为世德堂内的"荔枝姐妹"神母"化胎"的保护，太子幸免于难。后来太子操兵练马，征集军队，想反清复明，此时世德堂则起到堡垒和保护作用。

"荔枝姐妹"树，这一具有"古"之神韵的珍惜之物，在松口古镇散发出迷人的气息，她们成长的岁月见证了世德堂的历史足迹，叙说了一个不老的故事。松口向来就有"自古松口不认州"的美誉，它是昔日粤闽赣三边商贸重镇，是客家人下南洋的第一站，这里的古树见证着古镇的兴衰与发展，松口世德堂"荔枝姐妹"的传奇故事，让人们更能感受到古城展示给世人的生态美景与客家女性高尚品德的历史厚重感。[①]

二、"天葬风水"与"美女献花"：客家女性旺盛生育能力之"源"

（一）"天葬风水"的传说

闽西客家武北村落对旺盛生育能力的希望不仅寄望于现实中的女性，还寄托于女性祖先的坟墓风水上。江坑《蓝氏族谱》、小坪坑《蓝氏族谱》中关于女性祖先"天葬风水"的记录，以及江坑村、小坪坑村关于"天葬风水"的传说都是典型的例子，其中蕴含了当地人对人丁兴旺、子孙发达的心理需求。

据江坑村一位蓝姓报告人说，鲁溪水口大坪岗（又叫名龙岗）的这座祖婆墓，实际上只有一堆石头，据说以前有一个小湖，但不管投放多少石头，都无法填满。这些天葬风水的故事，在蓝氏族人中世代相传，在他们

---

① 张见悦主编：《步芳梅州》，广州：花城出版社，2015年，第117–118页。又见2012年4月14日中国新闻网。

心中"天葬风水"就是"生龙口"，建坟于此必定人丁大发，使子子孙孙福泽绵延，因而有着特别敬仰的心情。

有关祖婆的"天葬风水"，也见于田野调查的口头传说，大禾乡小坪坑村一位邓姓报告人讲述了这样一则关于蓝姓人的传说：

很久以前，汀州管八县，八县都是客家人与畲民居住的地方，但畲汉不通婚。不知是哪一姓的后生与畲家妹子相爱了，但又不敢声张，因为那时畲汉通婚是要被挖眼珠和杀头的。不久，畲家妹子怀孕了，便偷偷地躲进后生家的牛栏里生下一子。之后后生告诉他的父亲，说牛栏里的母牛生了一个小孩，于是父子俩收养了这个孩子。

后来，畲家妹子凭媒出嫁，在出嫁的路上，她跳崖自杀了。后生听到此事，痛哭了三天三夜。他编了一首歌教给他的儿子唱："火萤虫，橘橘红，夜夜下哩吊灯笼。灯笼里背一枝花，畲家妹子入人家。茶一杯，酒一杯，打扮施（孺）人大路归。大路归，石按脚；小路归，芒割脚。芒头尾上一点血，芒头锯下一绞肠。爷子见得出目汁，娘子见得叫（哭）断肠。长竹篙，晒罗裙；短竹篙，打媒人。上昼老鸦哇哇叫，下昼老虎打媒人。"歌唱得十分悲惨，虽然客家人对不祥的语言是十分忌讳的，但这首歌唱了一代又一代，传承至今。

后来，后生将畲家妹子的尸体偷藏在自家的牛栏里，不料当晚两牛相斗，尸体跌落在地，牛栏飞散，变成了一座坟墓。据说就是现在汀州的牛栏岗，那里是"生龙口"。①

"天葬风水"的传说早已深入闽西客家人的灵魂深处，千百年以来影响和支配着他们子孙繁衍与香火传承的观念，是客家人赖以寄托的精神源泉。

（二）"美女献花"的传说

客观地说，生育的重任主要靠女性来完成。同样，在闽西客家武北村落社会关于女性祖先坟墓更有利于"人丁发展"的说法，符合人类思维深处的"相似原则"，具有想象的合理性。也正因为此，与女性生理特征相关的象征资源特别容易获得武北村落社会的青睐，如象征女阴、乳房的"美女献花形"风水传说在闽西一带也特别引人注目。

据说磜迳中心屋为"美女献花形"，是一块风水宝地，美中不足的是会亏待延明公一房。在建造这座厅堂时恰好由老实忠厚的延明公服侍地理先生。他服侍得非常周到，地理先生心想你服侍我这样周到，但这座厅堂

---

① 参见刘大可：《田野中的地域社会与文化》，北京：民族出版社，2007年，第96－97页。

却偏偏亏待你，实在于心不忍。于是，他对延明公实话实说，延明公听后，便对地理先生说："不要分可不可以？"地理先生回答说："那你自己有无地方建造一座新的厅堂？"延明公回答说："有是有，在大禾坝有一田寮子，不知道风水上行不行。"地理先生说："那你带我去看看。"地理先生察看地形后认为，这里的风水也很不错，论财势并不比中心屋差。延明公后来就在此建起了一座厅堂，成为大禾坝的肇基地，故称作"老屋正栋"。据说由于延明公建造了这座厅堂，所以其后裔比较发达，在磜迳高氏中占一半的人口。

根据刘大可田野作业的调查报告，在当地有多种传说。据一位陈姓报告人说，牛姆窝有一座孔厦人的坟墓，该墓被称作"美女献花形"的风水宝地，原为牛姆窝陈姓人的地基，陈姓人发现他放的鸭子经常在这里生蛋，觉得这里是一块风水宝地，于是就约风水先生前来做墓。做墓的前一天傍晚正好下大雪，风水先生路过孔厦时，当地豆腐店的老板邀请他喝茶，喝茶的过程中，老板问风水先生前往何处，替谁人做墓，风水先生如实回答。老板便劝他说，今天雪下得这么大，天又这么晚了，不如在这里住下，待明天早一点去更好。不料，第二天牛姆窝陈姓人带风水先生前往做墓时，发现在这块地基上已有刚建好的新坟。原来孔厦的豆腐店老板听说牛姆窝有这么一处好风水，便连夜请人将祖坟迁葬此处。从此，孔厦人的风水就比牛姆窝人的风水好得多。[①]

三、许夫人与飞天马

桃源镇有一座海拔 934 米的山峰叫尖山，山形像马头。马头昂起朝向东南，有深达三十余丈的悬崖峭壁，远望如天马飞腾，所以又名"飞天马"。距离马头八米处，另有一石耸立，高四丈余，直径约八九尺，顶端椭圆，很像人的头部，背面中间略凸，类似古代妇女的发髻，颈和腰也很明显，当地人称石头像，传说是畲族巾帼英雄的化身。

相传南宋末年，居住在今桃源镇的畲族出了一位了不起的女将领，她就是见于《宋史》和其他地方志的许夫人。许夫人端庄秀丽，自幼天资聪颖，性格好强，和男孩子一样喜欢挥舞刀剑，拉弓射箭，每日刀箭不离身，跟着长辈翻山越岭去打猎，因此练就一身好武艺。长大以后，由父亲做主嫁给了许姓的人家，人们称她为"许夫人"，潮州知府很赏识她的才干，封她为畲官，成为粤东畲族的最高首领。此时，宋王朝濒临灭亡，粤

---

① 参见刘大可：《田野中的地域社会与文化》，北京：民族出版社，2007 年，第 99 - 100 页。

东常有悍盗劫掠的事情发生，许夫人常常骑着快马联络凤凰山和莲花山各洞畲户，组织壮年练刀剑弓箭，做到一方有事合力抵御。宋景炎元年（1276），泉州抚使蒲寿庚叛宋降元。宋帝逃至潮州，张世杰遣人招纳义军，许夫人率诸畲户七千余人应命，于次年6月开赴泉州讨伐蒲寿庚。同年12月，宋帝船泊南粤的浅湾，元兵来攻，许夫人复率畲兵赴海上援助。行至饶平百丈埔与元兵相遇，畲兵如初生牛犊不怕虎，手持盾牌利剑，动作敏捷，锐不可当，头一天得了全胜。次日，元将索多亲率大队骑兵蜂拥而至，许夫人身先士卒，直杀得元兵尸横遍野、战马四腿剩三蹄，双方正僵持不下时，许夫人不幸中箭身亡。宋帝闻后极为痛苦，封她为孺人，以礼厚葬。《大埔县志》有许夫人传，列入"烈女"首篇，并说："吾埔妇女受宋帝封，世代为孺人……"①

许夫人英勇献身后，整个粤东畲族十分悲恸，举哀七天七夜。她的故乡桃源特塑像建祠纪念，即夫人祠。七百年来世代相传，说夫人还站在飞天马的山峰顶，伫望着东南方当年宋军泊船的浅湾。

四、莘七娘信仰

在客家地区流传"莘七娘"或"圣七娘"的传说，闽西尤盛，主要在明溪、清流、宁化、长汀一带。明代张永隆《显应庙序》记载道：

明溪据汀、延接境之要道，人烟辏集，官使往来必庾止焉。旧设巡司驿传，具存。驿左畔，五代时有莘氏圣七娘墓在。一日，旅客假馆于驿，夜闻吟咏声。客惊异，使返之，琅然再诵，辞甚悲惜。达旦，客语诸邻，书其辞壁间而去。自是乡人加敬，构室墓前，朝夕奉祀。凡潦、旱、疾、疬，禳祈皆应。

宋绍兴间，巡检李实谓神为一方之主，祠宇隘卑，弗称瞻仰，遂迁司门西衢之北，创庙妥奉。墓前旧室，则为祖庙也。

岁甲戌，世扰攘，豪奸阮定等集众作乱，民罔宁处，恳祷神灵，戢而获、削而平之。淳熙甲辰，西北姜大老官、黄三藩豺羊辈相继窃据，黎庶遑遑，拜祝庭下。举兵往捕，即歼渠魁。余党被执者告云，始至境，四望旗帜罗列，贼众胆寒，计无所出，竟伏诛。嘉定己巳，蝗螟生发，亢旱苗枯，感神默相，蝗不为灾，是岁丰稔。继后宁化贼徒黎七等四出剽掠，里社靡宁，复祷神祠，方拟迎敌，贼惧潜退。端平间，调寨兵戍建康，告行

___

① 李德礼搜集整理：《许夫人与飞天马》，余耀南编著：《大埔民间故事歌谣和俗谚》，广州：广东人民出版社，2008年，第49－50页。

未几，闻庙中钲鼓喧腾，莫解所以。迨兵回，言恰是日与虏会战，克之，始知神之阴助云。……于是耆老据实上闻，愿乞封号，以旌神功。……钦降庙额曰"显应"，而谥之诏尚未颁赐，耆老节次申呈，丙申七月三日，敕封"惠利夫人"，寻加"福顺夫人"。①

在民间传说中，莘七娘的故事还有另一版本：

惠利夫人是五代时一位烈女，她知文达理，又有医术，婚后随夫从江西出征到福建，征途上其夫病逝，她就在明溪雪峰镇为百姓诊病，后逝于明溪，群众为了纪念她的好品德，建庙塑像祭祀。②

有关莘七娘的民间传说，在福建客家地区广泛流传，说明客家人的信仰经历了一个鬼—人—神的崇拜过程。莘七娘的神功神迹经文天祥、姚龙、林则方、周亮工等历代名人的诗文记叙，更加深了民间对其的了解。在客家民间还流传着灵顺夫人、五道圣七娘神的传说，其受崇拜的范围也不同，显然是同名而异神，但同属于客家地区的神则是一致的。③

五、伯公娶伯婆与天花神的传说

（一）伯公娶伯婆的传说

广东平和县东十里有个叫船坑的地方，这个地方的伯公本来没有妻子。一天，有个兴宁客家杂货商来求船坑伯公保佑他今年赚100块花边，如果实现了，他就到雕刻店刻个伯婆来酬谢。当年，这个杂货商果真赚了100块花边，而后刻了一尊伯婆，用担子挑着来酬谢伯公。到了伯公坛前，他见到坛前挤满了人。原来，伯公已先托梦给船坑村民，说他将在今日娶亲。村民纷纷赶来赴会却不知伯婆从何而来。杂货商见人多，便放下担子先卖杂货。村民看到担子里的伯婆像，又听杂货商说出一番理由来，就烧香、点烛、打纸炮，请伯婆登坛同伯公并排而坐。后来，这个伯公又娶了一个小妾。因为有人学兴宁杂货商的样子，赚了钱就还愿送伯公一个小妾。④

---

① （明）《归化县志》。
② 纪洞天：《明溪岁时习俗》，《明溪文史资料》（第一辑），1988年，第75页。
③ 参见谢重光：《客家文化与妇女生活》，上海：上海古籍出版社，2005年，第69－70页。
④ 参见房学嘉等：《客家妇女社会与文化》，广州：华南理工大学出版社，2012年，第92－93页。

（二）天花神的传说

在赣州客家七里镇，管天花的称为仙娘。相传，从前七里镇发天花的孩子很多，其中死了不少。后来有个老太太到此为许多孩子治好了病。人们都想感谢她，她说："不用谢了，你们就在村里建一座庙吧。"村里人以为这是天花神母显灵，就建了一座仙娘庙来纪念这位天花神母。

在传统社会中，七里镇是个繁华的商业贸易镇，人口稠密，孩子很多，而孩子发天花轻则毁容，重则死亡，使家里人十分害怕。于是请仙娘神保佑的这种心理，就在村民中产生了。仙娘神的定位也就逐渐从"保佑孩子免发天花，保佑妇女早生贵子"的生育神扩展到"保障村民五谷丰登、风调雨顺、家宅平安、身体健康"的女神。

在宁都县梅江镇关帝庙的七仙娘娘殿中，则供奉了十一位神，主殿上供奉的十个都是女性神明，其中三个是头戴凤冠的三太夫人，中间的太婆婆主管天花，左侧的二婆婆主管麻疹，右侧的小婆婆主管水痘。下座双手执圭的是三太夫人的七个女儿。每逢正月，合坊的百姓都前来烧香拜佛，祈求自己的孩子平安。而在瑞金县城的两座仙太庙中则供着凌霄、碧霄和琼霄三位仙太。据传她们都是痘神，专管人间的痘花。每年农历五月二十是仙太庙的庙会，此会只有清一色的妇女参加，在那个妇女几乎不能出门的年代里，她们来此参加庙会，为自己的儿孙祈求平安的步伐却不可阻挡。

在粤闽赣地区，这种供奉痘神或天花神的庙宇或神坛相当常见，反映了在医疗技术落后的传统社会中，人们对小孩出麻疹、发天花的无能为力。[①]

六、亚婆髻山与细女房的传说

相传很久以前，玉皇大帝有一个叫孟女的女儿。在百花盛开的一天，她瞒着王母娘娘偷偷下凡到客家东江两岸采摘鲜花，眼看凡间风景优美，百草丛生，十分欣羡。采花时，她来到一个山花烂漫的山坑，在坑边看见一个撑牛仔，年方十八，长得敦厚结实，聪明能干。孟女看见后情心萌动，便大大方方地前去拜见，并说："孟女愿嫁你为妻，在凡间与你偕老百年。"孟女与撑牛仔结婚后住在坑边石洞，日间同出，晚间同归，辛勤地把周围的山岭种满花果松竹，山窝则种满了山茶树，一年四季花果飘

---

① 参见房学嘉等：《客家妇女社会与文化》，广州：华南理工大学出版社，2012年，第92－93页。

香。他们辛勤劳动，并且过着很幸福的生活。

天上一日，凡间三年。王母娘娘突然觉察孟女不见了，即令四处寻查，得知孟女下凡后，出动天兵天将把孟女捉回。

这一日，天上突然乌云密布，雷电交加。天兵天将手执宝剑，全副武装，要将孟女押回天庭去。可是孟女哪肯离开凡间、离开撑牛仔！最终，边走边哭、泪流满面的孟女还是被押回了天庭。被押走时，孟女取下了自己头上的银簪和手上的金戒指，对着凡间丢了下来，使这一带周围的山脉变成了丰富的金属矿藏。撑牛仔见孟女被天将押走，呼天抢地，边走边喊。每喊一声，山水同应；每追上一步，百鸟相扶。喉咙喊哑了，眼望穿了，目不转睛地望了天庭七七四十九天。王母娘娘看见他一直望着孟女，怕孟女日后又心生凡念，便取下自己头上的高髻丢下，高髻落至半空，越变越大，最后变成了一座大山把撑牛仔压在山下，使孟女再也看不到撑牛仔了。

后来，人们憎恨王母娘娘，为了纪念勤劳善良的孟女与撑牛仔，把压住撑牛仔的大山叫"亚婆髻山"，把撑牛仔与孟女住的石洞叫"细女房"，把孟女坐的石叫"细女石"，把孟女洗澡的水潭叫"细女潭"，还有"细女床""细女台""细女梳""细女镜"。撑牛坑是当年孟女和撑牛仔恋爱的地方，撑牛仔撑的那头水牛在孟女的精心饲养下竟得了仙气变成了金水牛。撑牛仔被亚婆髻山压下的时候，这头水牛也被吓跑了，它跑到西山急出了屎，拉屎的地方人们就叫它"金屎"，后来叫"金史"；大水牛又往北拐，跑到一条小溪边滑了一跤，那地方的人们就把这个地方叫"滑滩"；大水牛又往南跑，看见头上一片乌云压顶，吓得大叫一声，那地方的人们就把这个地方叫"牛声塘"；最后大水牛跑到一个大水潭边就跑不动了，便跳进潭里入海去了，那地方的人们就把它叫作"牛牯潭"。①

第四节　民间故事与客家女神

一、女诗人范荑香的故事

范荑香是著名的客家女诗人，原名甾菽，又字清修，原籍广东省大埔县梓里村，晚年定居于梅县白土堡圭潭乡（今梅州市梅江区东升乡的圣人

---

① 参见吴敏慧编：《客家古邑传说》，广州：华南理工大学出版社，2010年，第6页。

寨）。她生于清嘉庆乙丑年（1805），一生饱尝酸甜苦辣，经历了才女、寡妇和尼姑三个坎坷的阶段，终年八十六岁，为后人留下诗歌集——《化碧集》。

（一）才女范荑香

范荑香诞生于书香之家，童年时生活尚称优裕。连续四代先祖均为举人出身，极为罕见。高祖父范元凯参加省城乡试考中举人，曾祖父范觐光，岁贡生，是由府州县推荐到京师国子监学习的举人。祖父范彪，也是举人，任嘉应州的学正，是负责对秀才进行监督考察的地方学官。父亲范引颐，单名肃，人们尊称"肃公"，也是举人，做过广东三水县的训导，是协助学正工作的地方学官。荑香有幸生活在文化渊源深厚的家庭环境之中，幼年即有祖母教她识字读书，年纪稍大，改由祖父亲自教读，她聪明好学，阅读了不少书籍，既能作文，又善赋诗。她的姑母、堂姐也善吟咏，但都赶不上才思敏捷的荑香。

有一回，她和姑母、堂姐一起外出春游踏青，这是违反当时礼教的行为。按照习俗，男主外，女主内，是不准女性随便外出游玩的，可是她们禁不住春天的诱惑，偷出家门。走过小桥，迎面吹来温暖和煦的春风，耳边听到叫卖饴糖的箫声，恰似合奏的迎春曲，真叫人心旷神怡！但她们提心吊胆，东躲西藏，唯恐被人发现，忽然听到背后有游客的声音，便钻进树林里去，假装采摘柳树枝条。事后，这个悖逆的行为，被她的祖父知道了，难免训诫一番。祖父还有个特别的要求，那就是既然做错了就要罚作《春游踏青诗》一首，按时交卷，不得草率，违者打手心。姑母的诗写得好而不快，堂姐的诗写得快而不好，都被打了掌心。只有荑香的诗写得好且快，免挨板子。此诗至今仍流传在民间，活脱脱地呈现出才女当年春游踏青时的景色和心态：

> 缓步闲行过小桥，春风吹暖卖饴箫。
> 忽惊背后来游客，退入垂阴折柳条。

又一回，荑香和姑母、堂姐在秋高气爽的季节，观赏圆圆的明月着了迷，直到深夜还待在院子里。家中侍女几度呼唤，她们仍然如痴如醉地不愿离开……第二天，她们三人心里害怕又要挨训挨打了，赶紧自觉地以"爱月夜眠迟"为题，各写了一首诗，提前放到祖父的书桌上，祈望宽容论处。祖父是爱才惜才的地方学官，发现书桌上的三首诗，欣然诵读，莞尔而笑。不仅没有惩罚她们，而且挑选出荑香的诗加圈加点，批上"明月之情

女，太白之知音"十个红字张贴在书房的墙上，供人共赏，以示鼓励。此诗富有真情实感，恰切地流露了才女当年对如玉似镜的明月的无限倾心：

> 侍儿几度唤归眠，犹仰当空玉镜圆。
> 立听更楼响三点，不知凉露湿金莲。

黄香热爱大自然，除了热爱春光和明月，也热爱鲜花，尤其是带着露珠迎接晨曦的鲜花。因此，她常在黎明之前早早起床，点亮烛光，欣赏刚开放的花朵。有时还会情不自禁地高声朗诵诗篇，把祖父从梦中吵醒。对她这种癖好，祖父却不责难，反而赞赏，认为她写的《惜花须早起》与古代诗人所作"只恐夜深花睡去，故烧高烛照红妆"恰好有异曲同工之妙：

> 流莺啼破绿烟丛，四鼓频敲漏未终。
> 晓起先呼银烛照，海棠含笑一枝红。

当时，有些私塾曾将《惜花须早起》和《爱月夜眠迟》两首诗选为范文，供学子诵读，碰巧这两首诗的题目自然成对，妙趣横生，才女情思，出神入化。

（二）寡妇的忧伤

黄香二十一岁时，由祖父作主嫁给三河汇东人邓耿光，在嘉应州的学署中结婚。当时，耿光是被推荐应试的士子，但他写的诗文不及黄香，常觉惭愧。婚后不久，耿光便要赶赴省城广州参加考试，黄香持有不同的见解，她坦诚直率，恳切地挽留说："郎君！请听为妻肺腑之言。俗话说，火到猪头烂，功到事业成。如今你的学历尚有不足之处，奉劝再苦读几年，前往应试方可高中，不然枉受旅途之苦。"

良药苦口，忠言逆耳，耿光听后，反而恼羞成怒，刚愎自用，横眉冷眼地回答："聪明的妻子！别把丈夫看衰了。我决心已定，不必多言，若考不中，誓不相见。"

不幸被黄香言中，耿光果然名落孙山。他失望而归，路过老隆，想起了自己的誓言，羞愧至极，无地自容，在深夜里狠心弃船投河溺死了。

可怜黄香此时才二十四岁，即成寡妇。她没有生下儿女，其夫之兄愿将一子过继给她为子。夫家生活艰苦，夫兄等人又恐她难以坚持，多次劝她改嫁。可是她长期深受"贞女不侍二夫"思想的影响，总不答应。宣称祖上累代读书为官，岂可不顾名节，遗臭万年，以辱祖宗。尤其厌恶媒人纠缠，便写一首题为《闺怨》的诗，贴在房门之旁，表明心志：

> 可笑情媒拙似鹤，三牲偷拜嘱牵牛。
> 邯郸一梦金香散，少妇从来是莫愁。

她在夫家，孤苦度日，把希望寄托于下一代，认真教导过继的儿子读书。曾写过《课儿》诗三十六韵，借物咏怀，反复嗟叹。

几年后，祖父告老辞官，从嘉应州回到三河镇。随即与黄香父母商议，怜惜她夫死家贫，便接回娘家居住，可兼侍候老人。从此，黄香回到娘家，闲来无事，学习刺绣，借此以补家用。一位以才学闻名的寡妇，满怀忧伤，向谁诉说？只得写诗宣泄倾吐。她在《即事》诗中写道：

> 春愁无事强拈针，花样虽新不忍寻。
> 刺到莲房心自苦，谁知侬苦比莲深。

055

（三）尼姑的血泪

20 年过去了，黄香的寡妇生活仍未结束，但她的祖父和父母却相继过世了。此时，她的继子已经长大，希望接她回邓家供养。然而，黄香因为善于作诗而出名，不少通晓文墨的仕女，或请她相聚，或拜她为师。她经常来往梅城、松口等地参加诗会，很少待在娘家三河和夫家茶阳。清道光年间，大埔知县茌荃，听闻黄香的诗名，聘请她为塾师，教其长女，但黄香倾向自由，不愿寄人篱下，婉言辞绝了。

清同治四年（1865），太平天国运动失败，汪海洋率军从汀州打到茶阳，并与清军反复激战，可怜无辜百姓的生命财产遭受到严重损失。黄香面对此情此景，惨不忍睹，心惊胆战。她看破红尘，寻求解脱，誓志空门，长斋念佛。往后，她便由寡妇转为尼姑，云游各地，到过不少名山名刹。

身入空门后的黄香，诗作日少，但仍有赞美大自然和点醒世人的吟咏。例如《游阴那灵光寺》等诗篇，在民间辗转传抄诵读：

> 森森松柏翠萝缠，无数山花艳欲燃。
> 石似飞云归众壑，峰如朝笏插诸天。
> 欲求四相消前业，合共菩提了宿缘。
> 参罢六如成梦幻，一声清馨法轮圆。

潮州太守吴云帆，浙江人，在任所去世，黄香怀念其为官清正，敬题诗五首。吴云帆的家属回到浙江后，将所有挽诗结集出版，以黄香的挽诗为压卷之作。于是黄香诗名远传钱塘江两岸，惊呼黄香是不可多得的"女才子"。

黄香年近古稀时，体弱多病，心烦意乱，寻求解脱还是解脱不了。她面对青灯，悲痛欲绝，将心爱的诗稿一页一页焚烧。幸得她的内侄范玉池在旁，急忙从火中夺回一部分。事后黄香悔恨莫及，心如刀割，又把残存的诗稿珍藏起来。

清道光二十三年（1843），百无聊赖的黄香应邀来到嘉应州白土堡的尼庵暂居。当时白土堡圣人寨村有一举人梁墨林，其姊亦好诗，倾慕黄香的诗名，索得其稿三十多篇，多数是感怀之作。梁墨林诵读到《落花》等诗篇时，也为之潸然落泪：

> 瑶台一夜彩云空，狼藉残香恨无穷。
> 月下记曾怜并蒂，天涯谁与叹飘蓬。
> 犹看蝶影来墙外，怕听莺声出院中。
> 自古红颜多薄命，无须惆怅怨东风。

梁墨林同情之余，郑重地将黄香的诗稿献给太守黄簹山观览，黄深受感动，汇编成册，题名"化碧集"。《化碧集》本来应刻板印刷以流传于世，由于黄香一再反对，只得作罢。她如此决绝的态度，无非表示出家人不求闻达，蓄意要给世界留下一个"空"字，甚至连一个"空"字也不留吧！

梁墨林震惊之余，愈加深切地同情黄香的不幸遭遇，特别是年老居无定所。他嘱咐其子梁诗五撰写募捐簿序文，奔走求助，共得六百多两白银。接着，在白土堡圭潭乡的锡类庵旁，修建一座"黄香静室"，等到黄香住进去时已经八十五岁了。为了有人继承她的衣钵和照顾她的生活，她还收养了一个青年女子为徒弟，可以说老有所养和后继有人了。

谁知黄香命运多舛，居住之难虽获缓解，而饮食之难日益严重。她在《述恨》诗中控诉道：

> 被害何因实可伤，八旬孤苦痛凄凉。
> 门无关键厨无火，炉有寒灰地有霜。
> 病里饥寒唯自泣，健时劳力为人忙。
> 于今何处求生计，血泪遗书诉上苍。

上苍没有回音，黄香最终悄悄地病逝于"静室"之中，那时青年徒弟已经远走他乡了。因此，黄香究竟死于何年，至今仍然不得而知。

黄香死后多年，人们仍然没有忘记她。1917年，《化碧集》获得刊发。1943年，又再次订正增补，发行了《重刊化碧集》，总算为后人留下一点纪念，稍可抚慰后人缅怀之情罢了。①

二、谢圣仙娘信仰的故事

在粤东客家地区，一些大宗族都奉有宗族女性祖神，如五华县谢氏宗族有谢圣仙娘，徐氏宗族有徐锦三娘，何氏宗族有何仙姑等。在一些宗族的祭典活动中，要邀请异族的女性神灵一起活动，如五华县胡氏宗族祭典中，在抬祖灵胡法旺公出巡的同时，要专门邀请谢圣仙娘参加，而其他神灵则不邀请。传说谢圣仙娘原来是要配给胡法旺公的，后虽因故中断了这段姻缘，但双方的情谊不断，故以后胡法旺公出巡时谢圣仙娘的童子也会坐刀轿前往赴会。

谢圣仙娘故事②主要在粤东五华县、陆河县、紫金县等地流传。其信众并不限于谢姓，是一个跨种族、跨区域的神灵。谢圣仙娘的祖庙在五华县双华镇，谢圣仙娘纪念祠书"英烈庙"，相传始建于宋代，明代重建，有下殿和拜亭，全庙用石柱、石砖、石板等花岗石建筑而成，结构奇特，工艺精巧，是明代传统石雕建筑的艺术珍品。其分香坛庙的分布，与仙人叔婆的坛庙分布略有不同，前者多分布在江河沿岸或村落码头；而后者的大庙多建在深山峻岭，在村寨的村口则以小坛庙为主。③

三、奶夫人信仰的故事

在粤东兴宁、五华、紫金等客家地区，民间的庙会活动往往要请觋公觋婆表演奉朝戏，俗谓"三奶戏"。演员中有一位男扮女装者，即谓三奶夫人。传说三奶夫人的原形为陈靖姑。据史料记载，陈靖姑于唐代大历年间，与林、李二位女性结拜到闾山学法，能降妖伏魔，扶危济难，二十四岁时施法祈雨抗旱，为民除害。陈靖姑死后英灵得道，成为粤闽民间尊崇的一位"救产护胎佑民"女神。三奶夫人信徒广泛，不但大陆有，我国台湾地区也有。如在台湾高雄县大社乡有客家移民兴建的三奶夫人坛。现在

①　陈丹心搜集整理：《女诗人范茕香的故事》，余耀南编著：《大埔民间故事歌谣和俗谚》，广州：广东人民出版社，2008年，第32－36页。

②　参见房学嘉：《客家源流探奥》，广州：广东高等教育出版社，1994年，第256－259页。

③　参见房学嘉等：《客家妇女社会与文化》，广州：华南理工大学出版社，2012年，第121页。

的三奶夫人庙（碧云宫）前面，有一棵枝叶茂盛的古榕树，传说当时一位从大陆来的客家人正好路过那个地方，累了就在古榕树下休息，顺手把随身携带的三奶夫人的香火和香炉挂在古榕树的树枝上，离开的时候竟然忘记带走。之后，奇怪的事情发生了，每天夜晚，乡民都会看到挂在古榕树的香火发出一片耀眼的红光，乡民认为那是三奶夫人显灵，保佑地方百姓的平安，于是商议在发光的地方搭建一座神坛供奉，因为奉祀的是三奶夫人，所以就取名叫"三奶坛"。类似的现象还发生在东南亚等地。如在19世纪，部分粤东客家人开始移民泰国，他们将三奶夫人的香火带到新的聚居地，集资兴建三奶夫人庙。当然客家移民还先后建筑了汉王宫、观音宫、关王庙、吕帝庙等信仰中心。①

四、何仙姑信仰、河婆的故事

（一）何仙姑信仰

何仙姑是八仙之一。关于何仙姑的故事版本很多，广东、福建、江苏等地都有其信众与崇拜中心。传说何仙姑原名何秀姑，是童养媳，生于唐武则天朝某年二月初七。其父（养父）开豆腐坊，她自幼做父亲的帮手。十三四岁时到野外游玩，遇见了云游的铁拐李、吕洞宾和张果老，三位神仙给她吃了仙桃、仙枣和云母片，从此她再也不觉饥饿，并能预卜未来，知人祸福。乡民为她盖了一座小楼，要她住在那里，人们常到那里请她算命。渐渐地，何秀姑的名字变成了何仙姑。也有的说她生在宋代，从小善言人祸福，因而被称为"仙姑"。说法的不一，大概是因为历史上本无此人。人物从传说中来，传说中染上各种地方色彩，久而久之便成了"当地人"。在粤东梅州地区编纂的《何氏族谱》中就有记载何仙姑是何氏祖神之一。粤东蕉岭县与福建武平县互为毗邻，两县何氏后裔联合建何仙姑公园。因此何仙姑已发展成跨宗族、跨区域的宗教神灵。如《庐江堂何氏族谱》载："何姓始祖何旦，生于唐昭宗景福元年壬子岁（892），后梁太祖乾化年间（911—913）赐进士，官大林郎，龙德二年壬午年（922）选授福建汀州府宁化知县，为政得民心，升广东梅州太守，任满遂居宁化县石壁村西乡堡，卜迁福建武平县盈塘里南岩狮子口手炉山定居立业，七十三岁时（964）赠建佛殿，迁居武平县冷洋之刘坑村立业。后裔分居上杭等地，再入粤赣等地。何旦共娶颜、黄、邓三人为妻，共生九子一女。女称

---

① 参见房学嘉等：《客家妇女社会与文化》，广州：华南理工大学出版社，2012年，第121 - 122页。

七姑，黄氏大娘所生，后得道成仙，称何仙姑。"《庐江郡何氏大同宗谱》卷26也有类似的记载。民间传说，何仙姑一生修道，能知过去未来，自己上山采集中草药为民解除病痛，有求必应，被治疗的病人，无不药到病除。相传有一对年轻人结婚多年不孕，翻山越岭前往何仙姑庙求助。仙姑给其中药服用，十分应验，回去一年后产一男婴。何仙姑是古代女性正义与善良的化身，故为俗民所敬仰。①

（二）河婆的故事

揭西县县城河婆镇之得名，与客家民间传说何氏有关。据相传，"未有河婆，先有南关城""未有河婆，先有倪陶"。传说中的南关城，在河婆墟猪子岗的洋坎祠一带，面积约20亩，被历史上的战乱所毁，有倪、陶两姓村民居住。彭姓始祖，受章公姒何太，于明洪武年间，在猪子岗开设茶寮，久之成市，后人易"何婆"为"河婆"，此河婆得名之由来（张肯堂，1976）。彭姓始祖姒何婆太之坟为地方名坟。何婆太坟为蚁仔地，葬在卜滩乡后埔岭，为地方颇负盛名的风水宝地。

传说彭姒何太家贫。曾在今天河婆墟猪子岗地方开设一茶寮，摆卖卤茶。由于人缘好，远近闻名，来往过路的人，都在何婆茶寮歇足。久之，变成市集。由于地点适中，水陆便利，建立店屋，形成今天的河婆市之繁荣面貌，后人乃把何婆改为河婆。闻何婆家贫，其子嗜赌。何婆死时，无力买棺木。其子向其母舅借来的棺材本，又被赌掉，只能于傍晚时，用草席包裹何婆，抬回家去。抬到中途后埔岭的时候，入夜天黑，又遇"雷公猛雨"，两兄弟寸步难行，只得将尸体抛在地上，等明天抬回安葬。不料尸体当晚被蚂蚁腐蚀埋掉。翌日，两兄弟往原处一看，已是黄土一堆了。因为家贫，两兄弟以已入土为安，也就不了了之。及后，一地理师察看，认为此地为生龙口，软葬最好。此所谓福人得福地也。②

第五节　客家及其海外民间文学与女性民俗的深层蕴意

上述客家女神神话、传说、民间故事诸种形式的经典口头文学，千百年来在客家民间乃至海外有广泛的流播，体现了深层的思想蕴涵。

───────────

① 参见房学嘉等：《客家妇女社会与文化》，广州：华南理工大学出版社，2012年，第122页。

② 参见房学嘉等：《客家妇女社会与文化》，广州：华南理工大学出版社，2012年，第123 - 124页。

　　无论是"葛藤坑"的创世纪神话，还是刘三姐、刘三妹的爱情，文明的山歌，"荔枝姐妹"传说，抑或客家女性的民间信仰故事，如客家村妇"救驾"宋朝皇帝被赐以"孺人"称号的故事，还有许多神话，譬如谢圣仙娘的故事、钟莲判案的故事等，不一而足。它们表现了客家女性追求自由、无私奉献、勇于担当的牺牲精神。上文中的客家经典口头文学，其流传之广，文化价值之深厚，令人叹为观止。为了记住这些客家女性的伟大，千百年以来，客家人汇编了各种民间经典的神话、传说、故事，并使之在客家社会广泛流传。

　　"葛藤坑"传说的典型性，使人们深深知道，在客家民系的生存困境中，正是客家女性拯救了这个民系，也是客家女性塑造了这个民系，以此传说为据。后人有为客家女子题诗：男执干戈女甲裳，八千子弟走勤王。①在客家地区，几乎所有的客家女性都是这样教育自己的儿女："只书坤姓不书名，质朴全凭道德行。"做到心无挂碍，既不欠人什么，也不让人感到欠自己什么，君子坦荡无私。"葛藤坑"传说，说明了客家女性的大爱。同样，客家女性热情好客，无论什么人，只要到了她家，她都会拿出平时最好的、舍不得吃的食物来招待，生怕怠慢客人。②

　　客家女性识大义，顾大局，知书达理，崇文重教的观念在上述民间口述文学中均能体现。

　　下述一则故事则更能说明：

　　某日黄昏，有一教书先生进京赶考，途经客家某山野谷地，突然倾盆大雨，寒风大作。先生一身泥泞，饥饿难忍。忽然之间，发现山上有两间茅屋，于是径直上去，见屋中只有母子二人。说明来意，母子俩笑容满面，先给教书先生烧热水供其洗澡，而后泡茶、煮食物给先生果腹，之后让他躺在儿子的床上休息。母子俩想用酒菜来款待先生，可是家中缸里没有米，锅里只有红薯和野菜，怎样来款待这位贵客呢？母子俩犯难了。这时母子俩想起家里还有一只小母鸡，咬咬牙，于是决定杀鸡款待他。可是，儿子一边拔毛，一边喃喃地说："杀老婆了！杀老婆了！"先生在隔壁听见，又吃惊又纳闷，连忙去问大娘，大娘实话告诉先生："我们家穷得揭不开锅，一日三餐无米煮。儿子二十多岁了，至今还是单身，没有娶老婆。就全靠这只鸡下蛋，下了蛋就用它来买这买那……以便将来娶一个老

　　① 参见林作尧、梁德新：《客都民俗文化风情》，广州：暨南大学出版社，2009 年，第 50 页。
　　② 谭元亨、黄鹤：《客家文化审美导论》，广州：华南理工大学出版社，2001 年，第 78 - 79 页。

婆，儿子想到这层，所以就咕哝着杀老婆！"当晚，先生睡在儿子的床上，儿子盖着一床破棉被睡在厨房的草堆丛中，先生感激涕零。第二天，先生跪在大娘前，顶礼膜拜，认大娘做了干妈，认大娘的儿子为义弟。不久，先生中了进士，官拜太守。上任后，即来探望大娘，也送了银子为义弟讨老婆。后来大娘去世了，太守即前往守灵尽孝。日后，义弟一家人丁兴旺，富贵绵延。①

　　客家女性性格淳朴，并重视民间"因果报应"的理念。认为人间之福，是前世修来的，她们把这种修善行贯彻到现实生活的具体细节中去，天长日久，就成了一种习惯，成了一种传承的美德。客家普通信仰与一般汉人一样，但深浅不一，其对于信仰的程度与广度，都要在很大程度上超出汉族的其他民系。如对于祖宗的信仰和崇拜，对于神鬼的传说与迷信，对于释道二教的信仰与仪式，对于占卜相命的迷信与影响等。② 在客家地区的神主中，各种神主尤其以女神神主为主，这是其他汉民系难以企及的。客家经典民间文学中的女性形象与传统中的女性不同，却具有传统女性的美德，是她们的坚毅沉着、果敢忠诚，挽救了民系与家族的命运，维系了客家民系的历史。在民间经典的传统口述文学中，客家女性几乎有着共同的悲剧命运，而为了捍卫民族或民系利益、坚守文化之根，她们不惜牺牲自己，用自己的生命之躯，吟唱着一支支奋斗之歌。③ 她们勇敢地面对现实、积极地追求爱情，用自己的双手创造美好生活，与所爱的人担负起生活的重任，无怨无悔。

　　前面提到的"伯公伯婆"传说或故事，以普遍而深远的民间信仰作为基础，因此也成了海内外客家民间文学中十分活跃的一个艺术形象。正如所说：

　　（伯公伯婆）这个基座，形式上虽然仿如坟墓，却不是用以供奉祖先，而是敬奉着与台湾山区生活信仰关系密切的土地公、土地婆（就像沿海地区守护神，即为"妈祖"），它们之于客家人的意识更甚于福佬人。"伯公伯婆"的称呼，在感觉上，就是一个家族中具有权威魄力的长房代表人物，决定一切，承担一切，却也同样地为了大家。他们真正地和土地亲近

---

① 王增能：《客家与尊师重教》，《客家》1994 年第 1 期。

② 参见广东省兴宁市政协文史资料研究委员会编：《客家研究导论》（罗香林专辑 2），2003 年，第 216 页。

③ 参见黄鹤：《论转型期客家文化语境中的爱情观》，谭元亨主编：《海峡两岸客家文学论》，香港：中国评论学术出版社，2006 年，第 86 页。

在一起，护佑着整个家族，甚至整个乡里。①

其实，客家的有些地区，"伯公"就是"伯婆"的意思。新加坡关于"伯公"的解释，明显就有"伯婆"的含义，即象征族群长房的最高权威。客家民间文学中这种"祖先崇拜"与"祖神崇拜"有一个共同的特征，那就是二者皆传承自祖籍地。然而，在海外，由于受到华人历史文化与移居地许多社会因素的制约，"祖神崇拜"在殖民地时代具有整合华人移民社群的功能，其在当地华人与祖籍地互动关系的发展中，作为一种文化纽带，伴随着历史的发展与社会变迁的演化，亦有着比"祖先崇拜"更强的延续力。这主要是由于时间的推移，使教育、语言、政治环境等发生改变，海外华人对祖籍地的祖先系统记忆愈来愈淡。"祖先太远，很难记住。对祖先的记忆，顶多是父辈、祖辈，要记住三代以前的祖先就有难度了。"② 譬如，在台湾屏东就有《女水鬼的故事》，水鬼一心向善，最后成了伯公：

那一天晚上，老陈回家的时候，水鬼很生气地来到老陈家里，向他理论："你为什么妨碍我们的工作呢？"老陈说道："老鬼，你在水中生活，当然有很多辛苦的地方，有种种的不方便，我是知道的。可是你要知道，我们陆地上的生活也有种种困难，当然也有很多辛苦的地方，那么，你又何必来到陆地上住呢？还是每个人在各自原来的世界好。我在陆地上积善行，你在水中积善行，这才是超脱苦难的方法，我俩如果能耐烦去修善的话，我想玉皇上帝也会救着我们的，你觉得呢？"

鬼头听了老陈的一番话，也觉得有理，就回到水里去了。后来鬼头在水中救溺水的人，帮忙渡竹筏的人们等，做了很多的善事好事。后来，玉皇大帝知道了鬼头行善，竟让她做当地的土地神。那个助人为善、功德更高的老陈，也做了城隍爷的候选人了。③

《女水鬼的故事》是一个教育人行善的故事。这个故事不仅在台湾客家存在，在海外新加坡客家华人居住的地方同样存在，只是版本不同而已。有的是根据自己的所在地与需要，在情节上有所改动，但意思大同小

---

① 黄秋芳：《台湾客家生活纪事》，台北：台原出版社，1993年，第49页。

② 参见曾玲：《祖神崇拜：东南亚华人与祖籍地文化纽带之建构》，胡百龙、梅伟强、张国雄主编：《侨乡文化纵论》，北京：中国华侨出版社，2005年，第102页。

③ 范姜钦：《台湾客家"伯公"民间传说故事探讨》，谭元亨主编：《海峡两岸客家文学论》，香港：中国评论学术出版社，2006年，第294页。

异：使得人们不忍心以他人的沉沦来解救自己的苦难，而是以自己承受的苦难来成全他人的幸福，内容非常感人。① 但是，在中国与东南亚华人居住的有些地方，关于客家民间故事中"伯婆"的形象则有不同的褒贬，使得伯婆的形象受到损伤，以至于大多建立伯公祠而并不奉祀伯婆。一个说法是伯公希望人人富有，但伯婆认为世上的人应该有富有贫，才能分工合作，发挥社会功能；如果人人都富有，那将来谁来替咱们女儿抬轿?② 因而引起穷人的不满。另一说法是，伯公要让世人都长生不死，而伯婆却有不同的看法，认为如果人人长生不老，这世界不是成为人吃人的世界了?③ 伯婆因此形象变为心胸狭小的女性，不受到民间的欢迎。

不仅如此，在客家地区有一些迷信风俗和信仰也与女性密切相关。譬如，在《赣南庙会与民俗》中，赣南大部分地区经常发生水旱灾害、瘟疫、虫灾等自然灾害。遍及赣南各地的万寿宫里供奉着兴风作浪的孽龙真君神仙，上犹则崇拜曾经驱退了漫城洪水的"廖公菩萨"，崇义则敬奉萧氏和颜氏二位女菩萨，据说她们有降雨的本领并拯救了娘家的旱灾，宁都县对"天花娘娘"的崇拜，是因为当地人认为天花娘娘对人畜疾疫有治愈之术。

在粤闽赣三省交界的客家之地过去灾害频繁，客家人时刻在与天斗、与地斗，生存十分艰难。因此，希望具有"超自然力量"的神灵来帮助自己，所以就创造出了一个个美丽的客家女性神话、传说、民间故事。如安远县的"媳妇圳"（翁媳苦旱修圳，仙人感而助其圳成）、宁都仙女张丽英（曾居金精山，能调当地风雨）等，④ 不一而足。田兆元认为，神话、信仰虽然大多是异想天开之作，然其创作宗旨并非出于好奇求新，皆有强烈的功利目的。⑤

譬如，香花佛事在海外马来西亚通俗性的经文中，隐含着要传达给刚经历丧亲之痛的孝子孝女的信息。首先，她们通过"招魂"里的经文劝谕人们放下悲伤，并提出许多历史中的人物，来论证既然任何人都不能逃过死亡，所以更应该坦然地接受及面对死亡，例文如下：

① 参见刘守华：《道教与中国民间文学》，北京：文津出版社，1991 年，第 89 页。

② 故事出处有三：高贤治：《台湾宗教》，台北：众文图书公司，1995 年，第 472 页；江肖梅：《台湾民间故事》（二），第 42 页；陈庆浩、王桂秋：《台湾民间故事集》，台北：远流出版公司，1989 年，第 158 页。

③ 参见许金用：《台湾民俗文化总编》，桃源县大园乡内海国小乡文化研究会，1992 年，第 114 页。

④ 参见邹春生：《环境与人文：从自然灾害的角度看客家精神特质的形成》，《"客家文化与全球化"国际学术研讨会论文集》（下），2003 年，第 88 页。

⑤ 参见田兆元：《神话与中国社会》，上海：上海人民出版社，1998 年，第 137 页。

青山绿水水莹莹，眼前不见古时人；

山中也有千年树，世上难逢百岁人。

汉高祖、唐太宗，到头都是一场空；

可惜可惜真可惜，可惜亡魂一炉香；

谁人留得亡魂转，愿将黄金用斗量。

人则有生也有死，花则有谢也有黄。

自古人生谁无死，人有生死月无常。①

除此之外，"拜血盆"经文也多次提起母亲的牺牲与伟大，如：

点点食娘身上血，娘今老里面皮黄。娘乳不是江河长流水，不是深山大树浆，不是园中蔬菜苦脉浆。家中几多艰辛苦楚无人见，一餐无米无菜客难留。

经文中更提醒孝子孝女要懂得报恩，应"男人长大行孝顺，女人长大谢娘恩"。而在斋姑们的理解中，虽然母亲死了，无法再奉养母亲，但孝子孝女还是能通过诵经超度来报答母亲的恩惠，好让母亲能在黄泉路上一路走好。②

正如谭元亨所述：

在这一切背景上，凸显的是作为客家女性那种近乎于神化了的品行：勤劳、贤惠、聪颖、无私、豁达、刚毅、万难不屈、孝悌、高尚以及……母仪天下。也难为 A. 米切纳把这么多优良品质集中到一个人的身上。这也可以感觉到这位世界著名作家对客家女性的一往情深。这已经不是他研究的结果了，而是作为文学所唤起的一种人类至贵的情感，一种民族共同的对真、善、美的由衷的爱与向往。③

客家传统经典口头文学早已把客家女性的这种品格反映出来了，"母仪天下"是对客家女性最完美的概括。

---

① ［新加坡］苏慧娟：《香花在海外——谈香花佛事在马来西亚的现况》，《"客家文化多样化与客家学理论体系建构"国际学术研讨会论文集》，2012 年，第 546 页。

② ［新加坡］苏慧娟：《香花在海外——谈香花佛事在马来西亚的现况》，《"客家文化多样化与客家学理论体系建构"国际学术研讨会论文集》，2012 年，第 546 页。

③ 谭元亨：《世界文学视野中的客家文学——兼论 A. 米切纳的〈夏威夷〉》，《嘉应大学学报》1999 年第 2 期，第 114－118 页。

第四章　客家民间文学与女性生存地位的构成

第一节　乡土宗法意识中女性婚姻面面观

一、女性生活与民俗

客家女性以勤俭、贤良著称。故一谈到客家女性，脑海中便会浮现出健壮的身躯，两肩挑担于天下的挺拔身影与卓然于世的形象，自然而然地将她们与勤劳、节约、吃苦、耐劳等个性特征联系起来。无论是春寒料峭，或是夏日炎炎，抑或是秋风秋雨、北风刮面之际，总有客家女性赤足从事耕织与农工；或是挑着水果、青菜沿街叫卖；或是在田头地尾、饭桌上、摊档前端着一碗米饭，就着咸菜、青菜过一餐……她们表现出的简朴品格、吃苦精神总让人感动不已。客家人从西晋开始，为了躲避战乱、天灾而大规模向南迁徙。途中，他们筚路蓝缕，毫无凭借，却能有安营扎寨的地方，或是与畲、瑶等少数民族共同居住，或是在未开垦的荒山野岭、穷山恶水之地居住。只有自己动手，勤苦劳作，才能生存、发展、繁衍。由于是"后到为客"，他们常常把荒山野岭变成丰腴之地后，又被这些少数民族驱赶至荒凉之地。正是客家文化这种移民特质，要求客家女子必须与男子一样涉水渡河、披荆斩棘，在较恶劣的环境中求得生存。客家女性只能以劳动者的角色出现，塑造强烈的自我意识来对抗恶劣的环境，从而养成了吃苦耐劳的习性。"在客家中，几乎可以说，一切稍重的工作，都属于妇女的责任。"这种角色的扮演与同是南迁的广府民系、潮汕民系的女性乃至整个汉民族的别的民系的女性是不同的。男女同工成为客家地区一道亮丽的风景，以至于大文豪郭沫若 1965 年来梅州视察，看到这种现象时当即吟了"健妇把犁同铁汉，山歌入夜唱丰收"的诗句。

客家女性的劳作是沉重的、超负荷的。我们既为这种看似积极的生活姿态点赞，也为之悲苦。它既是客家传统文化的展示，也体现出了背后深

层次的鲜为人知的宗法民俗。

由于客家男子多去异乡谋生，当他们离开家后，可能几年甚至几十年都无法归来，整个家庭便交由家中的女性打理，这时，客家女性不仅是家里的劳动好手，也成为家庭经济的主要支柱。她们必须走出家门，耕种家中的田地来保证全家的生活，依靠自己的双手赚取全家的生活费用和子女的学费。故"市镇上做买卖的，车站、码头的苦力，在家乡耕田种地的，上深山砍柴的，乃至建筑房宇的粗工，灰窑瓦窑里做粗重工作的，几乎全都是女人"。这是客家女性"男工女工皆兼之"的直接体现。

客家女性不仅在能力上胜任这些工作，而且面对艰苦的环境，她们能树立强烈的自我意识来维系这个家。她们还将男人从外地寄回的钱储蓄生息，甚至用来购置田屋。无怪乎客家俗语称赞"客家女子好把式"。

《蜀北客族风光》说道：

客家人的妇女最勤苦莫过了，她们一般体格都很健壮，在未出阁时，读读书习习绣，有时协助母亲或学烹饪，或学纺织，一天到晚忙个不休，极少赋闲享乐……她们习惯了劳动，并不以此为苦。我们知道，寻常妇女，大都愿作男子的玩物而整日涂脂抹粉，除了替丈夫生育子女外，衣食住行都仰给于男子。惟有客家妇女，刷洗了这个耻辱。她们不但不依靠丈夫，大都能独自经营家庭生活，她们因肯劳动，一切都有办法，如穿衣她们则自己种棉，自己纺织，自己缝制；食的问题，也是一样的就解决了，纯粹是"自耕而食，自织而衣"。再加上从事农村副产，如养鸡、鸭、鹅、蚕，或喂兔、羊、猪等，每年的收入也非常可观。她们的经济，满可以自给自足的。若当旭日东升的时候，只要你到三家村去散散步，听听那种机杼之声和弦歌之音，是不绝于耳的，真使人在不知不觉中起了一种敬佩之心。她们勤奋工作，周年如常，从未听见她们一句怨言。①

客家女性，既有传统的坚忍品格、耐劳的意志力，又有与现代相衔接的、过去就已具备了的独立精神，以及过去与今天都不可或缺的贤良、勤俭的种种美德。它完整、充分而典型地塑造出客家人的形象，集中体现了客家精神。这一切都栩栩如生地体现在客家民间文学中。

当然，客家精神在客家文化意识中的主要内涵及其表现为：把孔孟之道尊为圣贤之道。视"三纲、五常"为生活的准则，在行为中表现为

066

---

① 钟禄元：《蜀北客族风光》，《文史教学》1941年第3期，第58页。

"忠、孝、节、义"之意识，如有背叛则视为大逆不道。她们极其注重"仁、信、礼、智"，如有背叛，则群起而攻之。客家妇女为什么温、良、恭、俭、让？最主要的原因是深受儒家思想的影响。在进入近代以后，客家文化意识已经在传统文化结构的基础上有所变化：既有浓厚的理想主义色彩，又有求实的精神，同时重视名节、孝悌、文教、信义；淡泊功利、强权等处世的人生观、道德观。在女性身上很大程度体现了这些品格。①

千百年来，客家女性的生存意识体现了客家族群与其他族群不一样的特质。表现在：①不缠足；②不束胸腰；③手饰、头饰、服装等均有特点。

女性缠足的风俗，一般认为始于 11 世纪，到 12 世纪流行起来。如果青年女子没有三寸金莲就被认为缺乏优美的体态。束胸的风气晚一些，直到 20 世纪才有，而且只限于城市，客家女性则不缠足不束胸。《清稗类钞》中说："大埔妇女，向不缠足，身体硕健而运动自由，且无施脂粉及插花朵者。日出而作，日入而息。"客家女性不缠足与当时客家人辗转迁徙有密切关系。正如在广东梅县传教数十年之久的美国传教士肯贝尔在《客家源流与迁徙》中说："客家人可以从其他华人中，于语言上、习惯上辨别之。概括言之，妇女不缠足，通常体健而轩昂，惟其如此，故能过户外生活。"艰苦、动荡的迁徙生活要求客家女性必须跟男性一样，翻山越岭、涉水渡河、披荆斩棘以开创家园。因此，客家女性一向以"天足"（即不缠足）为美，偶有缠足者倒会被鄙视。客家地区向来很少有固守闺房的小姐，而多有"出得厅堂，入得厨房"的健妇，正因如此，她们在中国历史上起过重要的作用。文天祥率兵抗元，"女贯甲裳，举族赴义"；宋朝皇帝被困，客家女性负起了"执干戈以赴社稷"的使命，故凡客家女性死后皆称"孺人"。太平天国运动中的客家女性打仗英勇异常，连镇压太平军的曾国藩对这些"大脚蛮婆"也感到头疼。客家明贤黄遵宪对客家女性不缠足不束胸的这种习俗甚为赞赏。他曾引用外国传教士的话说："西人束腰，华人缠足，唯州人无此弊。于世界女人最完全无憾云。"黄遵宪还对缠足、束腰的病态美作诗讽刺道："宵娘侧足跂行苦，楚国纤腰饿死多"；认为这是摧残女性不合情的做法："父母谁不慈，忍将人雕镌……吁嗟复吁嗟，作俑今千年"（《寄女》）。祖籍梅县的世界著名女作家韩素音在《客家人的起源及其迁徙经过》中说：

---

　　① 参见南山：《论客家文化意识》，张卫东、王洪友主编：《客家研究》（第一集），上海：同济大学出版社，1989 年。

客家妇女不缠脚也不扎胸，一般是体壮高大缺少仪容较好的名声，但她们却解放了胸部和脚，客家妇女虽然不是迷人的，但由于她们的节俭、勤劳、洁净的生活和生动的辩才而受到称赞；她们用自己的奶喂孩子，她们轻视虚饰的美，必要时像男人一般战斗。在太平天国，洪秀全的妹妹洪宣娇同德军作战就打了一次大胜仗，并在太平天国地区解除了千千万万妇女缠足的恶习。①

旧时客家女性都系围裙，这围裙在不同地区有不同样式，一种是从胸至腹，另一种是只围腹部。前者多见于赣南、闽西，后者多见于粤东。前者应是中原围兜传承，后者是前者的改革，因为较方便围系。客家女性系围裙的由来是有故事的。相传很久以前，有两口子勤劳俭朴过日子，丈夫忙外耕田种地，妻子忙内操持家务，因缺乏牛，丈夫每每以锄代犁翻田。一位官家的信使骑着马从地边经过，听到农夫挖泥的响声，觉得有趣便问道："落锄响毕卜，你一天能挖几千几万下？"农夫答不上，回家把原话告诉妻子。聪明的妻子说："你就反问他，马蹄嗒嗒响，一天会踏几千几百石？"次日，农夫看到信使骑马路过时就把妻子所教反问了他。信使连连夸奖："讲得好，答得妙。让我去你家拜望尊夫人，行吗？"当信使来到农夫家门口坪时，见一美貌农妇从房内挪步跨出门，信使便下马，一脚着地一脚仍踏在马镫上说："大嫂你看我是要上马，还是要下马？"农妇把一个猪食桶跨在门槛上，一脚在门里一脚在门外，反问道："你说我是要进去，还是要出来呢？"信使听毕称赞不已："大嫂，你真聪明，某不才，为表示由衷敬佩之意，我把这块还算得上漂亮的马鞍垫布赠予你作个纪念。"农妇满心喜悦地接受了这块漂亮的绣花垫布，随后亲手将它裁剪成一条样式别致的围兜围系在腰上。此后，女子争相效仿都围起围裙，相沿成习，千百年来流传至今。②

不仅如此，旧时在闽西、粤东、赣南客家一带女子都裹头帕。为什么呢？这又有一个动人的传说。

据传唐武宗时，年已六十岁的吕洞宾来到梅岭南麓翠屏山的钟鼓岩。那是一个明媚的春天，吕洞宾骑着一匹白马在红梅驿境四处溜达，看到一农夫俯首插秧，便趋上前下了马，说道："插秧郎，你这样莳田，一天可以插几千几万行呢？"这一问把农夫问住了，心里揣测着一天可以插几百

---

① 参见冯秀珍：《客家文化大观》（下册），北京：经济日报出版社，2003年，第1010 – 1011页。

② 参见冯秀珍：《客家文化大观》（下册），北京：经济日报出版社，2003年，第1013页。

行就了不起了，哪能插那么多呢？因一时难以回答，而没有理会他。吕洞宾不得不离开了。夕阳西下，农夫回到家的时候，他把这件事情告诉了妻子。妻子听完，眉头一皱，计上心来，对丈夫说："傻鬼！如果明天他再来，你就反问他：'你骑的马儿嗒嗒的，一天能跑几千几万个足迹？'看他如何回答。"农妇怕他说不清楚，第二天，便与农夫一起去田里插秧。果然吕洞宾又来了，还是这样问："插秧郎！插秧郎！你一天能插几千几万行？为什么不告诉我一声？"这时，农妇伸直了腰，站稳脚跟回过身子，笑吟吟地说："老翁呀！你的马儿嗒嗒的，一天能够跑几千几万个足迹？"农妇的反问，让吕洞宾无以回对。吕洞宾策马停了下来，沉思了一会儿，转身又举起右腿若乘马状若下马状，问农夫："你看！我这姿势是上马还是下马？"聪明的农妇灵机一动，举着左脚前移一步，反问吕洞宾："你看，我的脚是上田还是下田呢？"吕洞宾一时答不上来，对于农妇的机智回答表示十分叹服，并说："客家妇女真是聪明！来来来，我代表仙家奖给你一条头帕作为纪念。"这条头帕由黑土布做成，两边圈彩色花边系白带子，后来就成了客家女性的头帕装饰，而且世代传袭。①

客家女性在着装方面同样体现了本族群的特色。古时兴宁女性妆饰，除大家闺秀外，一般多是土布裙衫，朴质无华。少女留长发辫，十七八岁嫁人，卷发成髻（俗叫上头）。少妇用银簪金钗插上发髻，穿耳并戴上耳环。中老年妇女发髻上加戴银钏，手腕戴银龙头手镯。因此，在客家地区的许多城镇圩场设有首饰铺（即打银店），专门制造女性首饰和婴儿颈钳、八卦、脚镯等，生意兴隆。

清光绪庚辛年间（1900—1901），兴宁绅士们提倡女性改妆，禁用首饰，同时要求剪成短发（当时叫省城妆），自官府出告示后，从者日众。但首饰店老板从中作梗，造出反对改妆歌谣云："无好绅士无好官，禁得龙头禁得钏。"

歌谣一出，大家都信以为真，使女性改妆受到了极大阻碍。当时兴宁著名人士罗荣经②（号则桓）有鉴于此，写了劝导女性改妆的带有民歌风味的十首打油诗，贴遍城乡圩场，同时雇请歌手下乡沿门歌唱，警醒百姓切勿轻信谣言，收效果然极大，使改妆政令得以顺利推行。

罗则桓先生的十首改妆歌谣：

---

①　参见冯秀珍：《客家文化大观》（下册），北京：经济日报出版社，2003年，第1012 – 1013页。

②　罗荣经，兴宁龙田人，曾任平南、南雄等县县长。

（一）倕今唱歌劝改妆，不使狐疑不使慌。别人谣言汝莫信，改妆歌子好思量。

（二）好的绅士好的官，禁得龙头禁得钏。人人都晓从省俭，一定太平无天旱。

（三）唔知那人倷可恶，造倒谣言吓乡妇。汝话改妆惹天旱，未曾改妆无番豆（花生）。

（四）唔知那人倷怪诞，看了改妆就怀恨。汝话改妆惹土匪，未曾改妆先造反。

（五）唔知那人倷奇异，不顾风俗只顾利。汝话改妆惹饥荒，未曾改妆先米贵。

（六）今番县官系认真，传来谕帖各乡绅。吩咐大家赶紧改，明年正月无匀情。

（七）正月初九转妹家，四路拔勇去巡查。查得十四归家日，一见戴钏就严拿。

（八）见到银钏就要拆，见到毛团（发髻）搜箩隔。若系改妆良家妇，双手放过唔敢吓。

（九）新年至好换新妆，又俭钱来又排场。人人梳得省城髻，出入俨然大地方。

（十）结得毛团羞死人，戴得钏来又怕人。改进新妆真体面，出入无人敢近身。①

当代女性作家王安忆对于女性服饰曾经有过精彩的描述：

女人既不是灵的动物，也不是肉的动物，她们统统是物的动物，这物集中表现为服饰。服饰是她们的目的，也是她们的手段；是她们的信仰，也是她们的现世；是她们的精神，也是她们的物质。服饰包括了她们人生的所有虚实内容。这是比她们本身更能证明和实现她们价值的，这便使得女人的人生奋斗总要比男人多出那么一点艺术的味道，其中还含有一项审美活动似的。②

---

① 参见黄发坤、刘庆祥、蓝凤翔主编：《客家风采》（第二辑），梅江：梅江报社，1986 年，第 111 页。

② 王安忆：《香港的情与爱》，《王安忆自选集》（第三卷），北京：作家出版社，1996 年，第 8 页。

但是在过去，客家地区浓厚的宗法意识使得女性的服饰信仰无不带有封建礼教的色彩，以至于在现实生活的客家民俗中，也带有浓厚的清规戒律。客家女性对自己在生活中的角色地位也很模糊，她们超负荷地消解心理和生理上的能量。在现实生活中，被要求做到"三从四德""妻为夫纲"等，由于这种超强度的劳动，女性身心过早地受到影响。这种超强的负荷有来自社会的、家庭的，也有来自自身的。民俗的陋习，使女性不知苦从何来。相反，她们因习惯而逆来顺受，而且她们还把这种"传统"教给下一代的女性，那么，客家女性的生存地位改变之艰难就可想而知了。

二、女人背负的沉重十字架——贞节牌坊

在梅州地区，到处都可以看到用花岗岩石或大理石条构筑的牌坊，这很像"叠"字的牌坊，一种是功名牌坊，如旧时得过功名或当过官的人，后人为纪念他而建的。还有一种是为表彰"贞节"妇女而建造的"贞节牌坊"。

"贞节牌坊"是封建社会当权者对终生守寡的妇女施予的一种象征性的荣誉。有些是受朝廷诰封、州府旌表、民众口碑为"贞、节、烈"的妇女传奇。

客家民系承袭了古代中原汉民族的传统文化，包括"从一而终"的理论观念。旧时客家地区的"贞、节、烈"操守被奉为美德，而"再醮"（即再婚）似乎是一种"伤风败俗"的可耻行为。

客家女性的婚姻由父母包办，一生只准嫁一次，"嫁鸡随鸡，嫁狗随狗，嫁给狐狸满山走"。男子可一夫多妻，若丧妻可续娶；女子若丧夫，只能守寡，以守贞节，终生侍候翁姑，养儿育女，倘若有改嫁之念，与其他男人相爱，则以宗法惩罚，轻则用猪笼笼住在族中示众，重则用猪笼笼住浸在河里，葬身鱼腹。

旧时客家地区，有关"贞烈""贞节"的概述，在《乾隆嘉应州志》（下）中有如下记载：

客家贞烈①

计烈妇：平远知县王化妻。嘉靖四十三年为平远令，会田坑贼梁国相突反，将过江闽为患。王以其孥寄会昌，与贼战黄沙、石子岭，多有杀获。复捣仙花洞，擒斩贼首。为贼所困，贼因间，至会昌给曰："王知县死矣。"计闻之，即沐浴，更衣，告天曰："吾夫为国死，吾亦不独生。"

---

① 参见程志远、王洁玉、林子雄、谢维怀整理：《乾隆嘉应州志》（下），广东省中山图书馆古籍部，1991年，第696－708页。

因与六岁儿付妾。曰："天乎愿保此一息，以延王氏血食。"遂磨笄自缢，诏妇所在，立祠，春秋奉祀。南赣巡抚吴百朋祭文，昆山归有光作传。俱载本邑志。

韩氏：张士聘妻。年二十二聘卒，韩绝口不食，越数日葬聘柩，氏既饿死，遂同穴焉。

林氏：刘县祖妻。适二年而刘病笃，与林诀曰，汝年幼，当别适，氏含泪谢之，即服毒死。

钟氏：邱以进妻。夫被贼杀，钟闻夫变，辄缢于厕，姑妹救之苏。越五日，自缢于床下。

何氏：年十六适吴日际，才七月，夫病死。誓不欲生，母与姑严防之，哭踊绝食，夫盖棺后，潜入室自缢。

曾氏：杨时俊妻。夫死，哭请其姑添买一棺，殓夫后，缢于室中。去夫死甫三日，因合葬焉。

吴氏：张士统妻。顺治庚子避贼，遇游兵，见其少，且都欲掠之。氏惧辱，投水死。

张氏：马骆妻。避乱山寨，寨将破，授一子与夫，曰与君永诀矣。遂自缢死。骆亦终身不娶。

陈氏：蓝可望妻。被贼掠，露刃挟以行。遇道旁树。氏坚抱树不行，且詈骂，贼怒斫其头，血流散地而死。

赖氏：李义妻。于归二年，义溺水死。赖至溺所投于水，救得不死。母慰劝之，赖触柱血流，水浆不入口，八日竟饿死。

朱氏：杨缘妻。年二十一夫病殁，朱哀痛不已，屡自缢救免，遂不食七日卒。

…………

客家贞洁①

袁氏：全其后妻。后殁，无子，嫂以子嗣之。日常不能举火晏如也。见宗党子弟亦避去，绝不闻笑语声。

梁氏：庠生姚元徽妻。二十生一子，而夫殁。誓守节，关门肃若，教子成立。

冯氏：庠生邱世振妻。有女德。善事翁姑，教子成贡士，氏年一百岁，尤为盛世人瑞。

---

① 程志远、王洁玉、林子雄、谢维怀整理：《乾隆嘉应州志》（下），广东省中山图书馆古籍部，1991 年，第 696 - 699 页。

李氏：刘淑超母。夫丧，超一岁耳，氏年方及笄，念翁姑老，抚一孤，事二人。邑侯刘旌其节孝。

蓝氏：曾友忠妻。年十八生一子。□三月，夫死。毁容誓不嫁。负薪鬻菜，养姑及孤。邑侯刘以红花奖之。

邱氏：萧徽生妻。年十七归萧，七载徽生病笃，氏知不起，泣告曰："君倘不讳，吾不独生，不则立嗣为吾守志。"计伯叔衰其志，乃以四兄子嗣之。

余氏：张贤聘母。年十八夫死，遗腹生聘。家贫。氏织纺裁种，忍耐饥寒，抚孤成立，至今孙曾绕膝矣。

刘氏：姚应扬妻。年二十五，生二子，夫死。子且多病，氏矢志守贞，奉养老姑，教训二子，二子俱弱冠进庠。

郑氏：林濑洲妻。十八归林，止生一女，早年寡居。立夫兄子孟拔为嗣。勤俭持家，义方教子。子列成均，孙亦登仕籍焉。见年八十余岁。

林氏：姚生售妻。年二十五，生二子，夫死，孀守。孝事翁姑，和处妯娌。未几长子夭，止一子，媳亦林氏，夫死，亦守节不嫁。

潘氏：陈绍善妻。早寡，育一子。四壁萧然，翁姑命之嫁，氏矢死不移。力作与孤俱乡邑多之。

黄氏：谢万瑄妻。夫殁，生子未齿，家贫。祖姑及翁姑，意不能留，欲嫁之。氏曰："儿不似世间怕寒怕饿者。"守节终身。

…………

在梅州地区，客家女性贞洁贤良的故事有许多。譬如，《李二何妻子毁容》的故事：李二何是明末清初人，明亡后他拥护太子隐于梅州，清帝让他做官他不做。有一天李二何的岳父王员外做寿，李二何夫妇去了。因为李二何的妻子当年是违背父亲的心愿与李二何结婚的，所以她的父亲一直把这事记在心里并常常借机凌辱李二何。这次更不例外，吃饭的时候便把李二何安排在大门的角落里与吹鼓手一起就餐。他的妻子一看气愤极了，拉着丈夫愤然离席。由于冬季日短路途遥远，还没有到家天就暗下来了，他们只好在路旁神宫里过夜。李二何困极了，一下子睡了过去。其妻子却余怒未消，怎么也睡不着，这时忽然听得有人从神宫前经过。一个说："某某大神，前村打醮，我们一起去吧！"另一个答道："我们没有功夫，因为有十八学士在这里，我们要替他拨扇赶蚊哩！"第二天，李二何夫妇回到家里，妻子问丈夫十八学士是什么。李二何解释说："朝廷选拔人才，每年在京城招考一次，每次限取十八名翰林，考上翰林院学士的，

可以做大官，翰林院学士就叫十八学士。"妻子听了，满心欢喜，决心吃苦耐劳，日里砍柴，夜间打捞鱼虾，卖得钱来供丈夫读书。李二何得到妻子的帮助，学业大有长进。可是，有个别同学故意作弄，说李二何妻子行为不正，李二何经不起同学的挑唆，对妻子起了疑心，于是叫一个相好的同学去调戏她，自己却躲在暗中窥视。当时，月色朦胧，他妻子正在打捞鱼虾，那个同学嬉皮笑脸走上前去把几个铜板丢进她的网里，谁知她看也不看就走了。后来，她知道这是丈夫故弄玄虚，便用一把利剪将自己的一只眼睛刺瞎，以自残来换取丈夫的信任，使他安心读书。老天不负有心人，李二何终于考上了翰林，为妻子争了一口气。这则故事说明了客家女性的坚贞，也体现了客家女性为了坚贞而勇于牺牲自己的精神。①

当然，在客家地区守寡的女性中，有的是未过门的少女，自入婆家，甘心守寡；有的痛不欲生，百劝不止，随夫而去；有的誓不再嫁，毁容拒婚，以死明志；更多的是自觉自愿、专心致志守"清寡"。否则，她们毕生幸福也换不来男性当权者施予的贞节牌坊。由此可见，客家女性身上"从一而终"的锁链何等粗重！据《嘉应州志》记载，由官府和民众口碑立了贞节牌坊的女性近400人，《长汀县志》载有近千人。《长汀县志》有如下记述：未曾过门就成寡妇且守寡终生的"女贞"达50人之多，属幼女的就有41人，其中3岁以下的达10人，有2人不足周岁即成为"寡妇"，开始度过寡妇生涯。上述这些女人的婚例都是"等郎妹""童养媳""隔山嫁"的婚姻类型。

这些守寡的妇女中也有不愿殉道、不甘被扼杀青春的。正如松口山歌里唱的：

口渴难上这条岗，肚饥难过四月荒。守寡妹子难过月，锁钥难带家难当。

六月难过当昼心，守寡难过五更深。唔想贞节牌坊竖，只愿嫁郎结同心。

其他客家山歌如"大伯阿叔莫留𠊎（我），更好田庄也系泥，百万家财借手过，总爱（要）床下两双鞋"也反映了这种情况。

客家女性对幸福婚姻的追求如此热烈，还如此大胆，可能在其他族群中罕见，但这毕竟是艺术化、典型化了的形象。其实在旧时客家地方，寡

---

① 参见冯秀珍：《客家文化大观》（下册），北京：经济日报出版社，2003年，第1073页。

妇再婚的现象还是有的，她们大胆冲破封建伦理的锁链去追求幸福的婚姻。

近几十年来，越来越多的客家年轻女性在丈夫去世后不再婚，不是因为伦理思想障碍或社会舆论压力。有的是因为翁姑不忍离去；有的是思量子女，担心受累；有的是处在择偶过程中暂时未婚。这些独处的单身女性，有朝一日条件改变，就可能建立一个新的家庭，与旧时的守寡已有本质的不同。①

鲁迅先生在《我之节烈观》一文中说：

节烈这两个字，从前也算是男子的美德，所以有过"节士""烈士"的名称。然而现在的"表彰节烈"，却专指女子，并无男子在内。据时下道德家的意见来定界说，大约节是丈夫死了，绝不再嫁，也不私奔。丈夫死得愈早，家里愈穷，她便节得愈好。烈可是有两种：一种是无论已嫁未嫁，只要丈夫死了，她也跟着自尽；一种是有强暴来污辱她的时候，设法自戕，或者抗拒被杀，都无不可，这也是死得愈惨愈苦，她便烈得愈好。倘若不及抵御，竟受了污辱，然后自戕，便免不了议论。万一幸而遇着宽厚的道德家，有时也可以略迹原情，许她一个烈字。可是文人学士已经不愿意为她作传；就令勉强动笔，临了也不免加上几个"惜夫惜夫"了。②

相对于知识女性，鲁迅更为关心的是那些处于下层的普通女性——受迫害最为残酷的中国劳动妇女。在小说《明天》《风波》《祝福》《离婚》中，鲁迅描绘了一个个受剥削、受压迫的农村妇女形象，再现了她们在封建四大绳索——政权、神权、夫权、族权的重压下虽欲奋力挣脱而又终于无法逃脱，成为封建礼教下的牺牲品的悲惨遭遇。《明天》里的单四嫂子恪守着妇德，与儿子相依为命，但她面对的是巨大的压力——靠纺织维持生计，地痞流氓的骚扰和抚养宝儿的重担。如果宝儿死了，"明天"将会怎么样呢？失节守不成寡，自杀，孤苦度日……不管如何，她的明天都是一场苦难。《风波》中那位九斤老太、为丈夫的辫子担惊受怕的七斤嫂，让人们进一步认识到封建主义的文化是如何渗透到农村妇女的日常生活中、存在于她们心灵的每一丝"风波"中，在每一处都散发出它们的毒性。九斤老太和七斤嫂在这种封建流毒的影响下，自愿成为封建社会的

---

① 参见梁德新：《客家妇女的丰碑——贞节牌坊》，《客家乡情》，梅州：梅州市作家协会，2003 年，第 207 页。

② 鲁迅：《鲁迅全集》（第一卷），北京：同心出版社，2014 年，第 57 - 58 页。

"祭品"。而在《祝福》中祥林嫂虽然主观上要做"节妇",以死抗拒再嫁,但是终究挡不住柳妈的"劝诫",不得不去捐门槛赎罪,最终因为不能成为被封建礼教接受的合格"祭品",而被主人赶出家门,同样成为封建礼教的牺牲品。① 鲁迅笔下被封建社会礼教毒害的女性形象具有相当的典型性,它是旧社会底层妇女悲惨命运的缩影。

梁伯聪《梅县风土二百咏》有诗专唱客家妇女守节之情形:"毕生贞守励冰霜,殁葬东郊骨亦香。郑重马家书烈妇,路人指点石碑坊。"② 在过去,客家妇女的节烈可谓有过之而无不及。特别是明清以来,客家妇女的贞洁观念愈演愈烈,各地节烈妇女的数量也越来越多,有蔓延的趋势。

妇女解放是"五四"新文化运动的一个主要论题。1918 年 6 月,由罗家伦、胡适合译的《娜拉》发表于《新青年》4 卷 6 号。1919 年胡适创作了《终身大事》。这时男女平等、婚姻自主成为时代青年普遍关心的主题。鲁迅于 1918 年写下了《我之节烈观》一文,强烈批判了蔑视妇女尊严、践踏女性生命的罪恶。1923 年,他又写下了《娜拉走后怎样》,提出了妇女解放的第一步就是要取得"经济独立"。③

在客家地区,妇女的真正解放在中华人民共和国成立之后才提上议程。具有现实效果的做法是,让广大客家妇女对于客家民俗的沿革有一个清楚的了解,真正帮助客家妇女摆脱旧观念的束缚和沉重的、超负荷的、不适合身心健康的负担,代之以现代化的教育理念,剔除封建宗法迷信及宗教信仰中的陋习,使客家民俗中的"美"进一步得到彰显,而"丑"得到遏制,④ 从而使客家妇女的地位得到有效提升。也只有在中华人民共和国成立以后,这种丑恶的现象才能得到有效的遏制。

三、民俗意识的思想根源

据相关研究,宋代以前,对于女性的压迫与限制并未那么苛刻,但自程朱理学出现以后就变本加厉了。程颐认为女人要从一而终,男人则可以三妻四妾。妻子死后,丈夫可以再娶;丈夫死了,妻子则必须守寡。女人

① 参见汪卫社:《文化的觉醒与文学的选择——论五四乡土小说与民间文化之关系》,北京:中国言实出版社,2007 年,第 64 - 65 页。

② 转引自黄玉钊、杨典荣、陈广焕等编著:《梅州客家风俗》,广州:暨南大学出版社,1992 年,第 111 页。

③ 参见汪卫社:《文化的觉醒与文学的选择——论五四乡土小说与民间文化之关系》,北京:中国言实出版社,2007 年,第 64 页。

④ 参见钟宝驹:《注意客家民俗的另一面》,张卫东、王洪友主编:《客家研究》(第一集),上海:同济大学出版社,1989 年,第 287 页。

为男人奉献毕生青春，甚至生命，此乃天经地义。朱熹对女人则提出了种种清规戒律，认为女人不为男人守节是万恶的人欲，务必灭绝。要求女人懂得一些孔孟之道的常识。尽孝是女人最基本的义务，尽孝的对象是公婆等。这就是程朱所灌输的那套"存天理，灭人欲""饿死事小，失节事大"的陈词滥调哲学。①

客家传统文化认为女子"言寡即是贤"，多言是不受欢迎的，长舌妇在客家传统文化中是遭人讨厌的，也正如客家谚语所说："妯娌多了是非多，小姑多了麻烦多。"

犹太思想家维特根斯坦说，早期的文化将变成一堆瓦砾，最后变成一堆灰土，但精神将萦绕着灰土。客家人在故土时深受儒家文化的熏陶，在思想上早就被深深打上了仁义礼教的烙印，虽然远离了中原故土，但未忘却故乡的"精神之园"。故封建社会中对客家男女有不同标准：男人可以休妻、可以有三妻四妾；女人只能是"嫁鸡随鸡，嫁狗随狗，嫁给狐狸满山走"，一旦为人妇，就戴上了从一而终的沉重枷锁。在婚姻这架天平上，男人所占的砝码似乎永远多于女人，客家传统口头文学对这种现象也有说法："妻子如衣服""富人妻，墙上皮，掉了一层再和泥"。男人换妻或多娶几个妾是正常的事，而女人非但不能这样做，还得在丈夫死后为他守节，尤其是客家地区的"等郎妹""隔山嫁"的女人更悲惨。"等郎妹"常是"等得郎大妹已老，等得花开叶已黄"；"隔山嫁"的妻子则有可能一辈子都无法见上自己所谓的丈夫一面，却必须为他守贞节，形如守活寡，这些堪称妇女典范的客家女性们，这时便犹如梧桐树上啼血的杜鹃，何其凄惨！何其悲戚！在封建伦理的约束下，女人必须守贞烈，守妇道，"饿死事小，失节事大"，贞节对于妇女来说比生命还重要，客家妇女恪守封建妇道，故在客家地区有大量的贞节牌坊。男性努力塑造主动退让的女性形象，引诱女性承认自己的行为必须符合男性的要求，甘于承受自己的地位。王鲁湘亦说，客家文化是一种顽强的文化，它深受明清理学的影响，故客家妇女的忍辱负重、自我牺牲的形象，是明清理学儒家文化导致的结果。

千百年来，客家人有自己的道德规范，世代相袭，一般都写在族谱、家谱里，作为"祖训""家训"流传，如敦孝悌、睦宗族；和乡邻、明礼让；戒犯讳、戒争讼；戒犯上、戒异端；畏祖法、戒轻谱等。其中受封建礼教束缚较深的是婚姻。在婚姻关系中，一方面有"夫为妇纲"的"等贵

---

① 参见谭元亨编著：《客家文化史》（上），广州：华南理工大学出版社，2009年，第217页。

贱"作用，另一方面则有对妇女的节制作用。在宗法礼教看来，往往家庭关系被破坏、夫妻感情遭破裂，都是妇人之过，所以对妇女要严加管束，使之成为丈夫的附属品，以妻子对丈夫的绝对顺从、忍让来换取家庭的安稳牢固。在客家乡土宗法社会的男女关系上，有着不少内容、规则繁缛的不可逾越之礼。因此，在家族、宗法制度阴影笼罩下的乡土社会，出现过不少恩怨纠缠的妇女，这在客家民歌中也有体现。

在封建包办婚姻盛行的客家乡土社会，青年男女无论是否用山歌定情，最终都逃脱不了"父母之命、媒妁之言"的魔掌，只有父母、媒人才能定下个人婚姻大事。基于这种原因，出现了许多怨男怨女。尽管十分不情愿，但在顽固的家族宗法势力面前，女性的反抗力量显得十分微弱，往往只能通过私下里唱各种怨诉不幸婚姻的民歌如《伤心调》《骂媒歌》等来抒发个人的思想情绪。客家女性只能在一个相对比较封闭的乡土环境中，按照"祖训""家规"所安排的陈规模式去婚嫁。正如民歌所唱：出嫁的姑娘呵，不要哭了不要泣，姑娘就像树叶一样，飘到哪里就落到哪里。当然，她们也会用一种极端的方式，如"拒婚""逃婚"甚至"殉情"，来控诉这不合理的婚姻。正如山歌所唱：想起当日妇人家，真正做牛又做马。受尽几多冤枉气，千重锁链万重枷。[1]

客家人的传统习惯，一般是在农闲季节谈情说爱，或者谈婚论嫁。此时，小姑娘、小伙子便唱着情歌或者通过男女对唱山歌的形式，寻找恋人。许多已婚的年轻夫妇也不由自主地卷进对歌的热潮中。由于旧时客家姑娘一般十六七岁即已成婚，当身心成熟的时候已经结婚生子了。在婚后与异性的对歌交往中，一旦遇上心仪的对象，便情投意合、难舍难分。但在家族宗法传统习惯中，离婚是大逆不道的，也是极其不易的。

女大当嫁，这是天经地义。正如上述所说，封建宗法礼教下的婚姻往往酿成悲剧。一是婚姻本身的不幸，导致离婚；二是女子成婚后，男方早逝，女子就成了寡妇。在客家乡土社会，寡妇再嫁的问题也非常突出。客家地区，由于理学植根的深厚，经济比较殷实或知书识"礼"的家庭，妇女们受节烈观念的残害可能更深，当地曾经到处可见的贞节牌坊，是客家妇女崇尚贞节的历史见证。[2] 梁伯聪《梅县风土二百咏》中有一首诗专咏妇女守节情况，曰：毕生贞守励冰霜，殁葬东郊骨亦香。郑重马家书烈

---

① 胡希张、余耀南：《客家山歌知识大全》，广州：花城出版社，1993年，第79－81页。
② 参见谢重光：《客家文化与妇女生活》，上海：上海古籍出版社，2005年，第154页。

妇，路人指点石碑坊。① 所谓"贞节""烈女"在客家乡土宗法社会中浓厚的封建色彩可见一斑。有一首民歌叫《守节》：十五唔敢看月光，过年唔敢着新装，心中有话冇人讲，一生孤枕守空房。② 守寡的妇女也有不甘心这种命运的安排的：松树再高冇黏天，贞洁妇女冇变仙。观音虽然得了道，还在南海受香烟。意为观音菩萨尚且食人间烟火，那么凡间的妇女就更不用说了。

旧时，在宗法盛行的客家乡土社会，一家之内，儿媳务必完全服从婆婆的指令，就像家庭里其他人都必须服从辈分最高的男人一样。家长年龄越大，他（她）的威信愈高。一家之中，男人的权利最大，夫人次之，之后是长子、次子……依次排列，儿媳、童养媳地位最低。她们的顶头上司是婆婆。婆婆经常用掌掴或者罚跪的方式，随心所欲地处置自己的儿媳，即使儿媳是几个孩子的母亲，也只得乖乖地接受其管教。而她们的丈夫则站在婆婆这一边，不论是对还是错。所谓"棍棒底下出孝子"，认为孝顺是"打"出来的。这些可怜的媳妇只能逆来顺受，③ 不得有任何的反抗。

当然，伴随宗法家族结构不断世代更迭，一茬一茬的"多年的媳妇熬成婆"现象也在周而复始地循环重演。小媳妇们一旦完成了由家族内部的被统治者到统治者的角色更替，就意味着一茬新的宗法家族关系和相应的文化角色格局的诞生。这是一个新旧更替的家族关系，然而并没有本质上的区别，小媳妇上升为"正统"的婆婆，只是角色发生了变化而已。一个原来被家庭视为"外人"的女性变成了新的家庭群体意志的代表象征，最终实现了家庭范围内自己人格的社会化过程。这个过程，不仅是在自己公婆的严酷的"言传身教"，即家族宗法的社会实践活动中完成的，而且也在一定程度上"得益"于传统民歌中"非正统文化观念"的影响。她们通过民歌倾诉了自己所受的"刻骨铭心"的惨痛教训和不平遭遇，同时也通过这百世相传的民歌印证了自己的悲惨遭遇是人人皆有，而且是命中注定的。④

客家婚俗是客家文化的特征之一，其传承的过程更反映了客家民间文学的特色。在文字未发明之前，正如许多原先无书写传统的民族是依靠歌曲传授历史和求生技能等知识的，客家民歌在相当程度上反映了客家的风俗、伦理和宗教。女子在未能读书识字的日子里，是通过各种民间歌曲来

079

---

① 转引自黄玉钊、杨典荣、陈广焕等编著：《梅州客家风俗》，广州：暨南大学出版社，1992年，第111页。

② 胡希张、余耀南：《客家山歌知识大全》，广州：花城出版社，1993年，第80－81页。

③ 参见［美］弗兰克·卫英士著，丁立隆译：《华南客家十五年》，厦门：厦门大学出版社，2017年，第57页。

④ 杨民康：《中国民歌与乡土社会》，长春：吉林教育出版社，1992年，第210页。

表达自己的心声的。事实上，在同一婚礼中，身为主角的新娘和新郎分别主导婚姻气氛相反的仪式，通过歌曲来表达他们对婚姻的观感，与他（她）们在一起的同性伴侣，也是各自服从着这种气氛，以内容迥异的民歌，唱出他（她）们相反的情绪。两种民歌文化的产生，象征了男女两性对婚姻的不同价值观和期望，以及两性社会地位的差距，互成对比，又互相观照，使人看到在客家婚姻制度里，两性文化所表达的历史意义。①

第二节　客家女性婚姻面面观

客家民系作为汉族的一支，它受到传统家庭与宗法礼教的深刻影响。在封建宗法观念里，结婚生子被视为人生第一要事，它是维系家族血缘与财产继承的直接手段。这种关系体现为：家庭"是绵续性的事业社群，它的主轴是在父子之间、在婆媳之间，是纵的，不是横的。夫妇成了配轴"②。婚嫁使女性完成从少女到妻子的角色转换，其主要宗法观念为生儿育女。因此，婚姻在人的一生之中是最高的礼俗。以血缘关系为纽带的家族社会，对家庭婚姻极为重视，这意味着生命的绵延不断。其目的就是繁衍后代，传承香火。由于特殊的生存环境，客家人"传承香火"的宗法家族意识有过之而无不及。

从古代到现代这一漫长的历史时期，在客家人的婚姻中存在着几种特殊的婚姻形态，它们反映了客家乡土社会男女婚姻的基本特征。不过，长期以来，其根据家庭生活建立的实际条件和特别需要而适当地加以变通。具体为③：

（1）"男大当婚，女大当嫁"的婚姻，这类婚姻一般体现为"父母之命，媒妁之言"，属于比较常态的"大婚"。

（2）番邦与内地"隔山娶"。男子年轻未娶，即出洋过番去了，父母就在家乡为他找个媳妇，留在家里作"看家婆"。客家地区的第一代华侨中有一部分人是被"卖猪仔"的"契约华工"，他们在南洋群岛的矿山农场卖苦力。因为多年侨居，有的已经成家立业，且在家乡还有房子、田产，并且还有父母等老人需要人服侍；也有的外出后，因为无钱娶亲，依

---

① 参见余咏宇：《土家族哭嫁歌之音乐特征与社会涵义》，北京：中央民族大学出版社，2002年，第226页。

② 费孝通：《乡土中国》，北京：生活·读书·新知三联书店，1985年，第40页。

③ 参见谢重光：《客家文化与妇女生活》，上海：上海古籍出版社，2005年，第165页。

旧孤身一人，于是托付媒人在家乡说亲（家里原本有童养媳的就无须请媒人了）。结婚时，多以"公鸡"为替身，由人抱着与之拜堂。"看家婆"过门之后，便"生是夫家的人，死是夫家的鬼"，享有普通媳妇的一切权利和义务。这些"看家婆"是里里外外一把手，打理整个家庭，依靠田产和"番银"维持生计。①

（3）伤风败俗的"冲喜亲"。结亲之后，婚期未到，男方或其父母病重，男方父母要求提前举行婚礼，想用结婚为儿子或自己"冲喜"，据说"冲喜"可以使之康复。其结果大多是冲喜之日，正是女子守寡之时。女子成为封建迷信的牺牲品。

（4）倒插门户入赘婚。一般为没有儿子的家庭，女儿不出嫁而招婿上门，客家人称为"招老公"。这种婚俗的起因，从女方来说，一是家中没有子嗣，招婿以继香火，防穷养老；二是家中有种种困难，招婿充当劳动力；三是女儿不忍心离开父母，因而招婿入门。对于男方而言，男方家庭困难讨不起老婆，或者男方家中男孩较多，无力抚养，有人招婿，何乐而不为。这种男方"嫁"到女方家中的"倒插门"婚被认为是传统地方文化的存留。结婚仪式简单。在手续上，男方必须立下字据，说明"倒插门"之后，改从女方姓，以后子女也从母姓。也有男性"倒插门"后，虽不改姓，婚后儿女则部分或全部从母姓。②

（5）人鬼嫁娶的"冥婚"。冥婚是中国过去落后的乡土社会中一种传统的陋俗婚姻，它同样出现在旧时的客家社会中。在旧时代的传统社会，冥婚在粤东梅州地区很流行，不分贵贱贫富。冥婚的形式有活人嫁死人、死人嫁死人或死人嫁活人，在梅州的一些古旧的文献中被记为"幽嫁""幽贞""幽房""冷铁墓""幽烈""节范幽贞"等。其目的是希望死去的人在生命的彼岸，可以享受后嗣的祭拜，以免成为孤魂野鬼，作祟活人。③当然，在客家不同地区其形式与内容也存在一些不同。《嘉应州志》载："谢景岳妻张氏，幼许字谢，未嫁，而景岳殁，年十八，父将议昏（婚）他姓，女泣曰，儿许于谢，即为谢家妇矣，有翁姑在，愿代夫事之，父知不可强，归谢。"④ 它体现了客家冥婚存在的状况。女性不愿他嫁，而甘为死夫之妻。要知道，这是一个年纪轻轻的未婚女啊！

---

① 参见梁德新：《客家侨乡的"看家婆"》，《客家乡情》，梅州：梅州市作家协会，2003 年，第 210 页。

② 参见房学嘉等：《客家妇女社会与文化》，广州：华南理工大学出版社，2012 年，第 57 页。

③ 参见房学嘉：《从"幽嫁""幽贞""幽烈"看粤东梅州冥婚》（未刊稿）。

④ 转引自房学嘉等：《客家妇女社会与文化》，广州：华南理工大学出版社，2012 年，第 58 页。

这种冥婚的形式，在客家地区有生动的故事，以清朝台湾抗日志士丘逢甲①为例。丘逢甲小时候与台湾望族林献堂的妹妹订了婚，但不幸的是，林家小姐没有等来结婚之日就病故。当时丘逢甲正好到大陆赴京赶考，与其父搭船前往，途经台湾海峡时，突然狂风大作，船在浪涛中摇晃不定。此时丘逢甲突然看见一个少女站在水面上，眼泪汪汪地看着丘逢甲。此时丘逢甲大惊，赶紧告诉了他的父亲。他的父亲认定是林家小姐，于是走出舱外对着大海说："假如你死后心情不能平静，没有安身之处，害怕死后没有人祭祀你，那你就保佑逢甲考上进士，等到功成名就时，马上迎娶你为丘家的媳妇。"说完不久，便风平浪静了，丘逢甲安全地到达广东，后来到北京考取了进士。丘逢甲回台后，不食前言，如约迎娶林家小姐的牌位，以冥婚的方式与林家小姐成了亲。②

客家民间"冥婚"的习俗又可以认为是"宗族""子嗣"等观念在阴间的延续。它是封建文化传统陋习的一种折射。美国学者明恩溥在《中国乡村生活》中曾经这样批判③：

> 为两个死者成婚的做法在中国非常普遍，其终极原因可以从孟子的格言中找到，即"不孝有三，无后为大"。可以说，长期以来中国人全部的家庭生活即以这一说法为依据而展开。正因为如此，没结婚的人不受重视。他们死后，若是孩子，会被真正地或象征性地"抛弃"，在祖坟中没有位置。这些位置当属于那些已婚者，独身以及那些妻子改嫁他人的已婚男子也难指望死后能够安葬在祖坟里。为此，中国人又发明了一种怪异的办法，即将一个活着的妇女嫁给一个死去的男人。对于这个妇女而言，其动机只能是使自己免遭饥寒，守寡的妇女就经常受到饥寒的威胁；而对于亡夫的家庭来说，其动机则是要保证祖坟的完整。④

因此，客家地区的"冥婚"体现了一种复杂的宗法制度背景下的传统

---

① 丘逢甲（1864—1912），客家人。辛亥革命后以仓海为名。晚清爱国诗人、教育家、抗日保台志士。丘逢甲祖籍嘉应州镇平（今广东蕉岭），1864年生于台湾苗栗县铜锣湾，1887年中举人，1889年己丑科同进士出身，授任工部主事。

② 参见鸿宇编著：《婚嫁文化》，拉萨：西藏人民出版社，2004年，第75页。

③ 参见汪卫社：《文化的觉醒与文学的选择——论五四乡土小说与民间文化之关系》，北京：中国言实出版社，2007年，第82页。

④ ［美］明恩溥著，陈午晴、唐军译：《中国乡村生活》，北京：时事出版社，1998年，第290页；又转引自汪卫社：《文化的觉醒与文学的选择——论五四乡土小说与民间文化之关系》，北京：中国言实出版社，2007年，第82页。

社会历史、经济、文化的深层结构。

在旧时代的客家地区还存在着一些陋习婚姻，如"纳妾养婢""叔接嫂"等。

所谓"纳妾养婢"，就是少数富绅、达官贵人等生活优裕者，利用自己的势力、权力，横行霸道地娶多个老婆，间或三妻四妾，甚至还可养几个婢女供差遣使唤，待其年事稍长便卖给别的有钱人做妻妾，也有为自己做妾的。[①] 不顾妻、妾、婢女死活，仅供个人享乐。"叔接嫂"的陋习婚姻是哥哥与嫂嫂结婚后，哥哥不幸逝世，如弟弟还未婚，族中人就强迫弟弟与嫂嫂结婚。在客家大埔就有一则这样的故事：有一姓罗的秀才因哥哥不幸逝世，族长连同父母强迫其与嫂嫂同房。罗秀才万般无奈在新房坐到天亮。次日罗秀才在门联上贴了一副自己写的对联："红罗帐中，无限恩情呼嫂嫂；黄泉路上，有何面目见哥哥。"读后让人哭笑不得。可见宗法意识在当地人思想深处深深扎根，这种心境令人悲歌。此外，还有换亲、转亲、典妻、契约婚、换婚、纳妾、二亲婚等特殊的婚姻形式。

当然，还有另外的情形。这也反映了客家人人格的另一个方面。一是反映客家女人重感情，对待爱情忠诚；二是反映客家男人对待朋友注重义气。譬如，《故镜重园》中有这样一则历史记载：

海邑龟□乡有某甲者，与某乙之家相距仅数里。十余年前，甲服买外洋，乙在外与之结交，遂伙合作小生意。甲有母在堂，岁时均有旅金寄回其家，以为仰事之用。甲母老而健，积铢累寸，得百金有奇，乃决意为子娶妇。乙自远适异国，重利轻离，天雁河鱼，渺无消息，而乙妻空房独守，年复一年，疑乙为物故，方寸俱乱。适有冰人，以甲娶事说之，乙妇喜，遂为甲妇焉。乃妇入宫不见，独宿无聊。甲母姑慰之，即促甲速归完娶。甲接母信，即刻治装，邀乙同归，乙意游移不决，甲强之再四，乃买舟结伴回梓。比至甲家，邀乙入座，乙妻在厨下窃听，其声若素识其人也者。遂从户牖窃窥，乃乙夫也，且忿且怒，恐事破绽，密以实告甲母。甲母呼甲入，而告之故，甲仓皇失措，计无所出。乙见甲家人彷徨，乃径辞去。甲乃从容挽留曰："薄其酒肴，愿少安毋躁也。"俄翠杯大酌，妻直趋前席，数乙薄幸之罪，乙语塞，不能置辩。甲乃力为调停，谓此日旧镜重圆，是人生最乐事，劝其释前恨，随乙归家，再谐琴瑟之乐。乙向甲谢过，挈妻还里。而妇家尝收甲聘礼若干，乙如数还之。甲于是另娶某姓女

---

① 参见谢如剑编著：《大埔客家民俗》，广州：广东人民出版社，2008年，第65页。

为妇。而一乡之人，皆感甲之高谊云。①

然而，作为先养后娶的特殊"童养媳""等郎妹"的婚姻形式，它典型地反映了客家女性的人生困境。

光绪《嘉应州志》载："州俗婚嫁最早，有生仅匝月即抱养过门者，故童养媳为多。"它是指生有男孩的人家，抱养别人的幼女或女婴，作为未来的媳妇，有的抱来时还要喂奶。抱养时有的还要看生辰八字，要定亲、纳彩、择拣生肖属相。抱过门后，年幼时作养女，以兄妹相称，同吃同睡，稍大后则分开睡。待男女长大后，由男方父母做主，成全他们的婚事。如果男子在外地谋生，则回家当日成婚。成婚当夜，童养媳梳洗"上头"，打扮一番，之后由父母引领到祠堂跪拜祖宗，吃罢团圆饭，则可圆房。也可抚养长大成人后，嫁给别人。这种童养媳就叫"生婢子"或"生婢"。其生存地位卑贱，生存环境十分艰辛。② 在永定有一首《苦生婢歌》，该歌唱出了一年四季"生婢"们的悲惨境遇：

正月里来是新年，做人生婢唔值钱；爷娘家产侄没份，当做猪羊来卖钱。二月里来是春分，十四五岁出家门；一年到头没闲歇，鸟子入笼撞没门。……五月里来是端阳，经常没米踏砻糠；三箩五箩踏到尽，浴子一洗到天亮。……七月里来秋风凉，做人生婢真凄凉；天光做起做到暗，三餐依旧食粥汤。……九月里来是重阳，一天更比一天凉；夜里思愁没被盖，日里思愁没衣裳。十月里来小阳春，收冬时节乱纷纷；高山崎岭都要去，天晴落雨也唔停。十一月里是立冬，男女相比太唔同；有理无理都受气，呕血伤心会吐红。十二月来又一年，妇女苦处讲唔完；今年盼望明年好，明年又再盼后年。③

上杭则有《可怜婢女泪汪汪》：

四月夜短日来长，还没天光就起床，割柴挑水洗裙衫，夜里捶背到天光。十月日短夜来长，天上落雪又落霜，手脚麻木心肝冷，可怜婢女泪汪汪。

---

① 参见肖文评、夏远鸣、王濯巾等编：《〈岭东日报·潮嘉新闻〉梅州客家侨乡史料选编》（上），广州：广东人民出版社，2018 年，第 62 – 63 页。

② 参见王耀华：《客家艺能文化》，福州：福建教育出版社，1995 年，第 204 页。

③ 龙岩市民间文学集成编委会编：《中国歌谣集成·福建卷·龙岩市分卷》，1989 年，第 223 – 224 页。

这两首歌谣，虽于异地流传，但婢女的处境是一样的。天下乌鸦一般黑，在旧社会的客家地区，女性的悲惨遭遇到处可见。

另一种情况是，如若男方不幸夭折或者病死，或者男方另娶，那么童养媳可以改嫁。此时，童养媳则变成了"花顿妹"。"花顿妹"行嫁时，则低人几分，家里送行嫁妆也较为简单。梅县松口山歌有唱：

嫁郎已嫁十八年，今年梳头侬自怜。记得初来同食奶，同在阿婆怀里眠。①

童养婚是中国封建社会中极端的包办婚姻形态，这种婚姻在客家乡村社会更具典型性。被迫当童养媳的幼女，一般家境贫寒，父母无力抚养，于是把她卖给夫家。童养婚这种风俗在明清直至民国时期有过之而无不及，究其根本原因，就是贫穷。

在山歌中，往往能够听到：

十八女子三岁郎，朝朝夜夜抱上床，共床睡了无话讲，心中无病也成痨！

十八娇娇三岁郎，晚晚爱偓牵入房。镜子面前照一照，唔知是仔还是郎。

十八娇娇三岁郎，半夜想起痛心肠。等得郎大妹又老，等得花开叶又黄。

十八娇娇三岁郎，睡目爱偓揽上床。唔系看你爷娘面，三拳两脚打下床。

等郎妹，真苦凄，等到郎大妹老哩，等到花开花又谢，等到团圆月落哩。②

童养婚对幼女的身心起到严重的摧残作用。大多数童养媳受到残酷的虐待，她们不仅要担负起繁重的家务劳动，还通常不被婆家当自家人看待。她们与夫婿的关系是强迫性的，男方患各种先天性疾病是常有的事。童养媳食不果腹，衣不蔽体，过着牛马不如的生活，连年龄少许多的"小丈夫"也经常欺负她。更有甚者，一些童养媳是在男家尚未生子时便已被抱养或卖进婆家，其精神上所受的折磨更可怕。还有童养媳被虐待致残甚

085

---

① 林作尧、梁德新：《客都民俗文化风情》，广州：暨南大学出版社，2009年，第53页。

② 参见谢重光：《客家文化与妇女生活》，上海：上海古籍出版社，2005年，第164页。

者致死；或者有的饿死，还有童养媳由于忍受不了这种虐待而轻生。如山歌所唱：

> 对岁离娘卖畀人，六岁打柴受苦辛，七岁落田学耕种，九岁挑担冇时停，目汁洗面汗洗身；做童养媳苦啾啾，食着冇来打骂有，三更半夜思想起，气难平来恨难休，只怨爷哀咁糊涂。

表4-1　闽西客家童养媳人数调查表①

调查地区	调查户数	童养媳户数	童养媳人数	童养媳户数占调查户数（%）	平均每户童养媳人数
中山乡三民保	240	96	101	40	0.421
中山乡上杭保	242	66	71	27	0.293
茶境乡樟树保	166	120	152	72	0.916
白砂乡锦华保	215	153	195	71	0.907
古蛟乡陈坊	156	90	94	58	0.603
古蛟乡丘坊	200	112	135	56	0.675

从表4-1中可以清楚地看到，接近一半的家庭都有童养媳，其比例之高令人难以想象。在这些调查的闽西客家家庭中，茶境乡樟树保的童养媳户数为最多，占72%。虽然中山乡上杭保家庭中的童养媳较少，但也占相当比例，这种情况令人反思。

当然，这种婚姻习俗是由各种社会因素造成的，除了经济因素之外，还和社会与家庭、乡俗与乡规等历史因素关联。同时，也存在着现实问题，它凸显了生活的另外一面，即家庭劳力的缺乏。在自给自足的客家小农经济社会里，劳动帮手捉襟见肘，旧时农村小孩，尤其是女孩在很小的时候就能够担负起很多的家务劳动。此外，还关乎家庭和谐。在传统社会中，这种婚俗之所以在客家地区盛行，当然有它存在的乡土社会基础。妇女在家庭中既要处理好夫妻关系，又要处理好婆媳及妯娌关系，而婆媳关系是最主要的矛盾。童养媳从小在家里长大，与养母长期相处，日后从母女关系转为婆媳关系则较为顺畅，家庭相对和谐，客家人相信这个客观

---

① 参见谢重光：《客家文化与妇女生活》，上海：上海古籍出版社，2005年，第321页。

情况。①

　　事实上，童养媳也不全是生活在水深火热之中，她们对人生同样怀着一线希望。如：

　　甘蔗杆儿节节甜，丈夫年小不要嫌。再等三年长大了，小小犁头耕大田。

　　甘蔗杆儿节节稀，丈夫年小不要欺。再等三年长大了，小小犁头耖大畦。②

　　小丈夫必然要长大的。再熬熬吧，小丈夫就要长大了，就会耕田种地了。于是，童养媳就有了依靠。因此《甘蔗杆儿节节甜》这支山歌，同样是咏叹童养媳艰辛的，却是这样温婉而多情。想到今后还有老妻少夫的境遇等待着她，面对残酷的现实，也只有强耐怨气，苟且偷安："你小，我不嫌你小；我老，你别嫌我老。"

　　另外，在客家地区，"等郎妹"的山歌故事也广泛流传。有个姑娘年幼时被卖作等郎妹，一直等到十五岁那年，她的婆娘才生下一个男孩，这就是所谓的未来的丈夫。过了三年，姑娘十八岁，男孩仅三岁，每晚要伴"三岁丈夫"同床共枕。某天深夜，姑娘唱起山歌叹骂：

　　三岁老公鬼钉筋，睡目（睡觉）唔知哪头眠，夜夜要我兜（把）屎尿，硬想害我一生人。

　　十八妹子三岁郎，夜夜要我揽上床，不是看你爷娘面，一脚踢你下眠床。③

隔壁叔婆听到，内心非常欷歔，于是唱首山歌劝慰姑娘：

　　隔壁侄嫂你爱（要）贤，带大丈夫十把年，初三初四蛾眉月，十五十六月团圆。

姑娘听后更加难受，回首山歌唱道：

①　谢剑、房学嘉：《围不住的围龙屋》，广州：花城出版社，2002 年，第 131 页。
②　罗英祥：《客家情歌精选录》，香港：香港天马图书有限公司，1999 年，第 300 页。
③　参见刘晓春：《客家山歌传承的文化生态》，《文艺研究》2008 年第 2 期。

隔壁叔婆你爱知，等得郎大妹老哩，等得花开花又谢，等得月圆日落西。

隔壁叔婆禁不住也为之伤心。

"等郎妹"是客家地区一种特殊的婚姻形式。"等郎妹"与童养媳不同的是：童养媳进门的时候，已有"未婚夫"，而"等郎妹"进门的时候，还没有"未婚夫"。要等她的婆娘以后生育一个儿子给她做丈夫。有的要等几个月，有的要等许多年，也有的一辈子等不到只好"守活寡"。也有等不到儿子改作养女，或另嫁，或招赘。抱养"等郎妹"的原因与童养媳的动机基本相同：怕将来没钱为儿子讨老婆。不同的是，抱养"等郎妹"的父母希望借此带"喜"来，能"等"出一个儿子。"等郎妹"在很大程度上也是重男轻女思想支配下的产物，其中包含了一种非常落后愚昧的封建迷信思想。主要是"等郎妹"的姑翁，婚后多年未生育，或生的都是女儿，因此决定抱个"等郎妹"。抱养"等郎妹"被作为一种催生子嗣的手段。① 可是，"等郎妹"与"童养媳"一样，长大后也有不与童养的"丈夫"婚配的，或"等郎妹"等不到"郎"变成"养女"，成了"花顿妹"。有首童谣唱的就是"花顿妹"行嫁时的情景：

月光光，秀才娘。骑白马，过莲塘。莲塘背，种韭菜。韭菜花，满地花。辣子花，满地笼。当梨花，满山红。有绩织，无绩笼。有布赓，无蓝机。上厅赓布哥爱骂，下厅赓布嫂爱骂。莫骂莫骂，正月十九爱行嫁。无绫裙，唔出门。无绣鞋，唔上轿。无面帕，拭目汁。无绫裙，唔做新阿嫂。②

面对黑暗社会的重压、不幸婚姻的折磨，童养媳与"等郎妹"大多数不能认清自己不幸婚姻的根源，只是怨恨个人出身的命苦与对悲惨婚姻的无奈，也有些人希望命运出现转机，她们用山歌来表现个人的哀怨：

别人老公像老公，倕的老公死猫公。保佑猫公快快死，等倕画眉飞出笼。③

---

① 参见谭元亨编著：《客家文化史》（上），广州：华南理工大学出版社，2009 年，第 220 页。
② 参见冯秀珍：《客家文化大观》（下册），北京：经济日报出版社，2003 年，第 1026 - 1027 页。
③ 参见谢重光：《客家文化与妇女生活》，上海：上海古籍出版社，2005 年，第 165 页。

这是她们对不幸婚姻的控诉。

当然，除此之外，旧时客家由于种种原因，村落之间不能通婚。这种禁婚现象，值得人们重视。这虽然出现在少数山区村落，但它的存在，在某种程度上都可能给男女爱情、家庭婚姻、社会秩序带来危害。

一般来说，其起因是相邻村落之间各种利益之争，譬如山林之争、风水之争或被大姓、强房欺负。在被迫无奈时，形成械斗而成怨恨。这种怨恨有的长达几十年，难以化解。天长日久，弱姓村难以生存。村里父老告诫本村村民，不得与之通婚。这种不成文的指令，慢慢地形成了一种村规，甚至成为一种民俗。即使两村之间有相爱者，最终因为这种"村规"，双双被拆散。极少有犯"规"者，于是在许许多多偏远的山村，演绎了一场场爱情悲剧。

譬如，客家松源的禁婚在所调查的村庄中较为典型：横江村温姓不娶彩山郑姓之女；官田村王姓不娶横江温姓之女；满田村、陂下村、九姑陂村王姓不娶彩山郑姓之女；桥背村刘姓不娶桥市曾姓之女；元岭村王姓不娶刘姓、郑姓之女；寺边王姓不娶肖姓之女；寺边蔡姓不娶梁姓之女，张姓不娶郑姓之女……①

还有一种情况是，一大姓内部不能通婚，即同姓不得成婚。即使这个大姓经过上百年，甚至长达几百年，而繁衍出几个村庄的人口，这种血缘关系已经颇远了，同姓内部也不能成亲。譬如，在江西赣南兴国的南部客家，有一姓刘的大姓，据传，刘家在明朝末年就有同宗同源的近十户人家。历经清代、民国，到解放前，刘家已经繁衍成了三个村庄，分别称为松树刘家、柏树刘家、枫树刘家。松树刘家一女看上了柏树刘家一男。两个人爱得死去活来，但始终得不到两家父母的同意，更得不到村里同族者的允许，一直被认为败坏了村规，破坏了家风。他们生的一对儿女也得不到承认。在封建陋规的迫害下，夫妻俩连同他们的孩子一同被驱赶出去。后来夫妻双双殉情，孩子也无下落。像这样的故事，在刘家时有传出，演绎了一百多年，直到中华人民共和国成立之后，才逐渐消失。

当然，客家侨乡地区的青年男女倾向于与本地人通婚，在传统的婚姻圈内择偶，即别人的介绍，或亲戚，或朋友，或家庭成员。这种婚姻也有它的优点，即可以增加家庭的稳定性，并且知根知底，有助于拓展海外资源。这似乎也有一种"肥水不流外人田"之嫌。不过，对于侨乡的人来说，出国赚钱是他们的共同愿望。况且无论男女，他们本身就有亲人在海

089

① 参见房学嘉主编：《梅州地区的庙会与宗族》，国际客家学会、海外华人研究社、法国远东学院、《客家研究辑刊》编辑部，1996 年，第 141 页。

外，这意味着强强联手，将来的愿景更容易实现。即使婚前没有出国，婚后也想法子出去。因为在他们看来，"出国就是成功"。① 譬如，在福清客家、粤东客家均存在类似的婚姻。一旦出国，经过一段时间，华人逐渐融入当地的社会中。譬如，在马来西亚，异族文化的融合不仅体现在语言和工作上，也表现在建筑风格上。马来西亚美里市的"同心塔"与"扇子公园"即为见证。这种建筑的风格由华族、马来族、依班族三种风格组成，象征着华族、马来族和依班族的真诚团结与合作②。其中，一个突出的标志是异族的通婚。客家华侨融入马来西亚社会后，新一代的客家华侨女性与马来西亚人通婚不足为奇，这是建立在异族之间较高信任的基础之上而作出的选择。当然，客家华侨婚娶马来族当地女性更是习以为常。他们的后裔就称为峇峇（男性）和娘惹（女性），有的皈依于伊斯兰教，而又保持着独特的祖籍地文化。在马来西亚，沙巴州客家华侨与当地土著人通婚的现象相当普遍。当地人称他们为"嘉华族"（Sino - Kadazan）。他们之间有宗教信仰的自由。③ 在马来西亚斗兰县的 1 万多华人中，客家华侨有7 000 多人。客家华侨与当地土著卡达山人通婚非常普遍。在异族通婚的这个问题上，客家华侨（华人）非常包容、理解与尊重。随着异族之间的文化交流日益频繁，华侨女性也适应了这股思想潮流。这也是促进社会稳定与异族团结的一个纽带。④

哈布瓦赫认为，人们在族群中的位置，并不取决于个人情感，而是由那些在此之前就已经存在并独立于人群的规则和习俗所规定的。此外，他还认为个人情感的表达是通过社群的结构来规范的，除了整个社会共同的规则之外，还存在一些思考的习俗和模式，它一视同仁地把那些形式传递给社群成员，甚至以强加的方式来实现。⑤ 客家女性婚姻习俗是在强大的封建社会势力压迫下形成的。它的存在有它形成的历史环境与土壤，这就是特殊的客家宗法思想下的产物。

客家婚姻习俗涉及的种类繁多，内容庞杂。有的婚姻习俗已经成为一

① 参见陈凤兰：《侨乡跨国移民的婚姻形态研究》，《"比较视野下的中国侨乡研究"论文集》，2015 年，第 225 页。

② 黄晓坚、陈俊华、杨姝、陈海忠编：《社会和谐愿景的践行者》，《从森林中走来——马来西亚美里华人口述历史》，广州，广东人民出版社，2014 年，第 127 页。

③ 吴宗玉：《马来西亚华人》，聂德宁、李一平、王虎主编：《中马关系与马来西亚华人研究国际学术研讨会论文集》，厦门：厦门大学出版社，2013 年，第 434 页。

④ 张宏武：《客家文化和客家精神在海外的传播与发展——以马来亚为例》，《"全球客家移民与地域社会发展"学术研讨会论文集》，2017 年，第 400 页。

⑤ 参见洪馨兰：《客家妇女"劳动人观"的社会实践》，王建周主编：《客家文化与产业发展研究》，桂林：广西师范大学出版社，2007 年，第 707 页。

种陋习，而且具有相对的独立性和顽固性。伴随社会的发展、新思想的产生，这种陋习婚姻必将走进历史的垃圾堆。但是在新时期一夫一妻的婚姻制度的健全运行过程中，人们仍然能够看到少数落后的客家地区存在那种封建社会残遗的婚俗，这是不应该的，这种陋习已经没有生存的空间。

第三节　山歌与两性文化

山歌产生于劳动，劳动是山歌创作的源泉，客家山歌亦如此。"饥者歌其食，劳者歌其事。"它是客家人在长期的劳动中随口而出，即兴发挥的作品。通过唱歌忘却疲劳、驱除恐惧、抒发自己的喜悦悲苦之情，同时也可加强人们相互之间的情感。梅州有一首山歌："打鱼唱歌歌满河，掌（牧）牛唱歌歌满坡。砍柴阿哥满山走，满山满岭都是歌。"天长日久之后，唱山歌就成为一种风俗了。客家山歌丰富多彩，尤以情歌为主。① 山间劳作，客家男女互诉衷肠是情理之中的事。在旧时代，客家女性恪守妇道，瓜田李下都有分别。而在山间野外，她们的精神就放松多了，山歌传情，成为一种时尚，成为一种必然。

一、客家山歌与两性世界

山歌文化是既属于个人也属于社会的一种文化资源，它实实在在地与乡间社会成为一体。社会是山歌文化运行机制得以正常运转的基础和保障。② 在我国地广人稀的偏远山区，乡里社会的典型结构是村落，它至今仍然是一种普遍存在的群体聚居方式。鲁迅先生说得很明白："人类于未有文字之前，就有了创作的，可惜没有人记下来，也没法子记下，我们祖先的原始人，原是连话也不会说的，为了共同劳作，必须发表意见，才渐渐地发出了复杂的声音，假如，那时大家抬木头，都觉得吃力了，却想不到发表。其中有一个叫道'杭育杭育'……那么这就是创作。倘若用什么记号留存下来，这就是文学。他们当然就是作家，也就是文学家，是'杭育杭育'派。"③ 古人在劳动中发出的"杭育杭育"这种有声无义的韵律毕竟不是诗歌，然而，表意的语言，一旦同具有节奏性的呼声或叹声相结合时，便成了有意义的诗歌，山歌也正是由此而来。

---

① 参见杨宏海、叶小华编著：《客家艺韵》，广州：华南理工大学出版社，2006年，第102页。
② 参见李雄飞：《文化视野下的山歌认同与差异》，北京：民族出版社，2005年，第110页。
③ 钱理群、金宏达等编：《鲁迅文集精读本》，北京：中国华侨出版社，2004年，第191页。

客家分布在华南各省山区，日常生活与"山"密切相关。客家风俗是女性与男性共同担负山里的各种劳动，在长期的山间劳动中，男女互诉衷肠成为情理之事。况且体力劳动枯燥无味，劳作之时，或劳作之余，即兴高歌几首，既可舒缓筋骨，又可愉悦心情，何乐而不为。因为山歌抑扬顿挫，所以比普通语言更能表情达意。在客家地区，会唱山歌的人不一定行为放浪。许多客家妇女生活、家庭都美满，平日生活较为严肃，可是当她独自入山砍柴、割茅或从事其他劳作时，依然会与隔山不相识的劳作男子对起歌来。①

这里所谓的山歌是"客家山歌"。就其产生的条件来说，与历史上其他地方的山歌大致相同。根据目前掌握的有关粤闽赣客家地区的传统山歌情况来看，无从说出哪首山歌是最古老的。但从客家民间传说的《刘三妹》（或《刘三姐》）的故事来看，一般认为，"客家山歌"早在唐朝已经形成，而且大概就是每首四句、每句七字的格式。

关于刘三妹的传说有三个版本。一是屈大均著的《广东新语》所记：

兴宁女子有刘三妹者，相传为始造歌之人，生唐中宗年间。年十二，淹通经史，善为歌；千里内闻歌名而来者，或一日，或二三日，卒不能酬和而去。三妹解音律，游戏得道，尝往来两粤溪峒间。诸蛮种类最繁，所过之处，咸解其言语。遇某种人，即依某种声音作歌，与之唱和，某种人奉之为式。尝与白鹤乡一少年，登山而歌，粤民及猺、獞诸种人围而观之，男女数十百层，咸以为仙，七日夜歌声不绝，俱化为石。土人因祀之于阳春锦石岩。岩高三十丈许，林木丛蔚，老樟千株，蔽其半；岩口有石磴，苔花绣蚀，若鸟迹书。一石状如曲几，可容卧一人，黑润有光，三妹之遗迹也。月夕，辄闻笙鹤之音。岁丰熟，则仿佛有人登岩顶而歌。三妹，今称歌仙，凡作歌者，毋论齐民与猺、獞人、山子等类，歌成，必先供一本，祝者藏之，求歌者就而录焉。②

据此可知，唐中宗年间两广的山歌就极为盛行。可惜不知当年的山歌究竟是何种样式。据罗香林所著《客家研究导论》等可证，客家人自晚唐第二次大迁徙后，就有许多人迁至广东循州、惠州、韶州，稍后又迁至广西北流、陆川、藤县、玉林等地。换言之，这批客家人正好住进了歌仙刘三妹活动的两粤边境地，在这些地方的客家人，正是刘三妹山歌的继承

---

① 刘佐泉：《客家历史与传统文化》，开封：河南大学出版社，1991年，第131页。
② （清）屈大均：《广东新语》，北京：中华书局，1997年，第98页。

者。另外两个关于刘三妹的传说，也出自客家人的居住中心：一个在嘉应州（今梅县地区），一个在韶州（今韶关、曲江一带）。①

崇文重教是客家人的民系性格，这种性格也渗透到全民系每一成员的骨髓中。由于客家妇女在子女教育中承担了主要的责任，因而可以说妇女的崇文重教对于整个民系性格的传承和发展起了关键作用。客家妇女自小受到这种社会风气的熏染，从学念童谣"月光光，秀才娘。骑白马，过莲塘……"的孩提时代开始，就深知知书识礼当秀才的价值，条件稍好的人家，就盼望长大能够嫁个秀才郎。及至出嫁成家之后，相夫教子、望子成龙，则成为她们最重大的任务。②

客家山歌具有鲜明的客家地域风格，深深地烙着各个时代的印记，它从各个侧面展示了客家人不同时期的生活方式、民俗风情和历史足迹。若以客家山歌的具体社会功能分，大致可以分为四类：①反映客家群体与客家个人之间关系的传统叙事歌，以抒发情感为主；②为乡土乡规制度文化服务的图腾仪式乐舞，祭家神、寨神的祭祀歌，以及其他仪式的歌曲；③为文化生产服务的各种劳动歌，如祭谷神、雨神等祭祀歌；④用于调适两性关系婚恋歌，这也是客家山歌的主要部分。它分为两种，一种是尚未相恋或者是不相恋的男女，于乡间原野相遇，其中一方先以山歌向对方调情，如对方有心情，则可附和。另一种是相恋的男女朋友之间的对歌，彼此缠绵，借山歌表达男女之间的两情相悦；或者一方将要远行，一唱三叹，或甜美，或心酸，但基本上发乎情，止乎理。③

其中调适两性婚恋之歌在各类客家山歌中不仅数量众多，而且艺术性也最高，其内容与形式比较稳定，又因与婚姻爱情密切相关，是一种特殊的情感语言，它在历代客家劳动人民婚姻情感与智慧的反复锤炼下日趋精美，不断展现出它的魅力。这种有关婚恋的山歌，尤其受到女性的青睐，正如山歌所唱："客家山歌特出名，条条山歌有妹名，条条山歌有妹份，一条无妹唱唔成！"当然，客家山歌中除情歌之外，还有劳动歌、劝世歌、行业歌、耍歌、逞歌、玄虚歌、拉翻歌、谜语歌和猜调、小调、竹板歌等。④

长期以来，客家山歌文化与客家女性婚姻有着不可分割的联系，它深刻地反映了客家习俗的文化心理。

093

①　参见广东省梅州市文史资料委员会编：《梅州文史》（第一辑），1989年，第116－117页。

②　参见谢重光：《客家文化与妇女生活》，上海：上海古籍出版社，2005年，第132页。

③　参见谭元亨编著：《客家文化史》（上），广州：华南理工大学出版社，2009年，第230页。

④　参见陈晓敏编：《客家古邑艺韵》，广州：华南理工大学出版社，2010年，第74页。

就中国人的习俗来看，整个世界为阴阳对立。男为阳，女为阴；阳为刚，阴为柔，它早已是一种约定俗成的法则。两者相辅相成，缺一不可。这种传统的哲学精髓也深深地浸染了客家族群的思想理念，集中体现为男尊女卑的价值评判。客家民系在两性对立方面的强势观念有过之而无不及，它必然在客家的社会和文化中体现出来，无时无刻不产生影响，既有积极的、和谐的一面，也有消极的、悖逆的一面。这种负面的效应便是源于对男女两性价值存在的不同偏见，并且这一偏见深深渗透于客家文化的思想土壤中。在客家传统社会里，男权中心主义首先体现在对两性关系不同的规范，对女性性别歧视的广泛存在，从里到外，从日常生活到重要的群体活动，无不体现为男尊女卑、男强女弱的思想观念。

长期社会生活和精神教化导致了客家人强烈的男女价值差异观，并在世代生息不变的生命延续中传承和发展，男尊女卑思想的鲜明对比达到极致，这在客家山歌中得到充分显现。如山歌《细妹子》："日头一出千条须，细妹上山割鲁箕，鲁箕割得多，阿爸笑呵呵。鲁箕割得少，样样骂得倒。骂呀尽管骂，肚里想得化，无奈只怨爷娘穷，叫𠊎咁细嫁。"① 同时，凭借山歌的外在呈现，两性对立的理念又在生活中不断强化。客家人的这种观念由来已久，如果女人和男人具有相同的特征品格或做出某种相同的行为，那么所得到的评价常常是相异，甚至是相反的，男人得到褒扬，女人则遭到贬损。两性婚姻作为家庭生活的主体、社会生活的纽带，客家人的男性中心意识更突出地表现于此，并借助山歌、民谣等方式直抒情怀。

当然，在一些地方的某个时期，山歌的流行与自由发展也会受到一定的阻碍，特别是客家的情歌一度受到保守的老人和社会舆论的限制，② 使得山歌的发展在某种程度上受到影响，伴随现代化社会的发展进程，人们喜忧参半。一方面山歌作为古老的民间艺术渐趋消失，另一方面，山歌作为国家非物质文化遗产越来越受到珍视和保护，这种民间艺术必将发扬光大。这既是客家人及客家学研究者的责任，更是客家人及客家学研究者的使命。

二、客家妇女与山歌有不解之缘

黄遵宪在手写本《山歌·题记》中云：

---

① 丘琳昌主编：《梅江史话》，梅州：梅州市梅江区委员会，2005 年，第 267 页。

② 比如，台湾的六堆地区"民谣和山歌多传自梅县、蕉岭等原乡，调子很高，不容易唱，但也有不少人会唱。尤以牧童在牛埔（牧场）放牧牛只时，常引吭高歌。莳禾、割禾尤其莳草时（昔时客家村多由妇女耘田，不是像现在那种跪在田里双手搔草，而是一只手撑着雨伞，一只手倚着竹杖，站着用脚踏草）"，也有很多人唱，男女对唱情歌的也有，只是由于六堆父老对于男女自由恋爱限制得非常严格。

十五国风妙绝古今，正以妇人女子矢口而成，使学士大夫操笔为之，反不能尔。以人籁易为，天籁难学也。余离家日久，乡音渐忘，辑录此歌谣，往往搜索枯肠，半日不成一字。因念彼冈头溪尾，肩挑一担，竟日往复，歌声不歇者，何其才之大也？

据史料记载，客家地区出现过不少山歌能手，她们才思敏捷，有不少佳作流传于世。"客家山歌特出名，条条山歌有妹名，条条山歌有妹份，一条无妹唱唔成！"在梅州，山歌之盛，少有地方能比。客家山歌与客家妇女有着直接和密切的联系。主要原因是客地大多为山区，经济贫穷，男子为谋生而四处奔波，多怀"四方之志"，并且有不少人在异邦谋生，只有妇女在家乡耕种以维持家庭。山歌是妇女们在辛勤劳作之余，用来抒发自己情感的最佳方式。而且，在封建社会，女性接受教育的机会很少，其婚姻都是父母之命、媒妁之言而定，女性情感的交往十分有限，更谈不上婚姻自由。在当时条件下，山歌作为一种主要的媒介，能够表现女性的喜怒哀乐。妇女们所唱的山歌，大都反映生产、生活中的感受，也表达男女之间的爱情。

在粤北客家地区流传着罗隐与刘三妹比唱山歌的故事。据说罗隐换了肋骨之后，不但做不成皇帝，连举人都考不中。他这个倒霉的秀才，在家闲得无聊，便每日作山歌，一本一本地堆满了三间大屋。那时刘三妹已经是远近闻名的歌手兼才女。她能吟诗作对，唱山歌最拿手，唱十天半月都唱不完。她还很自负地说："若有人能唱赢我，我便嫁他。"其口气之大，罗隐听了很是高兴，便用九条船载山歌书前往，要找刘三妹对歌。他很自信，以为一定可以取胜，到时刘三妹会乖乖地同他走。这日，罗隐把船划到了刘三妹的屋前，此时正好碰到一个正在河边挑水的妹子，罗隐向她说明了来意，并询问刘三妹的住处。还加重语气地说："我想与她对山歌，赢后娶她做老婆。"挑水妹子冷冷地打量了一下问话人，不屑地说："请问先生，你有多少山歌？"罗隐得意地回答："我的山歌装有九条船，三船在省城，三船在韶州，三船已撑到河边。"那挑水妹子一本正经地说："你还是回去吧！你哪里是刘三妹的对手！"罗隐正处于迷惑不解时，只听得那妹子放下担子后唱出一声声悦耳动听的歌声："石上刘三妹，路上罗秀才，人人山歌肚里出，哪有山歌用船载？"原来那位挑水女子就是大名鼎鼎的刘三妹，唱得罗秀才哑口无言。罗秀才翻遍船上的山歌书，都不能够对上

刘三妹的山歌。罗秀才恼羞成怒，把三船的山歌书倒进了河中，羞愧而退。①

即使在当下，在粤东梅州山区，也流传着许多女性山歌"歌仙"的传说。在民间广为传扬的著名山歌手除了刘三妹、张六满之外，还有张水三、刁嫂子等人。② 除此之外，还有兴宁县杨四娣、黄小妹的传说，蕉岭县鹿三妹的传说等。传统的客家山歌比较多的是情歌。它源自生活，缘事而发，直抒歌者的胸臆。它反映了妇女在爱情、婚姻生活中悲欢离合的思想感情与经历的痛苦、矛盾和斗争，也反映了客家妇女的道德品质和伦理观念。③ 妇女的人物形象也在情歌中栩栩如生地表现出来。

山歌是男女传达私情最好的媒介。如山歌："一阵日头一阵阴，一阵狂风吹竹林，狂风吹断嫩竹笋，山歌打动老妹心，倔请山歌做媒人。"据张元济《岭南诗存·跋》说："瑶峒月夜，男女隔岭相唱和，兴往情来，余音袅娜，犹存歌仙之遗风。一字千回百折，哀厉而长。俗称'山歌'，惠、潮客籍尤甚。"李金发也曾描述过客家男女浓烈的情感生活：他们的结合是这样的，男子们知道某姓的妇女在做事，遂三五结队去游山，用山歌去引诱她们，女人们有意交接，就会用山歌来回敬他们。④

客家地区流传一首《偷情歌》，可以说是客家男女"离经叛道"的情感生活的真实写照。

两人牵手入屋下，望路唔到沿壁摸；吓生吓死心肝跳，心肝跳出手来拿。

两人牵手来入间，细言轻语讲郎听；上棚下棚有人睡，被人晓得收命根。

一条交椅两人倚，绫罗帐内绣花被；双手打开绫罗帐，阿哥爱睡先脱衣。

阿哥爱睡先脱衣，妹做席子郎做被；妹做席子先睡倒，郎做绣球滚上身。

心肝老妹心肝妻，多惜老妹好情意；今夜同你睡一练，三日唔食肚唔饥。

---

① 参见谭元亨编著：《客家文化史》（上），广州：华南理工大学出版社，2009年，第228页。
② 参见刘晓春、胡希张、温萍：《客家山歌》，杭州：浙江大学出版社，2007年，第112页。
③ 参见林作尧、梁德新：《客都民俗文化风情》，广州：暨南大学出版社，2009年，第146页。
④ 参见刘晓春、胡希张、温萍：《客家山歌》，杭州：浙江大学出版社，2007年，第46页。

　　山歌的传承基本上依靠女性，虽然有的男性也会唱，甚至有的成了山歌传承的民间艺人，但毕竟这些人还是少数。上山砍柴、割茅、打猪草等都是女人的事情，所以在该地流传的山歌大多为妇女的苦情歌、劝郎歌、怨娘歌、怀胎歌、送郎歌。①

　　客家山歌有上千年的历史，起初是为了抒发喜、怒、哀、乐的情绪所哼出来的单调的欢呼或哀叹声，后来配合了撑船、挑担、砍柴、赶脚等表达自然活动的声音，或为表达情绪，或为壮胆，或为对岸、远山的人呼叫，而逐渐演变成为歌调。《客家山歌》把客家山歌分为"爱慕""恋情""离别""思念""劝慰""嘱咐""拒绝""怨恨""殉情"等情感类型，表达了人类发展过程中相通的情感。②

　　如表达感情的：

　　灯草拿来织灯笼，鸡嬷紧竭心紧熔，百只京锣堂上打，不知那只正好铜。

　　屋顶种头苦脉秧，因为无园受风霜，手拿猪肝妹作称，谅必阿妹知斤两。

　　新打茶壶八寸高，十人见到九人摸，人人都讲佢好锡，到底唔知有缘巫。

　　鸟子飞过枯树枝，心里想歇唔敢企，圆桌吃饭摆唔正，有椅没椅话俚知。

　　正月一过二月边，百般花木抽嫩茵，百般鸟雀都开口，样般阿妹唔开言。

　　大路趄趄好跑马，路下井水好凉茶，唔想细茶冲滚水，只想同妹嬲繁华。③

　　表达相爱主题的：

　　大路荡荡咁多人，当过党坪咁大神；再好大神俚唔看，单看阿妹一个人。

　　峰市上去河头城，哥打官司妹出名；总爱阿妹一句话，十场官司九场赢。

---

① 参见刘晓春、胡希张、温萍：《客家山歌》，杭州：浙江大学出版社，2007年，第47页。
② 参见刘晓春、胡希张、温萍：《客家山歌》，杭州：浙江大学出版社，2007年，第48页。
③ 曾敏儿：《行走大埔》，广州：花城出版社，2009年，第73页。

坐一坪来瞵一坪，食了麻饼又食豆；妹个心肝没各样，哥个心肝桌咁平。

爱钱爱银爱几多，石头瓦片也难磨；总爱阿哥运气好，老妹用得俚几多。

你话有缘又无缘，俚今同妹上下间；泥水师傅没目法，唔曾做有通透间。①

对于客家人来说，几乎人人都会哼唱几首山歌，但并非像流行歌曲一样，随时随地可高歌一曲。唱山歌一般在山间野外，在山脚、山上，抑或在田间劳作如采茶等，会有一种唱歌氛围。当然，有些地方的乡民思想相对保守，认为山歌多属情歌，唱歌的时间、地点因此有所限制。但是从下半年阴历八月开始，天气渐冷，进入农闲时节，此时是客家妇女展示个人歌喉的最佳时机。在公园、在电影院、在休闲娱乐之地均可听到妇女的山歌声。一方面，她们利用山歌抒发自己的愉悦之情，又可排解心中的苦闷；另一方面，通过山歌，一问一答，男子趁机唱含有爱情歌词的山歌向女子表达爱慕之情。当山歌被男女对唱之时，字字句句都流露出真情实感，可以达到教育、怡情、冶性、娱乐的目的。②

客家山歌涉及客家人生活的方方面面，无论男女老少都能即兴编唱。即使在封建社会，妇女被压迫在社会最底层，受到封建礼教的束缚，甚至连山歌都不准唱，但是，客家妇女为了表达自己率真的情感，全然不顾封建礼教的束缚，不准唱，就躲起来唱，一边干活（一般是在家做针线活或在河边洗衣服时）一边唱。比如，客家风俗里女子出嫁时专门有"哭嫁"的习俗，一是表达离开父母、兄弟姐妹的不舍之情；二是据说女子哭得越厉害，将来日子就越美好。客家女子出嫁时的哭嫁音调相当好听，能把前来送亲的人们唱得跟着一块伤心掉泪。因为客家女子从小就在各种婚嫁场合听熟了哭嫁音调，自然也就会唱了，无须大人教。哭嫁的内容多为即兴编唱，心里想到什么就唱什么。

客家妇女历来备受称赞的就是她们的勤劳、节俭和贤惠。她们操持着"家头窖尾""灶头锅尾""针头线尾""田头地尾"的一切活路："无论为人女，为人妇，为人母，为人太母，操作亦与少幼等。举史籍所称纯德懿行，人人忧为之，而习安之。"（黄遵宪《山歌·题记》）可是，她们唯独

---

① 曾敏儿：《行走大埔》，广州：花城出版社，2009年，第73页。

② 参见凌乔文：《梅县客家山歌渊源及其风格》，张卫东、王洪友主编：《客家研究》（第一集），上海：同济大学出版社，1989年，第239页。

不能为自己，因为自己只是家庭、丈夫的附属物，没有独立的地位与人格。在客家民系中，人们祖祖辈辈用歌谣的形式来表达这种男权文化中的女性角色和角色期待，以此对下一代，尤其是女孩加以灌输及规范："勤俭叔娘，鸡啼起床。梳头洗面，先煮茶汤。"然后是煮饭、扫地、担水、洗衣、砍柴、种菜、织布、耕田、臬谷……昼夜辛苦，得到的却是：吃要"粗茶淡饭"，穿要"老实衣裳"，累了只能"辛苦自当"，晚上只好"肚饥上床"（《客家童谣·勤俭叔娘》）。在家中，女孩与男孩的待遇极不相同，客家山歌里这样的唱词俯拾即是：

> 细妹扒松毛，大姊刈芦烧。
> 老弟上树捉鸦鹊，阿哥拿铳打飞鸟。
> 对岁离娘卖畀人，六岁打柴受苦辛。
> 七岁落田学耕种，九岁挑担有时停。

　　由于家庭地位的原因，客家女子大多数未能享受到童年的欢乐，更谈不上享有受教育的权利。未能因生理因素得免力所不逮之劳苦，在人生情感方面如婚姻大事上更不能自主。她们在精神上是极其压抑与痛苦的。为了找到一个发泄的地方，在苦难面前依然乐观的客家女性选择了唱山歌。客家女性能歌善舞是有其根源的，唱山歌自然就成了她们的精神慰藉和情感宣泄口。① 譬如：

> 客家山歌特出名，条条山歌有妹名；
> 条条山歌有妹份，一条无妹唱唔成。
> 唱歌唔系贪风流，唱歌本为解忧愁；
> 唱得忧愁随水去，唱得云开见日头。②

　　这些率性的山歌，表现了客家女性的大胆、泼辣，不畏旧时礼教的挑战，她们有意识地要摆脱那种男尊女卑的思想束缚。尽管不能说她们已经具有清醒的女性自觉意识，但她们的爱并非柔弱的依附，而表现出具有独立个性的人性需求。即使在十分困苦而艰难的条件下，客家女性洋溢的那

---

①　参见谭元亨、黄鹤：《客家文化审美导论》，广州：华南理工大学出版社，2001年，第175页。

②　黄火兴编著：《梅水风光——客家民间文学精选集》，梅州：广东嘉应音像出版社，2005年，第1页。

种乐观精神，是令人称慕的。客家山歌中虽有对爱欲的大胆直陈，却绝非青楼烟花戏谑调笑的淫腔浪调；虽有对相思苦情的依依倾诉，却不见怨妇弃妇感伤自怜的旷怨幽恨。其主基调是健康的、积极的，"哀而不伤"。她们对爱情表现出无比的坚贞，体现了客家女性忠诚不渝的品格。"入山看到藤缠树，出山看到树缠藤。树死藤生缠到死，藤死树生死也缠。""日映红花满山坡，岩下花前等阿哥。石头生须马生角，担竿结子牛唱歌。""生爱连来死爱连，两人相好一百年。曼人九十七岁死，奈何桥上等三年。"等等，诸如此类。客家女性在情歌中表现出了中国传统女性罕见的先进意识，这种女性自觉的产生既有其深厚的文化渊源①，也是客家文化作用在客家女性思想意识深处的一种深层蕴涵。

三、竹板歌与妇女寓教于乐

竹板歌本是过去衣着褴褛的流浪艺人走街串巷卖唱，借此乞讨钱米苦度岁月的演唱形式，故又名叫花歌。在旧社会，唱竹板歌的乞讨艺人地位低下，别人只知其姓，不知其名，民间习惯在其姓氏后加一"满"字以便称呼，如朱满、李满、廖满等。艺人唱歌，伴以"沙沙乐、沙沙乐、沙乐沙乐沙沙乐"的竹板乐，所唱歌词随编随唱，随机应变，可谓"见人说话，见鬼打卦"，总能博得听者欢心。

在客家地区，民间流传着许多竹板歌，逢年过节，老百姓就在大街小巷进行传唱，尤其在炎炎盛夏，一支支民间妇女（也有不少男性）自发组织的传唱队伍活跃在闽台客家两岸、梅江两岸等各个地方的客家地区。她们自娱自乐，传播客家文化。

竹板歌的传承，在旧时代，主要是师傅授徒。这种又唱又打的山歌发展比较缓慢。中华人民共和国成立后，在新时期得到进一步发展。传统竹板歌就篇幅而言，有长有短。从类型上看，主要有"过街溜""风流散""玄虚歌""劝世文""吵骂错"等几类。② 传统竹板歌极少有文字唱本流传，故在民间有一百多个传本，一万多首歌，经常传唱的有五十多个传本。有关客家女性内容的也有不少，如《梁四珍》《张四姐》《孟姜女万里寻夫》《刘玄德招亲》《梁四珍与赵玉麟》《八朵莲花》《王娇鸾百年长恨》《梁山伯与祝英台》等。③ 其中就有不少长篇叙事诗竹板歌。比如闽台

---

① 参见谭元亨、黄鹤：《客家文化审美导论》，广州：华南理工大学出版社，2001年，第176－177页。

② 参见《"客家文化与全球化"国际学术研讨会论文集》（上），2003年。

③ 参见《"客家文化与全球化"国际学术研讨会论文集》（上），2003年。

客家就有反映母亲勤劳、勇于牺牲奉献的长篇叙事诗竹板歌。

如台湾客家《度子歌》竹板歌：

一想度子无恁该，几多艰难受过来。受尽几多寒更夜，仰得子大报爷娘。娘亲度子苦难当，艰难辛苦难恩个娘。若是头烧额又痛，凄凄沥沥到天光。娘亲度子苦难当，艰难辛苦恩个娘。三朝七日无乳食，朝朝夜夜爱饲榔。阿姆肚笥大，行路郎碰又郎碰。坐得高来惊怕会倒转，坐得矮来又惊会温内伤。烧个毋敢食，冷个毋敢尝。十月怀胎娘辛苦，子儿爱下世。阿姆肚笥痛，真像个利刀来割肚。可比个利剪来剪肠，嘴项铁钉咬得断，脚着皮鞋蹬得穿。天上无门想爱上，地下无门强爱钻。有福之人来供子，得人鸡酒香。无福之人来供子，得人四垤枋，阿姆来供子，可比蚁公游镬壁，游得过恩个货。游毋过阿姆性命见阎王，子儿来下世。点点食娘身上血，一日食娘三合奶。三日食娘九合浆，堵着屋家子嫂多，也系手脚少，又爱柴又爱草，又爱番薯猪菜转家堂，背篮挑□上山冈，将子背等在背囊。篮子挑等一山过一山，一冈过一冈。寻有番薯猪菜篮子装，寻得䘕挑等转家堂，转到半路项。听到幼子就叫洋洋，阿姆解下来。在手上，乳子扁开分子食，分子尝，子儿来食饱，渠就笑洋洋。子来笑来笑，子抱等笑一场，乳子来饱满，慢慢等转家堂，转到屋家屎合尿，屙到阿姆一背囊。阿姆惊子来寒坏，遽遽抱等入间房，第一先换子，再来后换娘。阿姆拐子来睡好，篮子摆等遽遽到河江。河坝慢慢洗，圳沟慢慢荡，荡得祖裤裙子净，衰过阿姆十只手指胭。洗到血洋洋，衫裤裙子来洗好，摆等转家堂，转到屋家壁上慢慢披，竹篙慢慢拎。拎得衫裤裙子好，阿姆肚笥枵到变背囊，大肠枵到变细肠，添著一碗饭想爱食。又听幼子叫洋洋，左手牵子爱来骗。右手牵子受来拐，拐得子儿恬，阿姆该碗饭子冷过霜，冷菜冷饭食落阿姆肚，阿姆冷肚合冷肠，供子毋知娘辛苦，供女正知娘难当。爷娘想子长江水，子想爷娘担竿长。毋信但看河江长流下无流长，大家爱做人子女，大家爱做人爷娘，厅下交椅轮流坐，富贵轮流当。奉劝大家行孝顺，过生割了半斤猪肉落滚肚。当过死忒门前拜个大猪羊，猪羊卡大副，无看阿姆转来食，门前果桌件件有，无看阿姆转来尝。供着有孝子，阿姆有目的，供着不孝子，毋当屙屎落屎缸，再来奉劝世间人。做人子女爱孝心，为人细子毋行孝，枉到世间来做人。偓来奉劝大家人，爱知父母恩义深，细细食娘身上血，苦心养大得成人。①

101

---

① 周锦宏、罗兆锦、陈运栋：《2001苗栗客家文化月——第一届台湾客家文学研讨会论文集》，2001年，第50－53页。

闽西客家《孝敬爷娘理应当》竹板歌：

竹板打来叮当响，客家门庭歌声扬。百般歌子佢唔唱，单唱孝顺敬爷娘，敬请大家听端详。爷娘生子恩情长，高天厚土无法量。十月怀胎娘辛苦，红皮白肉都转黄，好比黄瓜遭落霜。母亲生子痛断肠，坐卧不安无落床。婴儿落地无筒大，头尾不过一尺长，哭哑声音泪湿裳。嫩苗嫩叶怕风凉，伤风感冒最经常。若是半夜发高烧，吓得爷娘心发慌，赶紧寻医开药方。一匙羹糊一匙汤，一口乳汁一口糖，怕冷怕热怕炙手，日夜三餐费思量，心肝肺腑连心房。一心为把子女养，千般辛苦爷娘尝。儿要月光上天摘，儿要鱼虾就落塘，不知饥饱饿肚肠。怀抱娃娃笑口张，七坐八爬认爷娘。拉屎撒尿不停歇，得常拉得一张床，洗裙换布忙又忙，积谷原为度饥荒，养儿为了把老防。生儿若是唔孝顺，生得再多无安康，虐待爷娘罪昭彰。妻贤夫贵少遭殃，勤劳节俭有春光。世上也有不孝子，三兄四弟闹分房，老婆一讨忘爷娘。老婆一讨忘爷娘，爷娘难免少口粮。养疾有病无人问，三日两头卧病床，万般无奈伤心肠。养儿育女话儿长，三言两语难周详。檐前滴水点点落，转眼自己成爷娘，摸平心肝多回想。世间情深似大海，无须儿女立牌坊。但看乌鸦反哺义，羔羊跪乳报母娘，爷娘恩德记心房。甜酒酸酒看酒娘，有钱无钱看心肠。有钱不能当孝顺，无钱口语也甜香，好言抚慰暖胸膛。大树根深后人凉，饮水思源万不忘。孝敬爷娘是本分，传统美德要发扬，胜过庵庙拜佛堂。①

在客家地区，这种长篇叙事诗无论内容与形式，都惊人地相似。母亲怀孕时的种种不便及其对胎儿的呵护、生产时的疼痛、小孩发烧时母亲的心神不宁和担惊受怕，以及为孩子忙里忙外。它体现了两种民间诗歌惊人的同质性。②

客家俗语云："没有老婆不成家"，道出了妇女在家庭中所处的特殊地位。妇女在家中扮演的是好媳妇、好妻子、好母亲、好婆婆的角色。客家妇女孝顺公婆，对待公婆凡事"孝"为先。无论是日常生活起居还是重病在身，客家妇女都将公婆侍奉得无微不至。虽然，做媳妇的难免会与公婆发生口角，但过后又会一如既往地侍奉公婆。有首竹板歌正是反映这一现象：

---

① 武平县政协文史资料委员会编：《武平文史资料》（第十九辑），第68－69页。
② 参见刘大可：《儿童都唱"月光光"——闽台客家口传文化比较研究》，王建周主编：《客家文化与产业发展研究》，桂林：广西师范大学出版社，2007年，第452－453页。

打开竹板唱开腔，人生百岁念爷娘。尊敬父母爱做到，父母年老爱赡养。

低头饮水念高岗，有爷有娘幸福长。子细女细她会带，出门做事心定堂。

转来饭热菜又香，媳妇唔好骂家娘。老人会食唔会做，为人子媳爱思量。

甜言当过肉煲汤，有钱割肉敬爷娘。在生吃了四两肉，好过死后祭猪羊。

客家妇女敬重丈夫。客家妇女虽然是里里外外一把手，但只要丈夫还在自己的身边，就会把丈夫当成自己的天，敬重如宾，凡事依着他。她们不仅在生活上体贴丈夫，更在精神上关照丈夫，当丈夫遇到困难时，便会给予宽慰鼓励，挺身而出替其分担压力，即使要赔上性命亦在所不惜，有首竹板歌正是反映这一现象：

阿哥敢食三斤姜，妹子敢顶三下枪，妹系坐牢郎送饭，郎系杀头妹抵挡。

从这首唱罢让人荡气回肠的竹板歌中，可以窥见妻子对丈夫的情怀。旧时，客家地区（尤其是梅州地区）不少男子因生活所迫而背井离乡、别妻离子、漂洋过海至南洋谋生，客家妇女表现得更是深明大义。她们面对离别在即的丈夫，内心即使十分难受和不舍，也不会在丈夫面前表现出来，而是劝善、激励丈夫，同时也表明自己的忠贞。她们常把歌与丈夫话离别，给丈夫壮行。一首竹板歌反映了这一现象：

一嘱我郎放开心，莫把妹子挂在心，妹子好比油烛样，油烛总是一条心。

四嘱我郎心莫灰，总爱勤俭做家财，游手好闲么了日，大小生意做等来。

这是梅州地区相当著名的《十嘱郎》的其中两首。

还有，如《闹财礼》母唱段：

让边（怎样）嫁女想发财？亚媄（阿妈）几难熬过来。十月怀胎几辛

苦，头脚虚肿步难开，黄皮瘦弱气魄衰……养仪俚没命食汤，没命就会见阎王。今日带仪二十几，结婚猪肉没得尝，石壁插禾枉了秧。①

在旧时代，说唱竹板歌的客家人其社会地位十分低下，女性的社会地位更是不在话下，就更不必说那些打着竹板沿街乞讨的叫花子了。即使是竹板说唱艺人，也是属于下九流，甚至被看作"大告化""阿排佬"，社会地位比叫花子好不了多少。这些人是挣扎在社会最底层的人，是"零余者"，她们在鄙视和凌辱下生存。只有在中华人民共和国成立后，客家女性竹板艺人才和男性竹板艺人一样，成了生活的主人，得到了社会的认可。其才艺得到充分发挥，她们的人格才得到充分尊重。②

第四节　谚语、童谣中女性教育与生存

世界大文豪托尔斯泰的妇女观从道德层面进行观照，认为妇女是"爱的福音"。他说道：

男子和女子的定职是一样的：服务于上帝。不过两性间的区别在于服务的方法，而且是确定不移的，所以男子和女子都应当以一定的方法服务于上帝。最紧要的，女子的绝对的事业——她对于生命、对于人类的天职，只有一件预定的必要的事业——就是儿女的生育和儿女的初步教育。所以对于这件事，女子应当尽心竭力。女子能做一切男子所做的事，而男子不能做女子所做的事（生育儿女和初步教育）。所以女子应当尽全力于她独一能做的事（生育儿女和初步教育，抚养），把这件事做得好好的。

女子，是家庭之母，在家里不能有幸福的女子，无论到什么地方永不能有幸福。③

对照客家妇女，这种妇女观同样适合。

---

① 参见梅州市文化馆：《客家竹板歌》，2008 年，第 47 页。
② 参见胡希张：《客家竹板歌研究》，广州：广东人民出版社，2010 年，第 119 页。
③ 瞿秋白：《托尔斯泰的妇女观》，《瞿秋白文集》（第二卷），北京：人民文学出版社，1998 年，第 238 页。

一、从民间谚语看女性生与育

客家民间文化拥有源远流长的历史，谚语作为传统口头文学的一种特殊存在形式，所包含的内容林林总总，它是民间文化的一朵鲜艳奇葩，并且深深地扎根在客家民系这块肥沃的土壤里。客家谚语（包括俗语等）成为当地风土人情的写照，它引导和教育了世世代代的客家人。他们的道德观念、生活习性、宗教信仰都深深地受其影响。客家谚语不断地教育了许多客家女性，她们的成长历史伴随着谚语生动教育的变化发展。它赋予了浓郁的乡土社会文化气息。

生育包含了生与养，生是繁衍，养是养育。客家人自喻"耕读传家"，首重文化教育。客家女性从婚后的求子、生子、孩子生病到孩子长大成人有一系列的民俗讲究，这些礼节在传统口头文学中都有清晰体现。

如女性婚后久不生养，就会去求神拜佛，主要是去求"吉祥菩萨"或"送子观音"。求子妇女选择在一个月黑风高的夜晚携带斋果礼品进入庙内，朝拜供奉的主神，一边跪下求签，一边口中喃喃念道："求子求孙求富贵，子嗣成才中状元。财丁富贵齐到来，子孙满堂万万年。"求子嗣成功后，还得回谢。[①]

妇女生育与民俗也有千丝万缕的联系，它体现了客家女性生产、生育的一般规律。

譬如，大埔孕妇在生活、行为上就有许多禁忌。孕妇俗称"大肚嫲"，她不能触摸敬神的物品，不能去摸男人的头；也不能摸果树，据说摸了会减产。孕妇忌吃羊肉，吃了以后所生下的孩子会发"羊鲁"、患癫痫病或患"羊角风"；忌吃狗肉，吃了以后孩子的牙齿会变锋利，喂奶时会咬乳头；更加禁忌吃葡萄，客家俗语称："食葡萄生葡萄胎"；忌去看红白喜事，认为看后会不祥和……孩子出生后，其"胞衣"不能乱扔，最好要埋在屋前或屋后的竹子根下，意为像雨后春笋一样多生贵子。产妇在"坐月子"期间，一般人是不能随便进出产妇房间的，尤其是当兵的人，不要进出，以避免血光之灾。在客家大埔，有句谚语："屋宁借人死，切莫借人生。"女儿嫁出去之后，是不能回娘家生孩子的，因为会把娘家的龙脉之气带走。同样的道理，租别人家房子的妇女，也不能在租的房子里生产。客家俗谚："见人生，鬼缠身；见人死，走了利。"如果到主人家做客，遇到主人家生孩子，又听到婴儿的啼哭声，那么客人要向主人家讨一只雄公

---

① 参见谢如剑编著：《大埔客家民俗》，广州：广东人民出版社，2008年，第138页。

鸡，将其宰杀后，饮其血则可把身上邪气驱除。为了家业兴旺，一年四季平安、幸福，客家人在生孩子的时候，会有意识地选择好的时令节气，这就是俗谚所说"生儿子，压年穷，压节富"，意思是年关出生的孩子穷，端阳节出生的就是富贵命了。①

孩子在成长过程中，不免会有各种问题，比如生病，这是完全不可避免的。孩子生病在客家乡土社会是有说法的，要么碰到鬼、丢掉了魂或者在哪里吓到了……如果是丢了魂，就要去"招魂"了。

"招魂"一般由孩子的祖母或母亲主持。"招魂"的时间安排在傍晚时分，即孩子洗澡的时候进行。祖母或母亲拿着孩子的"贴肉衫"（内衣）到大门口，缓缓摇动，高声呼喊孩子的名字"×××转来啊！回来阿妮（或阿妈）带你乖乖啦！你要快快转来哟；东边吓来东边转，西边吓来西边转，南边吓来南边转，北边吓来北边转，东南西北吓哩都爱转啊！×××转来啦，转到自己的屋家来哟……"如此反复叫喊，孩子也洗完澡了，据说魂也招回来了。②

"招魂"作为一门巫术，在我国起源很早，早在春秋战国时期的楚国就存在，屈原写有《招魂》诗，这和客家传统口头文学流传的"招魂"说唱相当类似。屈原《招魂》诗的大意是：

"魂魄归来呀，你为何离开了家乡，跑向四方，你为何抛开乐土，去遭受不祥？魂魄归来呀，东方不可以安身……魂魄归来呀，南方不可以久留……魂魄归来呀，去西方是自寻痛苦……魂魄归来呀，北方不要去徒劳……"③（据屈原诗《招魂》译）

又譬如，小孩子经常夜哭，客家有些地方认为是孩子碰到了"夜鬼"，于是要念民间咒语："天皇皇，地皇皇，我家有个夜哭郎。过路君子念一遍，一觉睡到天大亮。"据说这种咒语一般念四五天，孩子便不哭了。

在社会生活中，妇女经常是被人们品头论足的话语中心。男人们要塑造之，妇女们对自己也要规范，这就是女性活着不容易的原因所在。在这方面，客家女性有过之而无不及。

客家谚语从不同的角度教育并展示了一个个鲜明、活脱脱的客家女性形象，既有美丽的少女、爱俏的妇人、贤惠的妻子、慈爱的母亲、勤劳的

① 参见谢如剑编著：《大埔客家民俗》，广州：广东人民出版社，2008年，第163－164页。
② 参见谢如剑编著：《大埔客家民俗》，广州：广东人民出版社，2008年，第138－139页。
③ 参见谢如剑编著：《大埔客家民俗》，广州：广东人民出版社，2008年，第139页。

主妇，也有懒妇、丑妇、悍妇、长舌妇甚至荡妇……这些形象或褒或贬，构成了一个多元的女性世界，其中的丰富性可以与许多登大雅之堂的文学作品相媲美。

从褒扬的角度来看，有对女性的美貌加以赞扬与欣赏的，如"十八、廿三、赛过牡丹""不打扮不美观，擦擦抹抹赛貂蝉""秋娘虽老，风韵犹存"等；对女性品德加以赞美的谚语所占比例甚多，其中有对妻子贤淑品格的褒扬，如"乱国思良臣，家贫思贤妻""一辈子好女人，三辈子出举人""好男不说嘴，好女不扯脚"；有赞扬慈母的，如"儿是娘的连心肉，儿行千里母担忧""孩儿不离娘，瓜儿不离秧"；有颂扬能干的主妇的，如"无梁不成屋，无妻不成家""妻子不持家，丈夫苦成弯腰虾"。

从贬抑的角度来看，可以看到懒妇："懒妇思正月，馋妇思寒食""世间三件休轻惹，黄蜂老虎狠家婆"；荡妇："芙蓉白面，尽是带玉的骷髅，美艳红装，亦是杀人的利刃"；长舌妇："两个婆娘一面锣，三个婆娘一台戏"。

如此众多的民间女性形象的形成与客家民间乃至中国民间传统文化有何关联？其又有何教育意义呢？

客家谚语，作为客家文化的一种存在形式，它反映了一定的社会意识形态，包括礼仪、禁忌、观念等，其潜意识教育又恰恰体现在民风、民情及各种各样的规范中。从有关女性的各条客家谚语中，可以看到客家文化对女性的种种规约，例如语不得高声，笑不得露齿，必须温良娴静，缄默寡言。如客家谚语"贤淑文静是美德""不声不响赛过人间金银两"等，都反映了社会对女性的要求与期盼。社会对女子进行了种种规范，女子如果按照这些规范行事，自然受到褒扬，反之受到贬抑，甚至迫害。

同时，在各个族群对于女性的教育，客家族群是最为重视的，他们不像其他族群，在过去的社会中完全剥夺了对女性的培养与教育权。"养子唔读书，好似大番薯；养女不读书，恰似养条猪。"[①] 客家女性在娘家的地位是很高的，有的父母对于女儿的培养与儿子是同等的。客家人培育女儿有两个原因：一是成熟而有文化的女性是教育后人最好的老师；二是对女儿进行教育，也是为了出嫁后不丢娘家人的脸面。"长嫂当母""女人无夫家无主，男人无妻唔成家"则体现了女性在家庭生活中的重要作用。"好

---

① 黄火兴编著：《梅水风光——客家民间文学精选集》，梅州：广东嘉应音像出版社，2005年，第301页。

女唔贪嫁时衣"是对女儿品行的规范;"养女才知苦了娘"① 则是女儿对母亲的理解。

在各种文化教育中,人们普遍赞赏并看重女性容貌美,客家传统口头文学也不例外。美貌是千古不变的男权文化传统中对女性的根本性追求,同时也是女性自我对美的追求。表现在谚语上就是"女为悦己者容"。然而,容貌的美是不长久的,因此人们更看重女性的德行美和心灵美,这在客家谚语中也有很多体现,如"一个美丽的姑娘虽能悦目,一个高尚的姑娘能够贴心""漂亮而无德的女人,是一缸醉人的酒""美色无美德,好比花有籣"② 等。女性的德行还体现在相夫教子之中,"功名出于闺阁""看儿先看娘"。"薪臼唔合家娘意,绣出莲花也话'鬼点火'"③ 这种看重女性德行美的观念,体现了当时客家社会对女子价值的一种认同,这些谚语对塑造客家传统女性形象起了很大作用。

同样,封建社会中的客家男女无平等可言,所以夫妻也无平等可言。封建社会的礼教,在婚姻道德上规定了男女的双重标准。正如班昭在《女诫》中提出:"夫有再娶之义,妇无再适之由",因此在婚姻问题上,男性似乎永远处于优势地位,天平总是向男性一方倾斜。这在客家谚语中也多有体现:"妻子如衣服",男人可以像换衣服一样换妻;"富易妻"常常用来指男人一旦富贵就可以休弃结发妻子,或者糟糠之妻;"富人妻,墙上皮,掉了一层再和泥",表现的内容与上两句毫无二致。男子在婚姻上的高度自由与女子的极度受压形成了鲜明的对比,旧时代的客家妇女与其他族群妇女一样"嫁鸡随鸡,嫁狗随狗",一旦为人妻便必须接受"从一而终"的命运。谚语"痴心女子,负心汉",便反映了几千年的儒家文化传统对妇女的不平等待遇。男子换妻子或多娶几个妾都是正常的,而女子非但不可以这样做,甚至还得在丈夫死后过"行尸走肉"的生活,为他守节,甚至殉情。在封建伦理的约束下,女子必须守"贞""烈"的妇道,"贞节"对于妇女来说甚至比生命还重要,"饿死事小,失节事大"。在客家文化中"狠毒"也常与女人结合在一起,谚语是这样描写的:"毒妇心,鹤顶红""世间三件休轻惹,黄蜂老虎狠家婆",把女人与老虎、黄蜂相提并论,恐怕也是客家谚语的一种特有现象。悍妇可怕,淫妇可憎,中国传

---

① 参见广东省文学艺术界联合会、广东省民间文艺家协会编:《广东民间故事全书》(梅州卷),广州:岭南美术出版社,2012年,第82-83页。

② 参见黄火兴编著:《梅水风光——客家民间文学精选集》,梅州:广东嘉应音像出版社,2005年,第298页。

③ 参见黄火兴编著:《梅水风光——客家民间文学精选集》,梅州:广东嘉应音像出版社,2005年,第296页。

统文化认为"万恶淫为首"，因此，"红颜祸水""女人是祸水"就成了传统的淫妇意象。美丽对于女人来说是她们用来腐蚀、拉拢男人的武器，这就是客家谚语所谓的"芙蓉白面，尽是带玉的骷髅，美艳红装，亦是杀人的利刃""男人无志做无家，女人无志'生离嫌'"。① 历史上不乏把国灭家亡、统治危机等完全归罪于美丽女人的例子，例如西施、杨贵妃等，便可归为此类。

晚清以降，客家人日益在政治、军事、文化上发挥重大作用，使古老的中国焕发青春，跟上世界前进的步伐，作出巨大贡献。客家女性早就有了独立的人格和族群力，她们冲出闺阁，走出家门。客家女性拒绝缠小脚，也正因为不缠小脚，所以除了要维持生计之外，她们和男人一样参与劳动，与其他族群的女性相比，客家女性拥有更独立坚强的品格。她们重情、守义、诚信、贤贞，令人敬佩，这就是客家谚语所说"贤妻夫祸少，子孝父心宽""无信不立"。在《过番谣》中颇能体现这种教育品格："梅州行下系头塘，三斤糯米九斤糖，年三十晚蒸甜粄，唔熟唔敢搭郎尝。"表面上说的是甜粄还未蒸熟，不敢叫来人——水客捎出去给郎尝，实际上的意思是说，妹子还未长成，暂时不能与之成婚，但是因为与郎有约在先，姑娘仍一往情深，心系郎君。客家妇女是家庭的重心，客家谚语有："没有老婆不成家""男人勤，食得好；女人勤，着得好""上家人教薪曰，下家人听晓女"，这个"家"不仅指"结婚生子"，更重要的是指在家庭中所处的特殊地位，妇女是一家之主，主持家政，并且扶持老幼教育幼童，照顾家庭等，无不做到美满周到。她们扮演的是好妻子、好媳妇、好婆婆的家庭角色，客家妇女是劳动能手，也是家庭经济的主要支柱。"各邑贫家妇女多力作，负小担薪，役男子之役"，在客家几乎可以说，一切沉重的工作都属于妇女。她们不仅能干，而且能胜任，在精神上也非常愉快，因为她们不是被压迫，而是积极主动的，这就是客家俗谚所称的"客家妇女好把式"。这些流传下来的俗谚，就是客家传统口头文学教育中既通俗又精湛的一部分。谚语"能管千军万马，难管厨房灶下"，一方面，说明族群中男主外、女主内各司其职的生活写照，另一方面道出客家妇女在家庭中的权利和义务。因为客家女性既有传统的坚韧、耐劳的意志力，又有与现代相衔接的、过去业已具备了的独立精神，以及过去与今天都不可或缺的贤良、勤俭等种种美德。俗谚"健妇持家户"，说明她们不但自己有经济能力，而且在家庭经济中占有重要地位。常见一家男子远出海

① 黄火兴编著：《梅水风光——客家民间文学精选集》，梅州：广东嘉应音像出版社，2005年，第297页。

外，十年八载不回，而她却安然度日，她们自己有田的耕田，没田的则向他人租种几亩，以供全家一年的米粮，独自撑持了整个家庭。

客家地区崇尚文风，家里的条件无论怎样辛苦，也不论是儿子还是女儿，妇女们都要让孩子接受教育。客家俗语有说："养子不教如养虎，养女不教如养猪"，故她们"卖田卖地卖屎缸，也要叫子女读书""喉咙省出叫子读，只望孩儿美名扬"，既是对子女的管教，也是对子女的期许，她们认为付出再多也值得。当子女有朝一日高中、出人头地，最欣慰的便是这些伟大的母亲们。曾有位学者为一幅这样的情景感到甚为诧异：年少的儿子轻轻松松走在前面，年迈的母亲却挑着重担追随在后。当儿子的未免太不像话了，学者愤愤然。于是上前问，才知是当儿子的考取了学校，当母亲的非常高兴，并认为能为儿子挑书籍是一生最大的荣耀。

当然，在客家地区，女性接受教育相对于其他地区来说是更受重视的，但这也有一个过程。在不同的时期，女性接受教育的程度有所不同，女性对于启蒙教育的认识也在逐步提高。

比如在女子教育刚刚兴起的1898—1949年，能接受正规教育的女子并不多，特别是农村妇女接受教育的机会很少。在"男女授受不亲""女子无才便是德"的封建礼教下，客家女子也很少有接受教育的机会。即便是出身于书香门第的女子，父母也只是请私塾先生教女儿认识几个字，或者读一读"四书五经"、《列女传》之类的书[①]，其出发点是给她们灌输一些封建礼教思想。

总体来看，客家地区比较重视女性教育。比如，在1898年以前，女诗人叶璧华就目睹客家女性尝够了没有文化的苦，她深感不合理。在维新思想的影响下，她冲破封建思想的牢笼，并在开明人士的支持下，创建了第一所客家女子学校——懿德女子小学校，以教学诗词为主，招收了30名女学员。

表4-2　1949年以前梅州女子学校情况统计表[②]

校名	校址	创办人	创办时间	备注
懿德女子小学校	梅城	叶璧华	1898	1913年与崇实女校合并为县立女师
耕耘女子学校	梅城郊	梁浣春	1905	1907年停办

---

① 参见广东省梅州市文史资料委员会编：《梅州文史》（第三辑），1990年，第94页。
② 参见广东省梅州市文史资料委员会编：《梅州文史》（第三辑），1990年，第98-99页。

（续上表）

校名	校址	创办人	创办时间	备注
嘉善女子学校	梅城	梁浣春	1907	不详
崇实女子学校	梅城	不详	不详	1913 年与懿德女校合并为县立女师
心光女子学校	梅县黄塘	赫求光	1912	1938 年改为心光盲女院
懿微女子小学校	兴宁城	罗雅达	1913	1920 年改为兴宁县立女子学校
桂里女子小学校	梅城	梁浣春	1913	1914 年停办
广益女子小学校	梅城东	不详	1913	1922 年改为广益女子中学
梅县县立女子师范	梅城	不详	1913	由懿德女校、崇实女校合并，1929 年改为县立女中
大埔县立女子小学	茶阳	谢纯史、饶亮娥	1913	不详
松口女子小学校	梅县松口	饶一梅	1915	1917 年与松口公学合并
兴宁县立女子学校	兴宁城	不详	1920	由懿微女校改办
广益女子中学	梅县城东	不详	1922	由广益女子小学校改办
恒业女子职业学校	梅城	杨恒昭	1924	不详
怀德女学园	兴宁城	张怀玉	1925	不详
石扇女子学校	梅县石扇	彭精一	1926	1928 年停办
梅县县立女子中学	梅城	不详	1929	由梅县县立女师改办
广东省立梅州女子师范	梅城	不详	1936	由梅县县立女子中学改办
平远女子小学	梅城	萨崇英	1939	1942 年停办
平远职业学校家政班	平远	赖伴梅	1943	1949 年停办
兴宁县立女子初中	兴宁城	黄碧云	1944	1949 年并入兴宁一中
丰顺汤南女子学校	梅城	不详	1945	不详

111

据 1904 年（清光绪三十年）史料《嘉应女学之萌芽》记载：

高等学堂学生黄君鹏汉、黎君启英，嘉之四扬人。闻在省时，二人以乡俗改良之难，皆由女子无学，故誓振兴之。黄有女弟三：菊英、莲英、富英，均入蒙学堂读书。菊英则自己亥就傅读，现十三岁，每与兄谈中国

大局，辄悲不自胜。黄君已令其教族中妇女有志读书者云。黎君自客腊假回，举家妇女均教之读，以为乡族倡。尚有非笑之者，然黎君置不论也。按：嘉应妇女，识字者甚鲜，故迷信之俗较各地尤甚。黄、黎二君欲开化之，以为改革之助，可谓知所先务矣。若能鼓其热心，组织女学堂，使教育普及，岂不伟欤？[①]

又如《兴宁女学之萌芽》：

兴宁自开办小学堂以来，各董事教习皆以女学缺如，拟议兴办，惟风气未开，教习管理两难其人。本年拟在城内先设一馆，教授各董事教习之妻女，以为兴办女学地步，后以乡居者多，未能一律来城，事遂中止。惟初等教员张君花如，家居城内，欲实行家庭教育主义，每日在堂授课外，即告假回家，集家中妇女教授两小时，闻其家妇女向学颇殷，日来已有进步。他日宁江女学之兴，此为先河矣。[②]

可见，客家女学兴起之早，后来蔚然成风。客家女子之所以勤劳、善良、贤惠，这与客家地区历来重视女性教育有密切联系。其实，客家女性教育由来已久，素有"文化之乡"美誉的粤东客家地区，教育甚为发达，女子教育也兴起较早，因而女性文化素质相对较高。

二、从童谣中看女性生存意识

在人的一生中，最早接触的民间说唱莫过于童谣。在客家地区，童谣相当普遍，其中相当一部分是对客家女性生活的逼真描写，具有较高的思想性。如：

乌廖哥，着乌蓑。吾去奈里来？偓去掌牛来。你牛奈里去？偓牛去撒里。卖到几多钱？卖到三百文。你钱奈里去？讨老婆讨撒里。……

鹧鸪鹧鸪，挑水淋蔗；淋蔗肚饿，嫁奔江西；江西路远，嫁奔平远；平远贼多，嫁奔猴哥；猴哥推磨，嫁奔桌扫；桌扫扫桌，嫁奔桌脚；桌脚窿空，嫁奔鸡公；鸡公会走，嫁奔黄狗；黄狗晒哈（睾丸），嫁奔吹笛；

---

① 肖文评、夏远鸣、王濯巾等编：《〈岭东日报·潮嘉新闻〉梅州客家侨乡史料选编》（上），广州：广东人民出版社，2018年，第101－102页。
② 肖文评、夏远鸣、王濯巾等编：《〈岭东日报·潮嘉新闻〉梅州客家侨乡史料选编》（下），广州：广东人民出版社，2018年，第330页。

吹笛光鼓，嫁奔老鼠……①

童谣是以儿童视觉看待熟知的事物，以天真烂漫的态度看待一切，而且是真实的，如《乌廖哥》《嫁奔女》《老鼠子》等。《乌廖哥》说的是卖牛讨老婆的事情；《老鼠子》说的是蒸粄转妹家的事。又如：

月光光，秀才娘，骑白马，过莲塘；莲塘背，种韭菜；韭菜花，结亲家。亲家门前一口塘，蓄个鲤嫲八尺长，长个拿来煮水食，短个拿来讨妇娘……

这是一首客家人耳熟能详的童谣。客家童谣不少是对女性的依恋和对母爱的感怀，且在一定程度上反映了社会现实。如：

初一就话新年头，初二就话妹家头，初三就话穷鬼日，初四就话嬲一日，初五就话出年架，初六就话神上天，七不去，八不归，九九十十看打狮，十一、十二龙灯日，索性过了月半正来归。

这首童谣描写了一个小媳妇由于家庭生活不顺心，新年回家后，以种种理由推迟回婆家，从侧面反映了客家妇女家庭地位低下、婚姻不能自主的真实情状。② 此外，还有许多反映客家女性的童谣。如：

禾毕子，咀哇哇。上桃树，啄桃花。桃花、李花奔唔啄，莫啄龙眼荔枝花。龙眼留来拐满子，荔枝留来转妹家。（《禾毕子》）

蟾蜍罗，咯咯咯，唔读书，么老婆。（《蟾蜍罗》）

日头一出千条须，细妹上山割鲁箕，鲁箕割得多，阿爸笑呵呵。鲁箕割得少，样样骂得倒。骂呀尽管骂，肚里想得化，无奈只怨爷娘穷，叫倕咁细嫁。③（《细妹子》）

客家妇女温柔慈爱，对子女体贴关怀，这对于启发儿童的智力成长、促进儿童的健康发展都是有益的，一定程度上反映了女性在现实生活中的

①　杨宏海、叶小华编著：《客家艺韵》，广州：华南理工大学出版社，2006 年，第 130 页。
②　参见丘琳昌主编：《梅江史话》，梅州：梅州市梅江区委员会，第 265 页。
③　参见丘琳昌主编：《梅江史话》，梅州：梅州市梅江区委员会，第 267 页。

重要性。

有的童谣宣扬客家妇女的美德，如《勤俭叔娘》：

> 勤俭叔娘，鸡啼起床。梳头洗面，先煮茶汤。
> 灶头锅尾，端端光光。煮好早饭，刚刚天光。
> 洒水扫地，担水满缸。食过早饭，洗净衣裳。
> 上山砍柴，急急忙忙。淋蔬种菜，蒸酒熬浆。
> 纺纱织布，不离间房。针头线尾，收拾柜箱。
> 不说是非，不敢荒唐。有鱼有肉，不敢先尝。
> 开锅铲起，先奉爷娘。爱惜子女，如肝如肠。
> 留心做米，无谷无糠。人客来到，先敬茶汤。
> 有事询问，细声商量。欢喜招待，俭出家常。
> …………①

有的童谣则劝谕好吃懒做的妇女，如《懒尸妇道》：

> 懒尸妇道，讲起好笑。半昼起床，喊三四到。
> 讲东讲西，过家去嬲。水也唔挑，地也唔扫。
> 头发蓬松，冷锅死灶。无理无管，养猪变猫。
> 老公打哩，开声大叫。去投妹家，目汁像尿。
> 娘话么用，爷骂么肖。归唔敢归，嬲唔敢嬲。
> 妹家送转，老公又恼。诈死跳塘，瓜棚下嬲。
> 在先讨来，用银用轿。早知如此，赔钱唔要。②

又如《懒尸嫲》：

> 懒尸嫲，睡到日头斜。缸里有点水，壶里有点茶。走到河边，拱拱竭
> 竭，挑哩两杓麻。伸下腰，挺下肚，阿姆哀，还辛苦。③

以上三首童谣，第一首同第二、三首相比较，从正反两方面说明客家
妇女在家庭中的生活情况：如果遵守了客家妇道则能得到褒扬，反之则会

---

① 见梅州市妇联编：《梅州妇女志》，1990年，第155－157页。
② 见梅州市妇联编：《梅州妇女志》，1990年，第157页。
③ 杨宏海、叶小华：《客家谚语》，广州：华南理工大学出版社，2006年，第133页。

受到排挤。客观地说，客家人对于妇女的道德要求非常高。《懒尸妇道》《懒尸嫲》中的妇女只是相对前面《勤俭叔娘》中的妇女较懒惰而已，劳动能力稍微差点，擅自作主，要求有个人的自由空间，并且喜形于色，除此之外并不见过分的行为。这样就招来老公的打骂，这也从侧面说明客家男人的大男子主义比较严重。①

再如《鸭嫲呱呱》：

鸭嫲呱呱，挑水做夜。挑畀哪人，挑畀邻居。
邻居的啄，交畀木勺。木勺舀水，交畀酒篓。
酒篓掺糟，交畀剪刀。剪刀落地，交畀皇帝。
皇帝上天，交畀神仙。神仙有法，交畀腊鸭。
腊鸭有油，交畀黄牛。黄牛倒草，交畀大嫂。
大嫂命歪，交畀老弟。老弟命短，交畀竹管。
竹管有空，交畀觋公。觋公多嗦，交畀咸菜。
咸菜霜白，交畀白石。白石擂鼓，交畀狗牯。
狗牯爬沙，交畀冬瓜。冬瓜扯皮，交畀癫痫。
癫痫侄医好，无钱米也好。

鸭嫲呱呱，嫁畀邻居。邻居郎当，嫁畀和尚。
和尚无毛，嫁畀剃刀。剃刀割人，嫁畀田塍。
田塍无草，嫁畀禾稿。禾稿么禾，嫁畀田螺。
田螺无脚，嫁畀刀削。刀削命短，嫁畀鸭卵。
鸭卵穿窿，嫁畀鸡公。鸡公面黑，嫁畀石隙。
石隙腥臭，嫁畀猴哥。猴哥会走，嫁畀老狗。
老狗汪汪，嫁畀上杭。上杭太远，嫁畀下杭。
下杭太近，嫁畀老姐子。②

这首童谣则是对另类妇女的无情嘲讽。

客家女性要做一个勤俭叔娘，必须从小训练。在娘家时就是一个非常勤劳的好闺女，会洗衣、做饭、挑担、耕田种地，里里外外都拿得起，放得下。出嫁后则体贴丈夫、伺候公婆，相夫教子。在一生的角色转换中，在娘家做女是孝女和童工，到了婆家之后则成为一个贤妻良母。如童谣：

① 参见谢重光：《客家文化与妇女生活》，上海：上海古籍出版社，2005 年，第 177 页。
② 杨宏海、叶小华：《客家谚语》，广州：华南理工大学出版社，2006 年，第 130 页。

115

一岁娇，二岁娇，三岁拾柴爷娘烧。四岁五岁学织麻，六岁七岁纺棉纱。八岁九岁学绣花，十岁绣得牡丹花。十一十二放牛羊，十三十四学种瓜，十五十六做嫁妆，十七十八带子带女转娘家。①

总而言之，谚语和童谣与客家民系作为一个高文化的民系、与客家人所在地被誉为"人文秀区"分不开。它体现了这个民系的"天性"、历史的遗传。没有它，便不能以"高蹈风尘外"、卓然存在这个世界上，更不可能"薪尽火传，绵绵不绝"。教育，也只有教育，才能维系这个民系真正的生命。

第五节　婚丧民歌中女性生存地位的深层构成

男婚女嫁，是人类生活必经之过程，也是人生阶段的一个标志。按理说，女子出嫁应该是一件大喜事，从恋爱到结婚成为夫妻，给男女双方都带来了无比的幸福与愉快。对男女两家来说，自然也是件大喜事。但自古以来，在一些民族、一些地区都流行着出阁啼哭的习俗。每临姑娘出阁，哭声不断，其声凄切，全然不像是作戏。而且，它已成为一种民俗。

据《礼记·曾子问》记载："孔子曰：嫁女之家，三夜不熄烛，思相离也。"② 显然，当时女子出嫁还没有哭啜之俗，只是因感情所系，一旦分离就有不胜依依之苦。后世女子出嫁上轿啜泣的情形，大概就是这种"思相离"情感的延伸。

五代时，尽管"嫁娶之辰，多举音乐"已成风气，但女子出阁嘤嘤啜泣的情形也很普遍。只不过哭泣的情况是一种矫揉作态，表示惜别而已。在哭泣中更杂之以歌，所以表面看来，是在哭泣，但其实她的内心也许并无悲戚。宋人周去非著《岭外代答》记岭南婚嫁之俗说：

岭南嫁女之夕，新人盛饰庙坐，女伴亦盛饰夹辅之，迭相歌和，含情凄惋，各致殷勤，名曰送老，言将别年少之伴，送之偕老也。其歌也，静江人倚《苏幕遮》为声，钦人倚《人月圆》，皆临机自撰，不肯蹈袭，其间乃有绝佳者。凡送老皆在深夜，乡党男子群往观之。或于稠人中发歌以调女伴，女伴知其谓谁，亦歌以答之，颇窃中其家之隐匿，往往以此致

---

① 参见谢重光：《客家文化与妇女生活》，上海：上海古籍出版社，2005年，第178页。

② 参见鲍宗豪：《婚俗与中国传统文化》，桂林：广西师范大学出版社，2006年，第159页。

争，亦或以此心许。①

《岭外代答》一书所述似有矛盾，既说歌和"含情凄惋"，则应该是"悲歌"，而不是"欢歌"，其情也只是为"别年少之伴"而苦，并未涉及父母亲情或手足之情，与"思相离"旨似不符合，而且"临机自撰""乃有绝佳"之作的说法，则又不是悲痛的歌声，而是即景感兴的咏叹。歌以调答，诉其隐情，也许就是两广一带"开叹情"和"送嫁歌"的渊源。

客家女子出嫁前几天，姐妹或女伴都集中在她家。白天她缝制嫁衣、被子、蚊帐等，晚上就唱哭嫁歌，姐妹们则在旁学习伴唱。其间，有作为过来人（已婚妇女）的嫂嫂、姐姐或邻居长辈妇女一边教，一边唱。以下有两首客家哭嫁歌曲：

如《眼泪过多茶过碱》②：

偓阿哥（哩）姊（哩），偓爷生偓又系老弟日（呵），坐在上横饮杯欢喜酒（啰），坐在下横饮杯欢喜茶（啰）。眼泪过多酒过浓（啰），眼泪过多茶过碱（啰），偓阿哥（哩）姊（哩）。

偓阿哥（哩）姊（哩），偓爷生偓又系老弟日（呵），坐在上横饮杯眼泪酒（啰），坐在下横饮杯眼泪茶（啰）。

长者在教唱时，要注意哭嫁歌的音节、音调，包括音量的把握与控制，既要保持新娘的羞涩、庄重，又要反映新娘的内在情感表达；既是自觉、自发的，又是被迫无奈的。并非放肆无控，一味号叫大哭。因此，哭嫁是有讲究的。

还有一种特殊情况是出于生计的无奈，客家男人往往在婚后三天就要"过番"去找生活。虽新娘有期待，但这种期待十分冒险。聪明的客家姑娘似乎料想到前景堪忧，于是哭嫁就非常伤心了。如《郎割心肝妹割肠》：

篮口下船落海洋（啰），半江（哩）问水白茫茫。利刀割断船头缆（啰），郎割（哩）心肝妹割肠。

---

① 周去非：《岭外代答》（卷四）；又见鲍宗豪：《婚俗与中国传统文化》，桂林：广西师范大学出版社，2006年，第160页。

② 参见陈晓敏编：《客家古邑艺韵》，广州：华南理工大学出版社，2010年，第5页。

哭嫁歌多种多样，有哭爹娘、哭兄弟姐妹、哭姑爷等，表达她不愿出嫁之情。在客家地区，少女的命运似乎更悲，她们从小要敛笑学"哭"。因为长期以来，客家把是否会哭嫁作为衡量女子才智和贤德的标准。谁家女子不善于哭嫁，或哭声不好听，就会被认为才低德劣。因此，女子在十五六岁时，就收敛笑容，学习哭嫁。新娘出嫁哭泣之风，在近代逐渐成为一种风尚。在赣南、闽西、粤东的客家地区均有此俗。新娘出嫁上轿时号啕大哭，哭声愈凄厉愈好，否则人皆笑其忘本，至少会指责其青春萌动，以出嫁为乐事。

在赣南客家，女子出嫁的前三天，女家邀集平日感情相投的女伴，即所谓的"金兰姐妹"，到女家谈笑。谈着谈着，忽然转喜为悲。接着就相互哭泣，继而转变为高声恸哭，且哭且引吭高歌。其间随口编造，漫无格式，也无标准。开始是千篇一律地责备男家，甚至连及媒人，也把在娘家作闺女的逸乐，出嫁后为人妻的苦况，两相对比而咏为哀歌，迭相和唱，俗语叫"开叹情"。女伴所唱者，又叫"送嫁歌"。连续歌哭，直到花轿进门时，仍然惺惺作态，不肯理妆。这些歌哭的人甚至迁怒其余，一并哭骂，直到媒婆进来，小心"赔不是"。及等娘、姐妹等出室外擦眼泪，且以好话相劝，新娘才含泪修装上头，好不容易由新人背上花轿，还嘤嘤洒泪。女伴们则依依不舍地送至门外，一些女伴还会伴送新娘到新郎家，婚礼完成后始返。

客家地区生活较落后、困苦，女子出嫁后，必须在夫家辛勤劳动，以维持生计，下田上山之余，又要伺候男人，养儿育女，还得任劳任怨，难忘如在娘家般，可得呵护和喘息的机会。故此女子出嫁之时，想到未来生活情景，难免要连连哭嫁。

哭嫁歌在古旧乃至今天的客家地区久唱不衰，它究竟映射了一种怎样的文化心理？它反映了客家妇女在社会结构中一种怎样的历史地位？

一、哭嫁歌面面观与形成渊源

（一）哭嫁歌面面观

哭嫁，客家婚俗的奇异风景。哭嫁一般从出嫁那天早晨梳妆开始，一直到三朝下厨房，哭哭停停，不同的阶段、不同的人有不同的歌唱。哭嫁歌既悲又喜，化悲为喜。唱哭嫁歌时，新娘的心情是复杂的。新娘在出嫁的这一天是最累的，因此在心理上、生理上都得有所准备。

出嫁这天要做好两件事。第一要防止大小便。按照旧的客家习俗，新

娘上轿后，男方会用封条把轿封住。如果嫁得较远，山路颠簸，花轿摇摇
晃晃，为防止遇上不测，花轿还会被锁住，其间新娘不得下轿。那新娘上
轿前做何准备呢？这天新娘只能吃白果或易于消化粪便的药物，有的新娘
干脆就空腹上轿，以防止大小便。第二要防月经的到来。细心的母亲或新
娘，在行嫁之前不但会考虑行嫁当天方方面面的应酬，而且会精准地计算
新娘的"月经期"。万一考虑不周，新娘还得做些预防工作，如剪好一块
三四尺长的红布，藏在身上，入洞房时挂在新郎的肩膀上，唱道："郎骑
马，妹也骑马"，然后双双入洞房。① 据说这样方能带来好运气。

　　此外，行嫁途中也有数种习俗。

　　一是，若两支行嫁队伍相遇，依照传统习俗，不论新娘是坐轿、坐车
还是走路，两个新娘必须互换手帕或红花，意思是化解"喜气相冲"，你
好我好大家好。二是，行嫁途中若遇上丧葬之事则送葬队伍不得不绕道
走，或者躲藏起来，让行嫁队伍先走。三是，行嫁途中若遇上举有"严
肃""回避"牌与鸣锣开道的官老爷，客家新娘从来是严肃而不回避的。
为什么呢？据说过去曾发生过这样的事：有一客家姑娘行嫁坐花轿，途中
遇上了相爷过道，双方互不让路，官兵火冒三丈斥责，新娘却镇静地提出
要和相爷评理。新娘下轿走到相爷面前说："做官的时时坐轿天天大，做
新娘的一天坐轿一天大。令慈（你母亲）当年就是如此。"话虽简短，理
由却十分充足，相爷被新娘说服了，诚服地让行嫁队伍过道。从此，客家
新娘从不中途让路或下轿了。在客家还流传着一个《皇帝给新娘让道》的
传说：从前有一个新娘出嫁，上轿后，送轿队伍吹吹打打好不热闹。谁知
半路上遇到一列队伍耀武扬威而来，这个阵势谁都得让道。但是路小，狭
路相逢，两辆轿车怎么过？这时对方队伍喝道："何方贱民，还不快下轿
让路！"新娘马上回敬道："今天是新娘出嫁，天王老子也得让一回。"恰
巧轿中坐的正是皇帝，但他听对方回答竟如此大胆便问道："娘子，你这
话从何而来？"新娘下轿不紧不慢地把客家的这种风俗从头至尾说了一遍。
皇帝觉得她说得有理，便下轿让道了。② 这两个故事看起来很类似，但同
样说明了一个道理，即客家姑娘一旦出嫁，就得一帆风顺，如果中途让道
（意思是发生变故），是万万不可的，它反映了客家新娘从一而终的思想品
行。四是，若新娘在行嫁途中遇到未剪彩的桥该怎么办？据说古时候，一
个新娘出嫁时就遇到此种意外，守桥人不让通过。新娘就十分聪明地说：
"新人过新桥，百年夫妻万年桥。"此话听起来很是顺耳，守桥人随之也非

119

①　参见广东省梅州市文史资料委员会编：《梅州文史》（第十六辑），2005 年，第 187 页。
②　参见冯秀珍：《客家文化大观》（下册），北京：经济日报出版社，2003 年，第 1034 页。

常高兴地说："是是是!"于是,新娘送嫁队伍就顺利地通过了。① 客家的这些习俗一直承袭至今。

那么,在客家地区新娘行嫁的整个过程有哪些哭嫁歌呢?

新娘梳妆时,唱《梳妆歌》②:

> 梳两鬓,黑似墨,调和胭脂把脸搽。
> 点口红,画眉毛,一对金环坠耳下。
> 金簪银钗插满头,压邪铜钱身边挂。

迎亲花轿来到新娘家时,唱《迎亲轿子到》③:

> 高卷珠帘挂玉钩,花轿宝车到门头。
> 接亲红包多多赏,富贵荣华过百秋。

在哭嫁歌中最为重要、最精彩的是新娘上轿前,有女哭娘、娘哭女、姐哭妹、妹哭姐和骂媒人等几个环节。哭嫁时采用哭诉语调,抑扬顿挫,既哭且歌。

赣县客家历来重视"哭嫁",俗云"闺女不哭,娘家无福"。因此,客家的哭嫁历来都很隆重。在现实生活中,这种习俗传统被保留得比较完好。哭嫁不仅有专门的哭嫁歌,还有许多程序。一般是开始时新娘幽幽地哭,不唱出哭嫁词,只是叹自己命苦或怨媒人之类。之后由新娘的母亲或姐妹引唱,如:

> 红丝线,锁鞋头,家家养女挑猪头,猪头进屋娘就喜,炮竹一响娘就愁。……

此时,新娘的婶娘、姐妹、舅母、姨娘等都来陪哭、劝哭。

新娘哭嫁的内容主要分为三部分,开始是倾诉姐妹离别之情:

> 三月织麻共凳坐,四月挑花共花箱,挑花绣朵箱未满,棒打姐妹两分散。

---

① 参见冯秀珍:《客家文化大观》(下册),北京:经济日报出版社,2003年,第1034页。
② 参见王耀华:《客家艺能文化》,福州:福建教育出版社,1995年,第9页。
③ 参见王耀华:《客家艺能文化》,福州:福建教育出版社,1995年,第9页。

接着是哭母女离别之情：

堂屋中间一炉香，先拜爷佬后拜娘，先拜我爷养我大，后拜我娘睡湿床。

最后才是谢客，感谢众姐妹、众乡亲来送她。

哭嫁时，母亲既是来陪哭的也是来劝哭的，可是母亲又怎经得起离别之苦的折磨，三句两句便劝到伤心处，母亲自然也成了主角，和女儿一同放声大哭。母女分手，最苦离恨，伤泪声声，如怨如慕，内容驳杂。有哭诉对女儿的怜爱之情，诉说养女儿的艰难的，如：

女呀女，十月怀胎把你养，两年奶水把你喂，硬饭米甘把你饱，尿布屎片娘来洗。

女呀女，你可晓得娘的累！冷暖饥饱娘心挂，头痛脑热娘心惊，看到养下一只虫，样（怎）得把你养成人！

女呀女，带你带到三五岁，细皮粉面泛桃红，会叫（哭）会笑会招人，跟前跟后不离身，句句爷娘喊得亲，哪个爷娘不赏心！十年私塾把你教，针线女工把你教，看见女子树抽条，爷娘心里乐逍遥。哪晓得，带大的闺女要成别家人！带你带到十六七，才算晓得（一点）屎臭气（喻懂事理），屋下田里晓得帮，爷娘疾苦会恤痛，哪个爷娘不上心！哪晓得，又哇女大要嫁人，爷娘哪里舍得送出门！

有劝女儿在婆家好生做人多多保重的，如：

女呀女，婆家唔比娘家好，公婆哪有爷娘亲，上门媳妇难做人，时时处处要小心。

女呀女，从今后，孝敬公婆是本分，服侍老公是为贤，屋里屋外勤打理，洗衣做饭要精心，见人自要矮一等，有理无理让三分，待到两载儿出世，才在婆家算个人，要得上下都满意，还要谨慎会做人。

女呀女，从今后，饥寒冷暖自家管，有病有痛自家担，社官老子（社公、土地神）要身健，世上最难是求人！

新娘的哭嫁有骂父母的，如：

121

捱心衰，毒心衰，将捱细细①就丢开，大鸡担来细鸡嘴，离开爷哀命
東衰，离开爷哀捱命系衰，没亲没戚没爷哀，爷哀几时来看捱，没食没着
心也开。②

有骂媒婆，怨恨媒婆贪爱钱财乱点鸳鸯害人的，如：

一要怨，要怨媒人无信用，花言巧语无句真，害得女子嫁错人，媒人
是只松毛虫；
二要怨，要怨爷娘无主见，听凭媒人摆布人，推我女子入火坑，爷娘
样思（怎么）咁狠心；
三要怨，要怨老天无同情，不恤女子无福人，凑成一对苦鸳鸯，今生
今世样（怎么）出头，想来想去蛮苦情。

再如：

捱屋有个烂犁头，拿乒媒人犁墓头，犁哩墓头犁墓墩，犁哩墓墩犁子
又犁孙。一抓红帕请六亲，二抓篾棍请媒人，扫净花厅请六亲，扫净屎寮
聊媒人，大块猪肉待六亲，大筒猪屎待媒人，绝代媒人走过来，丢知有个
烂草鞋。拿乒绝代媒人做灵牌。③

当然，还有担忧自己前途命运、担心出嫁后父母无人照顾的，如：

一要忌（忧），要忌嫁得咁么远，三年五载难见爷娘面，嘘寒问暖唔
敢提起，有病有痛不在身前，害我女子做个不孝人，巴望爷娘永远身体
健，女子在外才得放心！
二要忌，要忌女子拿人欺，要投外氏又路远，无亲无故无人怜，嫁出
的闺女苦伶仃！
三要忌，嫁到老公唔争气，老实巴交唔挣钱，呆头木脑拿人嫌，悔来
悔去悔自己，悔我命里无福气。

这些哭嫁体现了人性的极致，有一种悲怆的气氛，煞是感人，真是
"缠绵悱恻哭嫁歌，一韵三叹断人肠"，是一幅难得的客家民俗风情画。

---

① 喻很小。
② 参见《"客家文化与全球化"国际学术研讨会论文集》（上），2003年。
③ 参见《"客家文化与全球化"国际学术研讨会论文集》（上），2003年。

新娘哭时，众亲邻也一边劝一边哭，哭声幽幽，劝语殷殷，一边抽泣一边用手不停地揩拭眼泪，那难舍难分的骨肉亲情，让人为之动容，在场的人无不为之泪下。还有一种规矩是陪哭的各位女亲（友）都要给新娘"扎腰礼"（又称"垫腰包"）。哭嫁时，新娘脖子上挂一个红肚兜，众亲友一边劝哭一边往里边添钱（旧时多为花边，即光洋），以此表示安慰和同情，祝福新娘身体健康和挺直腰板做人。

哭嫁歌声哀婉动人，真真切切，让人依恋难舍。哭嫁还包含下列内容：

拜父母：

喊出㑚爷奔㑚拜，㑚爷功劳大过天。喊出㑚娘奔㑚拜，㑚娘恩情似海深。[1]

穿衣鞋：

脚踏窝栏团团圆，阿哥阿叔爱行前。手差蓝衫唔使着，介头搭线着麻衫。

手差大裙唔使鸡，介头搭线鸡麻裙。手差花鞋唔使着，介头搭线着麻鞋。[2]

哭上轿：

汝妹做人唔系歪，南为阿哥出手拉。左手拉来右手软，右手拉来割心肝。[3]

阿叔拉上轿：

㑚女做人唔系丑，南为阿叔出得手。左手拉来右手软，右手拉来割心肝。

---

[1]　参见《"客家文化与全球化"国际学术研讨会论文集》（上），2003年。

[2]　窝栏是一种竹子织成的晒食物的工具，传统中女子出嫁前要站在窝栏里穿戴衣物。这首歌谣的意思是，女子不想穿衣、裙和鞋子，并为了表示决心，咒骂婆家将会有丧事，麻衣等就是亲人去世要穿的衣服。

[3]　新娘拒绝哥哥拉她上轿，想到真的要离开娘家，去一个陌生的环境和一个陌生的人同住，心情就像刀割一样难受。

骂来轿：

日头一出阵阵高，来了一群斩千刀。日头一出半岭排，来了一群怄黄泥。日头一出半山腰，来了一群怄白蚁。[1]

骂媒人：

汝做媒人婊子载，男家拐下女家来。新抖脚盆新屙底，保佑媒人死独仔，死了独仔死独孙，香炉水碗冇（没有）人安。[2]

当新娘下轿时，其心情与唱词慢慢发生转变，但毕竟这是别人家的地盘，新娘还是小心为妙。

新娘下轿时唱：

唢呐铜锣喧天响，今朝织女配牛郎。舅舅叔伯来接宝，移步踩筛古来有。[3]

拜堂时，有《拜堂祝文》：

礼重婚姻，缘合二姓之好。姻宠内外，肇开万福之源。太板篆就阴阳，造端由乎夫妇。花烛辉煌，银光灿烂。谨焚福香，虔诚拜请。拜请天地，日月三光，木公金母，和合仙师。再柱福香，拜请本屇堂上历代宗亲，降临就座。今有堂下嗣孙△△与△△女士结为百年之好，于本日吉时合卺完娶。蒙△姻翁惠赐隆奁，另请宣读。[4]

（宣读奁书）宣读完毕，礼宜下拜：

一拜天神，天缘作合产麒麟；二拜地祇，地脉钟灵梦熊罴；三拜木公，书裁博议足三东；四拜金母，誉著宜家膺百福；五拜诸位神祇，梁鸿

---

① "斩千刀""怄黄泥""怄白蚁"是客家人发明的最恶毒的咒语。

② 轿子来到了，新娘被拉到轿门前，看见媒人，就想起是她的牵线才造成了自己的远嫁，于是又把怒火喷向媒人，咒骂她的儿子和孙子都不得好死，剩下媒人孤独终老。

③ 参见王耀华：《客家艺能文化》，福州：福建教育出版社，1995 年，第 9 页。

④ 参见王耀华：《客家艺能文化》，福州：福建教育出版社，1995 年，第 9 页。

案举庆齐眉；六拜堂上宗亲，夫如友，妇如宾；七拜诸亲并百客，闺房静好调琴瑟；八拜夫妻相交拜，并蒂花开荣百载。①

入洞房时唱：

新娘细步过华堂，郎牵新人入洞房。高升红包多多赏，四方撒帐盛阴阳。②

接着就唱《撒帐》歌：

撒帐东，洞房深闺喜烛红，香气淡淡长不散，画堂日日是春风。
撒帐西，婚纱礼服褶皱齐，谢巾便见嫦娥面，喜却新郎神魂迷。
撒帐南，好合情怀乐陶陶，朗月和风庭户爽，条条绣带佩香兰。
撒帐北，朱红一点眉间色，芙蓉帐暖度春宵，月娥苦邀蟾宫友。
撒帐上，交颈鸳鸯成双双，夫唱妇随相和合，夫妇白头百年长。
撒帐下，床前美人影子斜，今宵吉梦便相随，来年生子有身价。③

新娘上床时唱：

关了门，下帐子，挑小油灯影绰绰。上床来，悄悄地，同效鸳鸯偕连理。

成亲三天之后，新娘就要下厨房烧饭做菜，此时唱的是《新娘下厨》：

菜自菜，姜自姜，各样果子各样妆；肉自肉，鱼自鱼，莫把鸡蛋当凤梨。
酒自酒，汤自汤，煮蛋不宜放生姜；三朝下厨手艺好，芥菜炒得喷喷香。④

哭嫁作为一种风俗，其来由和寓意，与旧时的婚姻习俗和封建礼教有

① 参见王耀华：《客家艺能文化》，福州：福建教育出版社，1995年，第9页。
② 参见王耀华：《客家艺能文化》，福州：福建教育出版社，1995年，第9页。
③ 参见王耀华：《客家艺能文化》，福州：福建教育出版社，1995年，第10页。
④ 参见王耀华：《客家艺能文化》，福州：福建教育出版社，1995年，第10页。

关。出嫁时新娘不哭不仅会被认为不吉利，还会受到舆论的谴责，还有一个重要因素就是感情的作用。一方面，旧时婚姻全由父母做主，嫁给什么人，婚后的命运生活如何，新娘心里全没底细，想到这些真是伤心断肠，岂能不哭；另一方面，除非新娘婚后与丈夫感情不和或婚姻发生变故，否则很难和父母兄弟见上一面，这种别离之苦确实难以承受，岂能不哭。正是在这种特定的环境中，新娘用歌声来倾诉自己内心繁杂的情感。

在如泣如诉的歌声中，有真骂，有假骂，同时也是哀怨惜别之情的宣泄。从"开脸"始，这种"哭嫁"要一直持续到第二天上花轿到男方家为止，并且这些哭嫁歌，大多数是此前一两年从别人的出嫁中学来的，有的是请长辈指导速成的。其中也有不少是即兴发挥的，新娘想到哪就哭唱到哪，完全由新娘的心情决定。它是客家婚礼中不可缺少的民俗仪式。①

客家哭嫁之俗，由于受不同时空背景的影响，哭的意义不同。但不管因何缘故而哭，女子的哭嫁，客观上造成了一种悲剧性的气氛，与新婚之喜形成了强烈的反差。哭嫁与喜嫁，悲剧与喜剧，反映了婚姻习俗中人们的两种情感、两种婚姻气氛。②

（二）哭嫁形成的渊源

客家哭嫁的产生与发展直接受到婚姻制度的影响。一种观点认为，哭嫁源于古代掠夺婚姻或抢婚的遗俗。虽然被抢的女子有不甘心的，也有早已与男方密约的，但不管怎样，她们被抢时，都会哭号呼救。客家历来重视哭嫁，俗云"闺女不哭，娘家无福"。这种哭俗，伴随着客家历史的发展而产生流变，哭嫁的内容与形式既有传承又有变异，主要受到社会政治、客家历史、经济诸方面的影响。

1. 宗法制度影响

哭嫁的发展历史，在相当程度上受到宗法制度因素的影响。这种因素，实质上就是有关客家民系以及两性权力分配的问题。

客家民系乃是大汉民族的一支。早期的客家先民社会结构简单，一家之中以母为首。她集族群的权力于一身，因为在族群社会中，首领的先决条件往往在于她/他是否有强健的体魄，组织族人克服严峻的天然环境的智慧和战胜别的族群的能力。因此一族群的长老既是族群组织的头头，也是其他力量的领袖，是母权、政权的拥有者。这种情况，在历史文献上也有迹可寻。伴随客家社会结构渐趋变大，其内部权力也有所调整，社会民

---

① 参见陈世松主编：《四川客家》，桂林：广西师范大学出版社，2005年，第206页。
② 参见鲍宗豪：《婚俗与中国传统文化》，桂林：广西师范大学出版社，2006年，第165页。

俗也随之变化。

在很早的时候，客家民系由女性权力社会演化为男性权力社会之后，家中便以男性为主，所有产业均为男性所有。故子女也随夫姓，以示他们终属父亲体系，男权遂为至上。

尽管如此，客家妇女选择配偶的权利却仍得保存，主要是父母不能过多干预她们择偶的自由。因此在政权及神权的支持下，父权未能产生拦阻女儿出嫁的作用。同时也由于在选择配偶的问题上男女双方相对自由，这样就可以在平等的基础上谈婚论嫁，对婚后两性地位也有平衡的作用，故夫权的力量相对而言应未至绝对压倒女性。而哭嫁的存在，也表现了客家女性思想表达的方式相对自由。

但问题发生在明清时期，封建统治阶级强行实施一系列政策，其中包括以高压手段禁止妇女有婚姻自由。《户令》规定："凡嫁娶皆由祖父母、父母主婚。"[①] 客观的效果是父权取代了传统的政权和神权，执行了答允婚事和证婚责任，甚至更是要完全决定妇女的终身大事，这样以父亲为首的家族，更有了绝对控制妇女命运的权力。

首倡父母之命不可违的大概是孟子。《孟子·滕文公》说："丈夫生而愿为之有室，女子生而愿为之有家。父母之心，人皆有之。不待父母之命、媒妁之言，钻穴隙相窥，逾墙相从，则父母国人皆贱之。"隋唐时期，儿女婚姻应由父母主持被写入法律。[②] 父权与族权即服膺于由君权所制定的道德标准和法例，而女子仅有的择婚权利也被扫除得荡然无存。在这种权力架构骤变的情况下，所有受影响的人都必然有反应，客家女子的抗拒更不在话下，即或父母也对女儿前途不能安心，甚至内疚。因而女子在"一去不返"的婚事举行期间，要以哭嫁仪式作为最后的一种抗议，而父母也无异议。从"权力"的角度来分析，这是可以理解的。

政治强权，在某种程度上，确可促成哭嫁的盛衰，如清代的高压婚姻政策使得女权尽失，客家女子哭嫁的婚俗也由此形成。"破四旧"及"文革"时期，当地政府严禁哭嫁，客家人也遵守规定。但是这种方式，并未根本性治愈男尊女卑地位的病症。"父母之命，媒妁之言"在某些山区依然盛行，虽然新娘事先可以和新郎见面，并有拒绝婚事的权利，但她还是有婚配的压力。而且山区广阔，交通不便，由娘家到夫家往往路途遥远，出嫁容易回家难。其他新娘若嫁至更远的地方，则恐怕一辈子也再难有与家人重聚的机会，纵使受夫家欺凌，也无法回娘家求援，难怪新娘有生离

127

---

① 鸿宇编著：《婚嫁文化》，拉萨：西藏人民出版社，2004年，第87页。

② 鸿宇编著：《婚嫁文化》，拉萨：西藏人民出版社，2004年，第87页。

死别、前路茫茫之痛。基于这种现实情况，客家女子当然要以哭嫁的方式进行控诉了。

2. 历史沿袭

明清以前，客家男女的地位相对来说还算平等，平日合作耕耘，恋爱、婚姻自由，可通过赛歌、对歌而择偶结合。但这种风气，却不为汉族的其他民系认同。《赣州府志》载："凡耕作出入，男女同行，不拘亲疏，道路相遇，不分男女，以歌声为奸淫之媒。"事实上，客家青年男女的婚姻，并非无媒苟合，他们还需征得氏族长老的同意，方能正式订婚成亲。在这种婚姻礼俗之下，新娘出嫁之日的"哭嫁"仪式，就不那么兴盛了。

真正促成"哭嫁"风俗产生的原因，是统治者强迫改变女性的婚姻制度。明清以后，各地民系已实行大汉民族的婚姻制度。[①] 又由于客家地区地处偏远山区，封建礼俗更盛。光绪年间《兴国县志》记载："客人议婚，多访其女有私财者，然后请媒妁求之。既许，其家亦必索重聘。嫁时奁资极丰，锦被多至二十余铺。有婢女以牛马者……"[②] 当中就描述了这种买卖式婚姻的情况。在种种礼节下，客家女子难再自我找寻对象；纵有心仪男子，对方若然家贫，也恐怕无力负担各种聘礼和酒席开支了，要顺利成婚，更是不可能的事情。原可以自由恋爱的少女，被逼与没有感情的人结婚，这种骤变令她们难以接受，于是新娘不断以哭、歌和语言抗议不合理的婚姻制度，哭嫁仪式和歌曲便慢慢产生。

3. 经济使然

在早期社会中，客家妇女除了拥有各种权力以外，也是资源分配者。但是随着父系权力的加强，家庭机制改为一夫一妻，加上男子可以通过体力猎取更多资源，资源的拥有权便渐由共享而成为家庭私有，丈夫渐渐成为家庭中资源或财富的猎取者，地位比妻子高，因此，丈夫成为家庭资源的支配者。客家妇女的婚姻由男性权力来决定成为必然趋势。在买卖婚姻中，以"父母之命"进行包办，又纯粹是出于聘财和嫁资的经济目的。当然，也必须承认许多父母在包办子女婚姻时，是出于对子女的爱护，但他们主要考虑的是对方的社会地位、经济地位和生活温饱的现实条件，而不是以子女的爱情为出发点。[③] 这种现实的经济考量，往往是导致子女婚姻悲剧的主要根源。

---

① 参见余咏宇：《土家族哭嫁歌之音乐特征与社会涵义》，北京：中央民族大学出版社，2002年，第208页。

② （光绪）《兴国县志·风俗》（第十一卷）。

③ 参见鸿宇编著：《婚嫁文化》，拉萨：西藏人民出版社，2004年，第88页。

当客家地区的经济得到发展，家庭经济较富裕，不仅能自供自给，还可以不靠女儿全时间务农，进而供给她们读书的机会时，女子接受教育的机会就较多，她们自身的才能便不再限于"哭嫁"的能力，而在于教育水平。既然如此，当地就较不重视"哭嫁"，女子也疏于练习，因而哭嫁仪式、内容及唱者的水平渐降，这与女性地位的提高成反比。

哭嫁仪式由存在至消失，前后当然经过了一些年，主要是当城市大力发展经济时，农村经济的有限发展已再无凝聚力，家庭支持妇女外出工作，也就意味着客家男女都接受妇女可成为经济支柱的事实，妇女地位因而得以提高。她们若在城市找到对象，自由恋爱而结婚，在当地落户而不归还这种因经济发展而导致的人口迁移无疑对客家社会结构、妇女地位、婚姻制度乃至哭嫁仪式都产生了很大的冲击。同样因经济起飞，许多农村可依靠科技改良耕种方法，脱离纯靠大自然耕种的生存方式，因而对超自然界的依靠也减少了，故哭嫁中许多与灵界有关的仪式也就简化了。

总的来说，经济改革的开放政策，带动了客家社会权力与资源的分配和重整，而经济的发展，又系于有关政策的实施，有时带来一系列的连锁反应，哭嫁就是其中一个极具代表性的例子。

二、哭嫁中妇女角色定位与依附的特殊文化心理

（一）哭嫁中妇女角色定位

作为社会的个体，客家妇女的地位总的来说还是低微的，父母做主包办的婚姻，无疑加深了她们无自主权的困境。在这种文化背景下，新娘在哭嫁时，主要是哭诉她的悲惨命运。其哭嫁歌能够引起不同年龄段女性的共鸣，其中有过来人，也有未出阁的年轻姑娘。因此，大家在自伤身世时，不免彼此应和：①表达离情别绪；②哭诉为人媳妇的悲惨命运：对前途既恐惧又担心，怕在婆家受欺凌；③埋怨父母：想到自己不能操纵自己命运，而父母又要把自己嫁出去；④抗议男尊女卑的命运：新娘觉得父母狠心把自己嫁出去，只因是女儿身，若是身为男儿，身价自是不同。新娘面临被逼出嫁的苦境，不禁对男女不平等的社会制度提出抗议。①

例如江西赣南客家有首哭嫁歌：

---

① 参见余咏宇：《土家族哭嫁歌之音乐特征与社会涵义》，北京：中央民族大学出版社，2002年，第213页。

你骗偓①到公婆家，变成人家牛和马；人家动手就来打，打了骂了不解恨；还要食偓（格）肉啊！还要吸偓（格）血啊！只有逃出虎穴，山上岩屋偓（格）家；山上鸟儿偓（格）伴，山上果子偓（格）饭；日子实在苦，苦在深山无人求；山上鸟儿背涯走，飞向天空求自由。②

　　嫁人本来是喜事，待嫁女却骂来骂去。这种微妙的心理，待嫁女或是惶惶不知来日，或是舍不得离开父母，或是对未来充满担忧，其歌词爱恨交织、嬉笑怒骂、泼辣哀怨。在旧的封建礼教下，妇女没有自由，嫁鸡随鸡，嫁狗随狗，了了一生。而习俗允许妇女在出嫁之前发泄一下，这也算是一种民俗。哭嫁歌能疏导歌者的情绪，"哭嫁是新娘临嫁前以唱哭嫁歌为形式，抒发内心情怀，发泄哀怨悲愤的婚俗"，"新娘的心是悲苦的，她表示了难忘父母的养育恩情，以哀婉的曲调，吐露对父母包办婚姻的不满"。③

　　新娘出嫁时以新娘哭嫁为主，而且十分伤心，但是陪哭者甚至比新娘还要激动，而且哭得更厉害，尤其是那些早年丧母，从小相依为命的姐妹。因为无依无靠，所以哭得如此悲恸。

　　随着婚礼仪式的进行，新娘不断唱出不同内容的哭嫁歌，为她做了心理上的准备，以适应她最终为人妇的生活。哭嫁歌伴着她由少女成为新娘，是一个循序渐进的心理适应过程。又因为在婚前，她听从父兄长辈的话长大，婚后既没有父母的呵护，又没有个人自主权，一切唯天命是从。新娘可以用最辛辣恶痛的言词嘲骂媒人，或控诉父母，旁人习以为常，甚至认为是理所当然。客观结果是让女性在其人生最重要的日子里，能做一次自我身份的肯定，以满足其"尊严需要"。又因为是女性日常遇到的问题，很可能是缘于她们身份卑微，以至遭受环境的压逼，无法解决，抑郁心中。通过集体哭嫁的场合，可以凭歌寄意，借题发挥，尽情痛哭，以宣泄心中不快的情绪，从而获得心态平衡，重新面对之。

　　从心理学的角度，哭嫁具有一定的社会属性：①哭嫁歌标志了新娘的身份，将由少女成为已婚妇人。②哭嫁提供了一个空间，让新娘在此期间成为仪式的主人，哭嫁歌除了有满足歌者自我表现和调整心理活动的功能

---

　　①　第一人称"我"。
　　②　参见余咏宇：《土家族哭嫁歌之音乐特征与社会涵义》，北京：中央民族大学出版社，2002 年。
　　③　参见余咏宇：《土家族哭嫁歌之音乐特征与社会涵义》，北京：中央民族大学出版社，2002 年，第 214－215 页。

之外，还可进一步巩固歌者与族群的关系及个人的社会地位，具有较多的社会功能。第一，巩固伦理，表示对父母的孝敬。为了表示自己是一个好女儿，新娘必须要痛哭。客家女儿从小便要学哭嫁，否则便会被人骂。哭嫁成了衡量女子德能的标准、地位高低的尺度。第二，评估才能。哭嫁也是量度女子才能的标准。出嫁时新娘哭得眼皮红肿、声音嘶哑，哭得愈狠，愈有出息；哭得愈好，愈有才华。第三，哭嫁是驱除邪魔、保佑家室平安的有效工具。第四，哭嫁可以对心灵曾遭受到的创伤做短暂的心理治疗。第五，哭嫁是对祖先敬重的表示。第六，哭嫁也有娱乐的作用。①

如今婚姻自由，新婚无比幸福，客家新人早已用歌声代替了哭声。哭嫁的习俗只有在一些比较偏远的山区还存在。一种新型开放的婚姻形式得到发展，哭嫁则成为历史的记忆。

（二）哭嫁背后依附的特殊文化心理

重"礼"轻"爱"的矛盾悖论，使中国婚俗艺术民间作品具有两重性：一方面是对烦琐礼仪的描绘、讴歌，造成一种虚张的热烈，形式上的爱和美；另一方面，则使中国人对表达"爱"的文艺作品充满了眼泪、悲伤和渴望。中国人的爱情诗大都表达了这种渴望和失望以及无限的悲哀与惆怅的情绪。其中有茫然若失，有离愁别绪，有破碎的希望，有不灭的向往……

客家哭嫁歌中所反映的"礼"，就是对长辈比如对父母的养育之恩，及对哥哥姐姐的谆谆教诲的感激。客家旧婚礼的烦琐反映了人们注重婚礼的婚姻价值观。但这种重视婚礼仪式的价值观带来的另一种结果必然是对婚姻本质内容——爱情的轻视。在重"礼"轻"情"的婚姻氛围中，种种繁文缛节自然就成了封建文人墨客文艺创作的直接素材，而他们对各种婚礼仪式的艺术加工，主观上助长了繁文缛节的传播与扩散，支持了无"爱情"的婚姻。只要上以事宗庙，下以继祖宗，经过婚礼明媒正娶，那就是合理合法的，至于"爱"或"不爱"是无所谓的。

客家哭嫁歌中，也有许多是对这种无爱婚姻的担忧与控诉，特别是对男尊女卑思想的强烈控诉。客家女子勤劳善良，艰苦朴素，她们不求"金屋满堂"，但求婚姻幸福美满，而旧的婚姻又往往使她们梦想破灭，泣不成声便可想而知。

哭嫁仪式是婚礼的核心仪式，也就是通过特定行为与哭嫁歌曲，适当

---

① 参见余咏宇：《土家族哭嫁歌之音乐特征与社会涵义》，北京：中央民族大学出版社，2002年，第212–215页。

显示新娘举足轻重的地位。虽然她不可以左右自己婚姻的命运，但在哭嫁仪式中可以主导自己的身份，带动仪式的气氛。若她"哭"得好，家族众人有光彩，个人也被认为是有能力者。随着日后经验和年龄增加，她甚至可以成为陪哭者及"模范"，这样一来可以大大提高她的社会地位，二来可以平衡她为人妇的从属角色。①

婚礼举行期间，是新娘由受制于父权向受制于夫权转折的关键时期。在此期间，随着出嫁日子愈近，父权的影响渐渐消失。但新娘又未正式出门，成为别人家的人，在夫权未正式到来之前，父家也只能宽容女儿的哭声抗议，并且作为家族的另一半成员，新娘母亲和妹妹正好利用这转折期，哭诉各自的情感，间接也诉控妇女的不幸及大家要被逼分离的苦况。同时她们要劝勉新娘，希望为新娘的前景描绘一幅美丽的图画，为彼此带来安慰。这种有重要意义的哭嫁内容，受到家族女性成员的支持，因而为整个家族所接受，有了"族权"的发放，妇女们就可以尽情地哭嫁了。哭嫁期间，是两性权力转移的关键期，在男权中的父权和夫权的夹缝中，新娘得以暂为"权力中心"，拥有"女权"，可以抗议命运及婚姻制度，甚至诅咒夫家，以至她在完全受制于夫权之前，最后一次行使她的表达权利，是哭嫁妇女权利的一种象征。同时，哭得好的女子，表示她们有丰富的哭嫁知识，可以教导别人，象征一种"权威"的哭嫁地位。她们的权威性可直接影响到哭嫁传承，而在族群中也认可这种权威性。所以，哭嫁以其歌曲的独特形式与风格得到发展和延续。

客家哭嫁是客家社会传统婚俗中一种非常成熟的礼俗仪式。这种仪式涵盖了客家女性所处社会生活中扮演的各种社会角色，既体现了客家妇女社会生活的心灵所说，表达了对社会、家庭与婚姻生活的深层理解，又是精神的内在困惑与物质的外在发泄。客家的哭嫁仪式与客家妇女的社会地位及自我评价，以及婚姻价值观有千丝万缕的联系。客家人崇尚礼仪，在自给自足的小农经济社会里，客家人祖祖辈辈十分重视男婚女嫁、生儿育女，营造所谓的"人生之大事"。尤其在婚俗上有一套礼仪章法，从中不难看出客家人在婚礼婚俗上所特有的文化认同、共同的心理素质及思想观念。"哭嫁"这个千百年承传下来的风俗，原生态地反映了客家人的生活习俗和生命本源。客家人勤俭持家、艰苦朴素，干的是朴素的农活，吃的是农家粗粮，喝的是山乡淡茶。客家人用一些朴素的娱乐来慰藉自己的心灵。

---

① 参见徐霄鹰：《歌唱与敬神：村镇视野中的客家妇女生活》，桂林：广西师范大学出版社，2005 年，第 185 页。

三、口头经文、哭丧歌与丧葬民俗

（一）口头经文、哭丧歌与丧葬

客家族群是迁徙的一族，客家文化中最突出的特征则为"迁徙文化"。近古至现代以来，客家人进行了几次大的迁徙。每到一地，他们首要做的一件事就是寻找那里的风水宝地。一是找落脚点，求得安身立命之地；二是振兴家业，庇佑子孙后人兴旺发达。因为宗族之迁，要得到土著居民的认同，才可有栖身耕耘之地；同时，要站稳脚跟，就得有发展扩张的空间。这是客家人对于"生"的渴望。

但是对于"生"的对立面"死"，客家人也从不马虎。生老病死是人生之大事，自古以来人们都相当重视。而"死"作为人生寿终的重要一环，在人的一生中具有里程碑的性质，故格外看重。于是，也就有了一系列的人生"通过性"的仪式。它最为突出的一点就是如何寻找阴宅葬地——风水宝地。客家人的丧葬有自己的一套民间理念，在葬俗方面具有特殊性：老人去世之后，要办丧事。这种丧事的办理，其隆重程度一点也不比办婚事逊色。这源于根深蒂固的祖先崇拜和源远流长的儒家孝道的影响。正如孔子所言："生，事之以礼；死，葬之以礼，祭之以礼。僭违则不孝。"[1] 故在客地，老人过世，家人操办丧事会倾其全力来对待。一方面是对其先辈的感恩，流露出一种真实的情感；另一方面，爱面子，如若老人丧事没有办好，怕别人耻笑，遭受谩骂。因此，老人之死，万万不可懈怠。

客家丧葬一般要经过送终、入殓、家祭、出殡、安葬五个步骤，其中家祭是最为重要的一步。

家祭日期需要"阴阳"择日。在旧时的客家地区，家祭之日要请道士设立道场，超度亡灵。若逝者为女性，即要念《血盆经》。至于超度亡灵的时间，一般 3~7 天不等。然后进行家祭。家祭形式十分繁缛，要向死者进行三献礼。其子女披麻戴孝齐集灵堂，一边奏哀乐，一边在道士的主持下"点主"，举行"告天地、告祖、告灵"仪式，然后转入三献内容。根据《三献书》的既成内容，一是"读祝"，即"歌思亲""叹音容"。二是"讲书"，即叹嘻嘻、叹生死、叹五更，宣扬忠孝节义和宣讲二十四孝等故事。三是"歌诗"，即"歌蓼莪、歌大孝、歌南陔白华"。在这一过程中，

---

[1]　参见徐霄鹰：《歌唱与敬神：村镇视野中的客家妇女生活》，桂林：广西师范大学出版社，2005 年，第 210 页。

哀章很重要，为死者致悼词，体现为"歌思亲"与"叹音容"的综合。其内容包含了死者的生平事迹，并且多用叙事的方式加以表现，亲切、生动、感人。①

在梅县客家，出家修行的妇女叫"斋妇"，又称"斋嬷"。斋嬷经常为丧家做佛事，慢慢成为一种职业。"做斋"是民间超度亡灵的一种仪式活动，也是客家民间的一种艺术活动。梁伯聪《梅县风土二百咏》中曾提及："近来，丧家礼佛忏，废男僧，用斋姑，新兴花样，有打八角莲池等名目。斋姑靓妆冶容演技。"据统计，1940 年梅县有和尚 200 多人，斋妇 180 多人，可是到了 1949—1950 年间，形势发生了变化，和尚仅 42 人，而斋妇 126 人，后者为前者的 3 倍。可见，斋嬷在梅县客家已经比较流行。不仅如此，还由此扩展到新加坡、泰国、马来西亚等南洋诸国。②

正如前面所述，若逝者为女性，则需要念《血盆经》。"拜血盆"是以唱为主的仪式。斋嬷坐在鼓旁，伴随鼓点唱《血盆经》。主要是安慰亡者，告诉后人，追昔抚今，懂得过去，才知未来。这期间，子女手捧香火，作揖打拱，拜天拜地。

那么，母逝要"拜血盆"有什么来历？又有何寓意呢？

据说来自"目连救母"的传说：

相传目连的母亲死后被打入了地狱。目连听到这一消息后，决定到地狱中去把母亲救出。但打开地狱门一定要用佛祖的禅杖。因此，目连跪求佛祖能赐禅杖一用。佛祖念其救母心切，意志坚定，应允借杖。于是，目连持杖赴阴司，一杖挥去，地狱门被打开，哪知地狱门一开，所有关在里面的凶神恶鬼统统跑出。这可触怒了阎王，就到佛祖面前状告目连扰乱秩序。佛祖一方面告诉阎王，可以把从地狱跑出的阴魂统统打入猪胎，让他们转世变为人间的猪；另一方面，又责成目连重投凡尘，变成屠夫，把猪一头一头杀死，使之重入地狱。尔后目连来到人间，天天"半夜迟猪③天光卖"，从未间断。时间过了三年，适逢民间举行盛大节日，俗民需要更多的肉食办宴过节，正是屠夫们赚钱的大好时机。可是，目连却一夜沉睡，到天大亮还未起来。目连醒了之后，立即起来提起屠具，走到屠场准备杀猪。奇怪的事情出现了：以往所杀的猪都要从栏里用力拖出，而且头头"哇哇"大叫不停，而今天，目连才到屠场，一头猪就从猪栏里自动跳

---

① 参见陈世松主编：《四川客家》，桂林：广西师范大学出版社，2005 年，第 212 页。
② 参见房学嘉：《客家民俗》，广州：华南理工大学出版社，2006 年，第 61 页。
③ 迟猪即杀猪的意思。

出来了，摇头摆尾走到目莲面前，好像迎接他似的。这一怪现象使得目莲生疑，于是决定不再杀猪，而走出门口，请所有买猪肉的人到别处去买。买猪肉的人走了，目莲独自坐着发呆。这时，一个身穿道袍的老者突然进来，点化目莲，说要救母必须经过艰苦的努力，闯过一道道难关才能达到目的，于是老者把未杀的那头猪点化成一个老妇，要目莲护送往漫无人烟的地方去，最后才免除母亲重入地狱之苦。①

这就是“目莲救母”的故事。超度亡灵的高潮部分就是“打莲池”，一般为4~8个斋嫲做完。此外，在丧葬过程中，出殡也是一个重要环节。在客家地区，一般出殡的场面庄严而隆重，但也不乏热闹。除家庭成员和参加丧葬活动的亲朋好友之外，在出殡的途中，村庄上的村民也会到场，虽然不一定能够做什么，但也前来哀悼和慰问。出殡队伍浩荡，有的多达几百人，甚至上千人。出殡时，两位手持扎得严严实实冒着浓烟的禾杆草的人走在前面“引路”，一对喇叭紧随其后，接着是长房嫡孙手捧灵牌、遗像。后面七八个彪形大汉模样的男子抬着灵柩紧跟而来，再后面拖着披麻戴孝的长长的队伍。沿路演唱各式“抬工号子”的《送丧歌》。如此浩浩荡荡，一路哀歌。如贺州客家有一首“七叔婆”去世的哭丧歌：

阿咪偓哀②，样边哀子心咁烦，有仔有孙都唔带，成心来丢汝子女。高床高席都唔睡，甘愿岭头岭尾打地铺。高楼大厦都唔穴，甘愿赤土黄泥睡千年。日里来听山水响，夜里来听山鸡啼。偓哀丢开汝仔捞汝女，汝孙捞汝雪。偓转娘家时，次次阿咪送偓到竹排。今那汝女来到冇开阿咪奔偓喊，又冇阿咪偓哀送。来到娘家喊偓哀，十句喊来冇句应。舌麻喊敛喙喊燥，哀子都冇出句声。偓哀在时，来到心肝汝女来开了，今那汝女样边好，偓哀长命十年八年唔算老。像得偓哀也唔好，像偓哀唔倒也外衰，偓哀又有仔来又有女，又有孙来又有雪，偓哀九十过开一百来。第日来到时。偓妹秆扫片门边。有钱人来到池鸡杀鸭乱毡毡，汝女来到秆扫片门边。冇哀在时偓妹就欢喜，有偓哀在时，日也犯佢夜也犯佢。今那偓妹餐时吃饭吃多碗，晡辰睡目睡多觉。冇哀在时，偓妹日里好过针挑孽，夜里好过捡开番。有偓哀在时，一年就省三丈布，也够偓娣偓妹驳衫又驳裤；一餐就省三碗饭，三三开九一杓麻，也够偓娣偓妹喷鸡喷鸭麻。

---

① 参见房学嘉：《客家民俗》，广州：华南理工大学出版社，2006年，第64－65页。

② 哀，哀子，阿咪指母亲。

哭丧歌是民间千百年流传下来的一种礼俗歌，在当地，亲属去世，妇女不唱哭丧歌，被视为不孝。哭丧歌分为经、套头和散哭三部分。经是结合丧葬仪式唱的，亡人从断气、入棺、出殡一直到做七，每一过程都有一种仪式，伴随仪式都有一种念唱的歌。套头比较呆板，不能自由抒发，只要掌握套头的基本内容，哭丧时一般可以应付。所谓散哭，就是人死后，亲人悼念时哭唱的歌，越是关系亲近的人，哭起来越是情真意切，如哭丈夫、哭妻子、哭父母、哭子女，痛之深，情也哀，哭者哀欲绝，不能自休。这种哭还往往勾起对自己一生的坎坷和悲苦的诉说，所以一发而不可收，虽经家人再三劝阻，还情犹未尽，欲止不能。这类哭词，一般都比较长，语言瑰丽多彩，想象丰富。① 但是现代人的哭丧就不一样了。在过去，认为所谓哭丧总是低沉悲哀的，悲痛的眼泪一汪接一汪。而现代人，老人去世后，在哀悼的时候，开始时哭丧是悲哀的，慢慢地由悲变喜，曲调也由沉重变为欢快。笔者原先有些不理解，因为人死本是悲痛之事，何来的高兴？但后来慢慢理解，因为现代客家人把结婚与老人去世所办之事一视同仁，认为老人寿终正寝或因病去世均是解脱，乃是一件快乐之事。难怪客家人在吹吹打打的哭丧曲中，有些人唱《十五的月亮》《血染的风采》《妈妈的吻》等诸如此类的歌曲了。这均是对死者的一种悼念，它说明现代客家人的生死观已经逐渐发生变化。

当然，生活在海外的客家华侨其丧葬方式虽然存留有内地的民俗，但其变化或不同不言而喻。譬如在印度的客家华侨，去世后一般集中埋在"拉爹务史"（La Terre Rouge，意为红土地）华侨公墓。所做的墓碑同祖籍地客家非常相似。但所用的棺材比较扁，头与脚的地方相对比较小，肩与胸的地方相对较宽，这与本土客家长方体的棺材是不同的。棺木上画有一个钉着耶稣的十字架，棺材内衬有白铁皮做的里子，收殓时，尸体放入棺材内，盖上白铁盖子后用锡铁焊上，然后盖上棺材盖子。出殡时，由死者的生前好友执绋。祭祀时烧香点蜡烛，敬奉三牲并烧纸钱。客家华侨的这种祭祀方式与祖籍地很相似。死者的家属手臂袖上佩戴黑纱一年，若死者是男性，则黑纱戴在左袖上；若死者是女性，则黑纱戴在右袖上。在东南亚的客家华侨，戴孝女性可以仿照西方人的习惯穿黑色的衣服，如连衣裙，也可按照祖籍地风俗在头上系上白色的带子或绳子。特别是在第二次世界大战之后，客家华侨做丧事的方式更有所改变，因为有华侨女性出家当尼姑、道士，因此有些华侨过世时，其亲属便请尼姑、道士来念经超度

136

---

① https：//zhidao. baidu. com/question/14966669924437002339. html。

亡灵。① 随着时间的流逝，世界经济文化不断融合，客家华侨做丧事的民俗风情也慢慢有所变化。

（二）客家人特殊的葬俗——孝与崇拜

客家人的丧葬民俗主要体现为"二次葬"。二次葬在客家区域内广为盛行，其根本原因就在于二次葬是客家民系祖先的崇拜在葬俗上最为实在的深层表达，表现为一种衷心的"孝"。随着客家社会不断演进，这种宗法民俗依然得到延伸。它也是客家民间的祖先崇拜形式上多样性的表达。由于迷恋风水，客家人便有了寻风水、迁风水等迟葬、迁葬的民俗。"赣南坟墓，有血葬、筋葬之别。……此筋葬之习惯，大都因迷信风水而发生。盖赣南人民最爱信风水，如祖宗坟墓，经年累月，地气已过，不成吉壤，则必迁葬。此种观念印入脑中，牢不可破。将祖宗坟墓迁葬两三次，或四五次，所在多有耳。"② 此类葬法，反映的意识是肉体与灵魂可分，人死之后，灵魂脱离其原先的附属物，获得再生，出现在另一世界。

"二次葬"在客家民间又叫"做风水"。它不一定选在原坟址，而是根据风水先生所选的位置择定。其主要的形式就是开棺捡骨（头），然后另移葬地。开棺捡骨（头）有一定的仪式，究竟在什么时辰，则要请教风水先生。据传，祖公定下每年八月初一为开棺的时间。开棺后，尸体仍未腐烂（即落葬后尸体未被虫子咬），说明这个地方好，是"养尸地"，则可以重新刨土掩地。"二次葬"开棺捡骸时，若发现棺内有蛇、蜈蚣之类，就要放生，千万不能置之于死地。在客家人看来，这些生灵都是死者的灵魂所在。如若棺内出现湖鳅，则最为吉利，显示其后裔将出贵人。③《论语》记载："慎终、追远，民德归厚矣。"客家民风淳朴，"慎终追远"是当地人的美德。相对于汉族的其他民系，客家人对祖先的崇拜有过之而无不及，认为对祖先的祭祀是饮水思源、不忘根本的表现。"敬宗穆祖"是其乡土宗法社会制度的最基本内容。当然，在丧葬礼俗上有许多繁文缛节，甚至相互攀比显摆。"二次葬"的文化意蕴表现为：一是可以告慰九泉之下的先灵，让早已逝去的祖先在那个彼岸世界得到安息，且通过子孙辈的繁衍得以烟火传承。二是趁机把有血缘关系的亲朋好友召集在一起，进一

137

---

① 参见刘新斌：《在第二故乡的日子里》，暨南大学华侨研究所编：《华侨史论文集》（第四集），1984年，第289页。

② 参见施沛生编：《中国民事习惯大全》（第六编），上海：上海书店出版社，2002年，第78页；又参见周建新等：《江西客家》，桂林：广西师范大学出版社，2007年，第133页。

③ 参见房学嘉：《客家民俗》，广州：华南理工大学出版社，2006年，第68页。

步凝聚宗族的势力。它贯穿着生者对死者的真诚怀念，以及与这种怀念混杂的既恐惧又有所求的复杂感情。对祖先顶礼膜拜的现实终极关怀也体现于此。

对祖先的崇拜是建立在一定的血缘关系基础之上的。一方面，"二次葬"是客家人对祖先依恋性强的表现。传统文化认为，安葬祖先骨殖的坟茔是不可挖的，否则愧对祖先，要遭受因果报应。轻则伤财，重则遭难，甚至是遭遇灭顶之灾。在将血脉传承置于至关重要位置的乡土宗法社会里，人们不敢去做那些违背伦理的事情。但是，客家民系在被迫南迁之时却不顾这些所谓的伦理传统观念，冒天下之大不韪，不惜掘墓开棺、拾起祖先遗骸并随身携带。这种壮举，显示了客家人对祖先血缘关系的依恋已远远超过因掘祖坟而带来的恐惧感。另一方面，"二次葬"是"慎终追远"在血脉传承上的要求。这种葬俗，从其形成、发展诸方面凸显了客家人对祖先的无限崇敬以及对中原故土的深深眷恋，也有对未来生活的执着追寻。它是客家人提倡孝行的一种行为方式。美国传教士晏玛太认为，"祖先崇拜只是孝心的一种体现"。儒家主张"以孝治天下"，进一步强化了家族血缘纽带关系。孝悌观体现在丧葬观念上是秉承"人死灵魂在，事死如事生"的古老观念。无论是对先人的"慎终追远"的遵循，还是在行为方式上践行客家人的"孝行"观念，葬俗无疑是对祖先崇拜的尤为重要的表现形式。

同时，客家人认为阴居与阳居同等重要，因为人死后，鬼魂犹在，同样需要停歇居住的地方。所以"阴居"选择的基本条件与"阳居"类似，各种可能的居住要求、条件非常雷同。再者，有的人，生在世上，一辈子贫穷，上无片瓦，下无立锥之地，企望死后有个安身之所，灵魂有个舒适的归宿。"阴居"是对先人的交代，也寄托了后人的哀思与崇敬。① 然而，有人利用祖先崇拜，以修建祖先陵墓为由，挑拨宗族之间的关系，导致宗族之间为争山、争水而不断产生冲突、械斗，带来某种程度的危害。因为客家地区以农业生产为主，水田与山地是农民不可缺少的基本生活资源。它与宅地、墓地一起，成了群族之间争夺的对象。②

客家人十分重视丧葬风俗，之所以如此，除了普遍存在的灵魂不灭观念之外，儒家孝道和先人荫庇后代之类的思想也起了推波助澜的作用。丧葬是否办得隆重和符合俗规，既是衡量子孙尽孝与否的标志，又对能否获得祖先荫庇使家道昌隆具有重要意义。客家以祖灵崇拜作为信仰的核心，

---

① 参见谢剑、房学嘉：《围不住的围龙屋》，广州：花城出版社，2002年，第60页。
② 参见梁德新：《客家乡情》，梅州：梅州市作家协会，2003年，第157页。

为其信仰形式烙刻上深深的世俗底色，其中一些风俗渗透到客家人生活的方方面面，成为客家人精神生活层面不可缺少的一部分。

第六节　"过番谣"：客家及其华侨女性的文化记忆和身份认同

中国人迁居海外历史悠久，它主要发生在沿海的粤闽客家地区。在宋末明初，大批中原汉人南迁到闽西、粤东、赣南的广大地区，而又以粤东梅州地区为盛。这些南迁的汉人，起初在江淮等流域滞留达好几个世纪，为他们进一步南下带来吴、楚等古老文化，后来迁徙到了南方，并与当地土著居民融合而成客家人奠定了基础。梅州地处粤东北，山地起伏。境内梅江、韩江流贯，耕地多为山坑田、梯田、高墈田、岸坡地和沿河大小盆地。梅州素有"八山一水一分田"之谓，山高、土薄、水冷，生产、生活条件非常艰苦。[①] 客家人所经历的地理、人文生态环境，使整个民系有着特殊的民俗。梅州古称嘉应州，明清时期，这里人口增长迅猛，人多田少的严峻形势，十分不利于人类生存。于是，又需要一次较大规模的迁徙。当时受"湖广填四川"移民潮的驱使，加之晚清开放海禁政策，为客家人口外迁打开了方便之门。

光绪《嘉应州志·礼俗》中记载：

自海禁大开，民之趋南洋者如鹜。始至为人雇佣，迟之又久，囊橐稍有余积，始能自为经纪。其近者或三四年、五七年始一归家，其远者或十余年、二十余年始一归家。甚有童年而往，皓首而归者。当其出门之始，或上有衰亲，下有弱子，田园庐墓概责妇人为之经理。或妻为童养媳，未及成婚，迫于饥寒，遽出谋生者，往往有之。然而妇人在家，出则任田园樵苏之役，入则任中馈缝纫之事。古乐府所谓"健妇持门户，亦胜一丈夫"，不啻为吾州之言也。其或番银常来，则为之立产业，营新居，谋婚嫁，延师课子，莫不井井有条；其或久赋远游，杳无音信，亦多食贫攻苦，以俟其归，不萌他志……[②]

然而，在这些所谓的繁华背后，到底隐藏了哪些鲜为人知的辛酸呢？

---

① 参见胡希张：《客家山歌史研究》，广州：广东人民出版社，2013 年，第 30 – 31 页。
② 刘佐泉：《观澜溯源话客家》，桂林：广西师范大学出版社，2005 年，第 229 页。

忆苦思甜，重温客家人当初漂洋过海的那段血泪历史，对于当下客家人的发展具有深刻的启迪。

一、客家民俗与血泪"过番"

那么，客家人为什么要"过番"？"过番"的背后动机是什么？"过番谣"反映了客家人怎样的一种心路历程？

客家人漂洋过海或侨居国外，其原因有多种，来自政治的、历史的、经济的等各个方面，[①] 而这些原因与客家人灵魂深处的民俗思想不无渊源。

第一，是出于政治压迫。客家先民从中原一带，一直南迁至粤闽赣的偏僻山区。南迁之地并非"世外桃源"，仍然一片战乱。宋末元初，江西客家人文天祥丞相，为护宋帝，在赣州一带率领客家军与元军展开了激烈的厮杀，场面惨烈。终因寡不敌众，为避免追杀而去了南洋。

粤东客家梅州第一个出国的华侨是祖籍松口的卓谋，距今已有 700 多年的历史，有史可查：宋代末年，粤东嘉应州（今梅州）卓谋，出身贫寒，但身体强壮。当时元军侵占中原，并图谋南下广东，由江西赣州包围嘉应州。宋代宰相文天祥为了收复失地，率军南下与元军展开了激战，收复了失地。可是元军不甘心失败，随后派遣大量土匪军汹涌而下，与文天祥所率领的部队展开了激战，由于凶多吉少，宋军败退至离城 50 多里的松口。宋军征集当地客家人卓谋等 800 多位壮士进行反抗，边打边退到潮州城。战后，除死伤者之外，其余乘舟逃走。岂料途中舟沉崖山，死伤百分之八九十。[②]

黄遵宪有诗道：男执干戈女甲裳，八千子弟走勤王；崖山舟覆沙虫尽，重戴天来在破荒。当沉舟崖山时，卓谋没有溺死，于是召集了几十位幸存下来的人商议，与其束手待毙，不如漂洋过海去谋生。[③] 卓谋与他的同伴经过两三个月的时间，终于到达了"番邦"，便在此开荒拓地，成家立业。这就是粤东最早的客家华侨。自此之后，客家人（主要指粤东客家人）外出南洋者相继增多，年复一年。当然，粤东客家人毅然决然闯荡南洋主要集中在近现代时期。他们遍布南洋各个国家，如马来西亚、印度尼西亚、泰国、新加坡、菲律宾等地。这些粤东客家华侨在那里工作、生活以及繁衍后代，成了现代意义上的客家华侨；或者由于各种原因他们又回到祖国成了归国华侨。

---

① 参见罗英祥编著：《飘洋过海的客家人》，开封：河南大学出版社，1994 年，第 17 页。
② 参见罗英祥编著：《飘洋过海的客家人》，开封：河南大学出版社，1994 年，第 300 页。
③ 参见罗英祥编著：《飘洋过海的客家人》，开封：河南大学出版社，1994 年，第 17 页。

另据史料记载：

南宋末年，梅州乡民参加文天祥抗元失败后，梅县松口卓谋等人向今印尼的加里曼丹避难谋生（1277）。此为梅州乡民首次出洋的历史记载。随着国内各种原因，如山区人口膨胀或天灾人祸，生活难以维持，梅州陆续有人向南洋各岛迁徙。19世纪中叶，鸦片战争爆发以后，西方殖民者入侵和开发东南亚、北美，需要大量劳工，梅州乡民多以"契约华工"，或以宗族亲友提携等方式前往。五华县乡民张观润于1918年当契约华工订约卖身到山打根种烟。平远县蓝贵和，1922年卖身到印尼勿里洞当矿工。梅州乡民大量出洋应在清末民初。清朝灭亡，民国建立后，中国海关趋于解禁，加上东南亚开发需要，梅州又靠近东南沿海，出入较为方便。因此，出现成批乡民结伴前往南洋各地。第二次世界大战期间，日本南侵东南亚，许多梅州华侨弃业回国，到1945年日本投降后，又有大批的归国华侨复出侨居地，并带去众多的亲友。直至1949年中华人民共和国成立之后，各国政府限制移民，出洋的人数才有所减少。[①]

在清代，由洪秀全领导的太平天国运动，其中的起义军绝大部分为客家人。失败后，许多人逃往南洋与日本。同样，20世纪20年代，国内革命战争失败后，客家地区的革命组织遭到破坏，在失去信息来源的情况下，地下党人纷纷漂洋过海避居东南亚各国，以待时机，随时投身革命。

第二，历史上，客家人频繁迁徙，与总是受到当地土著人的排斥，难以融入其中，呈边缘化有关。所迁徙之地，肥沃宽广的地方根本就没有他们聚居之处，只能困居在一些地少人稀的偏僻山区，而且聚居于此种生存环境内，封建宗法民俗势力顽固，老百姓受到严厉的盘剥，大有呼天不应、叫地不灵之痛恨。乡土宗法弱肉强食，以大欺小，家族势力强的欺压势力弱的，并且形成一种恶性循环的民俗态势。在这种情况下，人们选择远走他乡，到外地去谋生就成为可能。

第三，客家人所住之地，大多为穷乡僻壤。人们一年到头辛辛苦苦，却仍然食不果腹。生活凄惨，只好远离此地，到想象中的"彼岸乐土"去谋生。如广东梅县三乡，是个"山、散、穷"的地方。本来全县的人均耕地就非常少，这几个乡的人均耕地更是大打折扣，因为耕地大部分属族中的公田。人多地少，当地佃农只能靠佃耕轮种为生。其年终收获所得，除

---

① 参见《梅州市华侨志》编委会、梅州市华侨历史学会编：《梅州市华侨志》，2001年，第83页。

了上交的高额地租外，所剩无几。客家人有句俗谚"拿起禾镰无米煮"。据地方志记载，此地年老一辈出国的华侨占70%以上，当地华侨高达近万人，几乎都是因为生活贫困而被迫去南洋的。①

而且，客家男子大多不愿意在山高水寒、人多地少、生存空间有限的家乡故土抱残守缺、碌碌无为，而是"各抱四方之志"，宁愿抛妻别子也要到广阔的外部世界去，在激烈竞争中白手起家、拼搏创业。客家谚语有道："舍不得娇妻，做不了好汉。"因而出现了"精壮人才走四方，老弱妇幼守田园"的客家社会特有的现象。这跟客家的传统文化有直接关系，其中，既有人们对自身价值的追求，也有世俗偏见的影响。如在古嘉应州有一种普遍的社会心态，认为在家捏泥卵（按，指耕田种地）是无出息的，"出门再苦终有出头天"，"情愿在外讨饭吃，不愿在家掌灶炉"……他们认为，在外边讨饭，碰着机遇，还可以成名立业，若老在家里待着，那就一辈子没有出息了。故无本事或无机遇外出谋生而困守田园的男人，被看作"唔晓（不会）过丘嘅（的）死田螺""灶下鸡"。这是客家人显著外向型的一个共同心态特征。唯其观念如此，所以男子一旦到了年纪，便要"揩条裤头（腰）带"——一文不名，冒险远出。这正如客家《过番歌》所唱的情形一样：

（男）：

冇（无）食无着甚艰难，想来想去想过番，有日阿哥时运好，杠子扛银转唐山。

莫念阿哥命咁歪（命运不佳），漂洋过海唔单俇（不止我一个），缅到唐山咁（此）辛苦，唔当（倒不如）番片担锡泥。

一心种竹望上天，谁知紧大尾紧弯，一心同妹望偕老，唔（无）奈家贫去过番。②

（女）：

五望亲夫写信归，你爱记稳妹言语，每逢水客爱搭信，见信好比见人归。

六望亲夫爱发财，勤勤俭俭做到来，积少成多会成就，雇条大船载转来。

七望亲夫开锡山，开创锡山莫畏难，有日开到大仓锡，好过搭船过

---

① 参见罗英祥编著：《飘洋过海的客家人》，开封：河南大学出版社，1994年，第20页。
② 刘佐泉：《观澜溯源话客家》，桂林：广西师范大学出版社，2005年，第232页。

金山。

八望亲夫开大行，手赚黄金千万两，他年带着金银转，牛载藤匣马载箱。

…………

十望亲夫早回唐，赚到银钱转家乡，一来又好见妹面，二来又好顾爷娘。①

也正是从那个时候起，梅州客家人遍布世界七十多个国家和地区，达几百万人，粤东则成为外出时间最早、人数众多的侨乡。

据相关史料记载，最早并且初具规模的客家女性漂洋过海大约是在晚清年间。1858 年 1 月，英法联军用武力攻下广州，并组建了一个欧洲人与华人共管的行政机构来管理广州。此时，客头们大肆掳掠劳工的行径已经到了令人发指的地步，任何遏制这种行径的措施都很受欢迎。华人出洋已经司空见惯，而且当地知府以及广州联合委员会负责人巴夏礼也贴出若干告示，一方面谴责掳掠行为，另一方面提出监管出洋的制度。② 1859 年 4 月 9 日，两广总督更是加大力度：

本大人在此宣布措施，各地贫困民众切记听清。自愿出洋到国外应募工作者务必前往招工公所，提交一份明确报告，中国官员和招工代理将仔细查验申请者，以确保他们实属自愿出洋，而非受人拐骗。待验明正身，双方才可共同商谈未来应募工作的条件待遇，并以正式契约记录在案。

1859 年 12 月 24 日，柯士甸送走了他的第一艘华工船——"旋风号"（Whirlwind）。船上载有 304 名男性、56 名女性、7 名男童（15 岁以下），以及 4 名女童（13 岁以下）。经过 78 天的海上航行，船只到达乔治敦，无一人死亡。于是，在第一批男性华工被运往英属圭亚那 7 年之后，这里迎来了第一批中国女性移民。在 1859—1860 年度，又有 5 艘船从香港和广州出发，到达德梅拉拉，共载有 1563 名男性、305 名女性（客家女性占多，也有其他民系的女性）。

从中国开出的"旋风号"在快速航行 78 天之后，于昨日到达，船上载有 377 名华工，其中有 56 名女性。航行中未发生一起死亡事件。船只进入河口后，总督阁下、沃德豪斯夫人、威廉·沃克（William Walker）先生

① 刘佐泉：《观澜溯源话客家》，桂林：广西师范大学出版社，2005 年，第 232 – 233 页。

② 参见特里夫·苏阿冠著，戴宁译：《甘蔗收割者：圭亚那契约华工史》，广州：广东人民出版社，2018 年，第 85 页。

及夫人，以及其他先生们和女士们登船看望远道而来的乘客。乘客们看上去个个身体健康，精神状态良好。由于之前很少有人见过中国女性，这批56名女性引起了人们极大兴趣。劳工们身体状况良好部分原因要归功于船上的清洁环境及合理安排。但还有一部分原因，也许算是主要原因，那就是招募劳工时的精心选择。只有符合条件，身体状况适合航行的人才能登船远航。（《皇家公报》，1860年3月13日）

夫妻劳工住在船舱的后半部，由一道隔板与单身男劳工隔开。每对夫妻有单独的铺位，以保证私密性。与此同时，铺位的隔断也有近5英尺高，以免阻碍空气流通。船的中部和前部分别安排给香港劳工和广州劳工，以免他们之间发生冲突。还有十来个人被安置在长条船的过道里，因为他们与香港人和广州人都合不来。不过，等到大家下船时，彼此之间的隔阂已烟消云散……（《皇家公报》，1860年3月23日）

也许这批早期的漂洋过海的客家女性是幸运的，也许这是《皇家公报》为了宣传的需要，这批女性华工在"过番"途中才有如此待遇。事实上，从众多历史资料来看，客家女性与客家男性一样，外出谋生历经千辛万苦，不仅生活非常悲惨，而且连生命都得不到保障。她们被当"猪仔"卖到异国他乡。有的在中途或者病死，或者因为不能忍受船主的虐待而跳河自尽，甚者，有的被活活饿死。

当然，一部分客家人为了生存、发展，不惜远涉重洋到达南北美洲或西印度群岛，闽西、粤东的客家人还有到非洲、澳洲经商的。比如梅县客家人罗芳伯在婆罗洲就建立了"兰芳共和国"，这是一个乌托邦式的理想社会，人们共同劳动、开矿，共同分享劳动成果。他们与当地人和睦相处，共治当地的矿产、环境与社会秩序。而大埔客家人张理、丘兆进则开辟出了著名的槟榔屿。①

上述客家人大都居住于山区，物质生活贫乏。为了找到更好的生活方式，摆脱家庭、个人的困境，男子被迫四处漂泊谋生。女人则固守家园，"相夫"不能则教子。《嘉应州志》云："徐元扈《甘薯疏》：闽、广薯有两种，一名山薯，彼中故有之。一名番薯，有人自海外得种，海外人亦禁不令出境，此人取薯绞入汲水绳中，因得渡海分种。屈大均谓番薯近自吕宋来，植最易生，叶可肥猪，根可酿酒。州属山多田少，贫户每借以充粮

---

① 参见肖平：《客家人：一个东方族群的隐秘历史》，成都：成都地图出版社，2002年，第54页。

食。"① 只要家中有两三亩可供耕田，她们就能以惊人的毅力维持整个家庭，比如伺候公婆、抚养子女。这种特殊的山区民俗文化，对客家人的社会分工有特殊的规定，那就是真正的"男主外，女主内"。

过番歌谣的创作、流传期，自清末民初至 20 世纪 30 年代，长达半个多世纪，也是客家华侨中突出的客家民间文学的重要资源。其特点是记述漂洋过海，分隔在大洋彼岸两地所造成的眷念与相思之困境，如情、怨、念、恨等诸种情绪的流露。这种歌谣是客家出国华侨、侨眷内心世界大胆、直率、朴拙的直接抒情。它反映了近代客家华侨出洋的个人行为特点与普遍存在的"揾食""博钱"意识。如长篇叙事竹板歌《过番》：

　　人生在世几十年，贫富算来总由天。百事皆从天注定，不须强求得自然。

　　年方二八十多岁，心肝似海胆似天。心中欲想生理做，手头拮据又无钱。

　　逐日四方游耍嬲，嫖赌食着都齐全。心中思想无计较，不免出屋来过番。

　　求亲托友同伴去，又无银两做盘钱。若无盘钱做新客，甘愿同人做三年。

　　拣时择日动身去，几多叔侄送茶钱。爷娘又许众神福，祈保身体得安然！

　　家中父母年纪老，三年两载转唐山！……②

正如历史学家罗香林所说：歌谣本为一种自然的产物。随便什么地方，只要有人在那里居住，便有歌谣产生。它的色彩，一方面可以代表殊异的风土，另一方面又可以代表特别的民俗，前者为受环境影响而成的特质，后者多属民性遗传的表现。南方的歌谣往往在形彩上与北方的歌谣完全不同，然而细查其精神的所在又完全相似，因为它曾经受环境律和遗传律的影响。③

---

　　① 参见邢丽凤：《黄遵宪与客家民间文化》，山东师范大学硕士学位论文，2003 年，第 28 页。

　　② 胡希张：《客家竹板歌研究》，广州：广东人民出版社，2010 年，第 24 页。

　　③ 罗香林：《粤东之风》，广东省兴宁市政协文史资料研究委员会编：《兴宁文史》（第三十辑），2006 年，第 31 页。

二、缠绵悱恻、令人心酸的华侨"过番谣"

正如上述，从历史记载中可以推知客家人"过番"是在南宋末年之后。而明清时期粤东如梅县、丰顺、平远、大埔等地就有华侨"过番"的历史。从乾隆年间开始，粤东梅州客家人往南洋迁徙出现在大量的官方文献资料中，这意味着粤东海外移民问题已经受到了政府和当地人比较多的关注。①

梅州是山歌之乡，又是著名的侨乡。过番歌谣特别丰富、动人，流传海内外。因为侨乡梅州客家人千里迢迢过海谋生十分不易，往往背井离乡、抛妻别雏，并不是一件愉快的事情。他们有的典当家私做旅费，有的把东拼西凑借来的钱做盘缠，或者被迫"卖猪仔"。"过番歌"就是以这种艰难、凄楚、生离、死别为背景而写成的，人人传唱，是客家华侨真实身世的写照。如《月光出世系奔波》②：

月光出世系奔波，团圆较少缺（啊）较多（啊），十五十六光明夜，二十七八打（啊）暗模（啊）。

另外一首过番歌谣写道：

番隔唐山千万里，去时容易转就难。漂洋过海多辛苦，去到番邦又般样。

在这种背景下，父母、妻子都不愿意自己的亲人出海谋生。为此，苦苦相劝。挽留不住，只能依依惜别，含泪相送，如《劝郎莫过番》《妹送亲哥去过番》《回头唔见嫩娇妻》《亲哥过番两分离》等都是心酸、悲惨的典型过番歌谣。它唱出了梅州侨乡客家人不得已过番的悲惨、痛苦遭遇及其漂洋过海、颠沛流离的心酸生活。其中骨肉分离之痛苦、夫妻思念之忧伤溢于言表。情真意切，字字看来皆是血。如：

汕头出海七洲洋，七日七夜水茫茫。行船三日唔食饭，记妹言语准干粮。

---

① 陈定开主编：《客家文化研究与梅州名人故居》，2005 年，第 65 页。
② 陈定开主编：《客家文化研究与梅州名人故居》，2005 年，第 65 页。

　　阿哥出门去外洋，郎就孤单妹凄凉。赤水黄沙家门远，望妹唔到痛心肠。

　　"过番歌"的内容主要涉及三方面①：

（一）客家人"过番"是迫于生计的无奈

　　客家人"过番"是一个从心理到行为都十分纠结的痛苦过程：劝阻——"劝郎莫过番"，送别——"去时容易转时难"，嘱咐——"十望亲夫早回唐"，思念——"望夫回心欲碎"，怨叹——"青春活守寡"。

　　"过番"——"无奈何，卖咕哩"，它形象地揭示了贫穷落后的乡村老百姓的万般无奈，背井离乡，漂洋过海，被当"猪仔"（猪的崽子），"卖咕哩"。当年去马来西亚等地的，绝大部分是穷困潦倒的客家人。这就是：

　　无食无着甚艰难，想来想去想过番；想起在家难过日，迫到过番担锡泥。

　　去到南洋也辛苦，样得三年'新客'② 满。

　　这些"猪仔"被残酷地拘禁在那些"猪仔馆"中，往往被置于死地的概率非常之高。如 1852—1858 年由汕头掠运出洋的"猪仔"共计四万多人，其中被囚禁在"猪仔馆"中折磨至死的近一万人，占 25%，还不包括跳海自杀的。③ 并且，那时出洋只走水路，少则十天半个月，多则达半年的时间才能到达大洋彼岸。所乘船只破烂不堪，途中还被水手严厉看管，他们手持棍棒、枪支来回巡视。船老板为了赚钱，往往超载。华工们简直就是"日则并肩叠膝而坐，夜则交股架足而眠"。船上饮水、饮食既不卫生又严重匮乏。舱内空气污浊，环境十分邋遢，疾病丛生，华工们的生命安全压根就没有保障。

　　客家人的辛勤耐劳是出了名的。在 19 世纪中叶，无怪乎一位叫约翰·惠普尔的美国商人来到客家人的聚居地，招募劳工，一开口，便要至少一

---

　　① 参见肖文燕：《华侨与侨乡社会变迁——清末民国时期广东梅州个案研究》，广州：华南理工大学出版社，2011 年，第 274－275 页。

　　② 新客，即华工。

　　③ 参见郭威白：《马来西亚华人在发展当地经济中的作用》，《中山大学学报》1959 年第 4 期，转引自杨鹤书：《客家人适应方式的转变与他们对马来亚早期开发的贡献》，《客家研究辑刊》2003 年第 1 期，第 49 页。

半是客家人。他认为:“客家人能干活，客家人吃苦耐劳。”①

(二)“过番谣”:悲惨境遇的一面镜子

近代以后，西方殖民主义在华日益扩张。为了发展殖民工业，他们以欺骗、掳掠、盘剥等残忍手段招募华工到南洋或美洲去开矿垦殖。贫穷的梅州客家人，万般无奈之下只能背井离乡，甚至抛妻别子，跟着洋人或贩子由松口或三河上火船，沿梅江、韩江而下。起先是到潮州妈屿岛与南澳岛，继汕头开港后便从汕头出发，顺流而下到南洋或太平洋彼岸去做苦工。

如大埔客家有首典型的“过番谣”《十送郎》:

一送侄郎门帘下，目汁双双衫袖遮；别人问侄脉个事，侄郎走撇侄自家。

二送侄郎门栓前，手攀门栓叫涟涟；面前又无亲生子，最多走得三二年。

三送侄郎天池下，交代侄郎剪绉纱；莫剪长来莫剪短，恰恰齐妹腰骨下。

四送侄郎屋角头，交代侄郎买枕头；买枕爱买鸳鸯枕，莫买单枕各一头。

五送侄郎五里亭，再送五里难舍情；再送五里情难舍，万分难舍欸条情。

六送侄郎食水盂，嘱郎食水莫食多；食得多来肚会痛，路远迢迢脉人摩。

七送侄郎竿子排，手攀竿子割到侄；有心阿哥来断血，无心阿哥气坏侄。

八送侄郎桂花窠，手攀桂花来垫坐；左手攀个桂花树，右手攀个妹亲哥。

九送侄郎石子岗，石子踢脚血难当；撕块绸布来包脚，脚趾没包先抱郎。

十送侄郎渡船头，船在水中浮又浮；船子走了还会转，侄郎一去无回头。②

① 谭元亨:《世界文学视野中的客家文学——兼论 A. 米切纳的〈夏威夷〉》,《客家研究辑刊》1999 年第1期，第111页。

② 《品〈十送郎〉》,《梅州日报》,2010 年1月29日。

契约华工到达居住国后，多数在种植园、锡矿从事艰辛的劳动，以苟延生命。为了在异国他乡求得生存，他们从事各个行业的工作，如餐饮、服务、建筑等，不一而足。

半夜三更就起床，带工催促乱忙忙。三百六工足足做，总嫌夜短日子长。

想起过番更孤凄，水蟀当席裾当被。转来大家喊番客，几多叼凉谁人知。①

旧时客家人出洋的主要方式是"卖猪仔"。"卖猪仔"，根据华工出国时间、地域、劳动组织形式的不同，可分为"猪仔""契约华工""赊单工"等多种类型，这是近代殖民主义者掠夺华工去南洋等地做苦力的一种手段。当南洋传来招募华工的消息后，设在广州、澳门、香港、汕头等地的"猪仔馆"，便派人到各地去"招募"。他们或诱骗拐卖，或武力掠夺，还要逼迫被"招募"者签订卖身契约，然后把这些劳工用"猪仔"船运往南洋各商埠贩卖。据统计，晚清仅广州、汕头的"猪仔馆"便有 30 多间，粤东许多客家人就是从这两个港口被卖"猪仔"出去的。在被称作"活动地域"的"猪仔"船上，华工被锁禁在轮船大舱里，挤得密密麻麻，以致卧无尺地，难以转身。他们吃不饱，喝不上水，加上空气污浊，晕船呕吐，生病者众多，有些人在贩运途中便命丧黄泉，被扔下大海。那时"番"船破旧，机械故障频频发生，加上海上风急浪高，而且时有台风，形势十分险峻。

为了招到足够数量的劳工，客头们使用的手段五花八门，令人防不胜防，从花言巧语的诱骗到光天化日的掳掠，无所不用其极。客头们对有意出洋者许诺各种好事，一般包括伙食、住宿、衣物、钱财和美色。男人们要么被邀请到一个灯红酒绿场所，要么被诱骗到隐蔽地点，花天酒地，寻欢作乐，然后被下药，卖给客头。赌博也是客头们常用的诱骗方式，一般他们会先送给好赌之徒几块钱赌资。如果他赢了钱，必须与客头分享；如果输了钱，也就输掉了自由之身，只能去"猪仔馆"了。客头们的标签就是坑蒙拐骗。客头们自称是外国公司代表，手里有大把诱人的工作机会和当兵机会。他们乘坐小船到沿海地区，邀请穷苦百姓上船，领取施舍。那些不明就里的可怜百姓一上船就被推下船舱，锁住舱门。有时候，他们花

---

① 谭元亨：《客家圣典》，深圳：海天出版社，1997 年，第 318 页。

钱购买奴隶和仆人，或者在家族械斗中落败的一方。当这些方法都不能凑足劳工人数时，客头们便开始不择手段地强行掳掠。他们搭帮结伙，三五成群，埋伏在行人稀少的路段、僻静无人的村庄街道或河湖港汊，伺机掳掠，就连渔船也不放过，直接掳走船民。1859—1860 年间，广州地区苦力贸易盛行，客头人贩子在整个珠三角地区大肆绑架，十分猖狂。①

一位中国劳工在检查人员突袭猪仔屯船时被解救出来，他事后讲述了那伙接收人员是如何迎接他们的：

所有要被送走的人都被召集到一间大屋子里（或者院子里）。管事的头目大声叫喊，让愿意出洋的站在一边，不愿意出洋的站在另一边。不愿意出洋的就遭到鞭打，直到不再吭气。我也被狠狠鞭打过。这些被关在里面的人，有些人家里有老有小，有些人识文断字，有点学问。他们是最不愿意出洋的，因此挨打也就最厉害……有一次，四五个坚决不肯出洋的人被打得死去活来，然后被丢进病号房，连续几周只能喝粥。他们中间有一个人最后逃脱，也可能是故意送走的。就是这个人，把我的下落告诉了我家里人。其他人则绝望至极，吞烟或上吊自尽。②

为此，有一首客家"过番谣"便真实地描述了此番情景：

至嘱亲友莫过番，海浪抛起高过山，晕船如同天地转，舱底像似下阴间。③

以锡矿业为例，18 世纪包括客家人在内的大批华工来到马来西亚内地，主要是开采锡矿。华工初到这片未开发的处女地时，杂草丛生，瘴气、毒水、毒蛇、害虫到处都是。他们首先要与自然灾害搏斗，紧接着就是开发锡矿。为了解决矿区的粮食与蔬菜短缺问题，他们在开矿之余，不怕辛苦，无论白天黑夜，开荒种地，挖塘养鱼，往往积劳成疾。如华侨富商黄陆佑回忆自己当初在外创业的情景时，不无感触地说："最初几个月，老板规定每天清晨五时起床，先用毛巾擦身以适应水土与气候，这是一种

---

① 参见特里夫·苏阿冠著，戴宁译：《甘蔗收割者：圭亚那契约华工史》，广州：广东人民出版社，2018 年，第 50 页。

② 参见特里夫·苏阿冠著，戴宁译：《甘蔗收割者：圭亚那契约华工史》，广州：广东人民出版社，2018 年，第 51 页。

③ 参见丘桓兴：《客家人与客家文化》，北京：中国国际广播出版社，2011 年，第 168 页。

痛苦的熬炼。然后集体洗澡，之后才可以吃些粗米糙饭，只有少许小咸鱼、萝卜干、咸菜之类的佐膳。草草吃完后，便由包工头带到矿区开工。工作时不许歇息，根据各人的体力与分工，制订助山、铲土和肩挑等各种任务计划。包工头多是狰狞凶恶，对劳工们督责苛酷。如果工作稍慢或跟他们顶撞，动辄拳打脚踢，甚至殴打致伤重死亡，也无人过问……"①

那些侥幸活着上岸的华工，他们过关时还要被剥光衣服检查，备受凌辱。他们后来为主人采矿、垦殖、修路，也是饱尝人间辛酸。有首歌谣描述了在锡矿打工的艰难日子：

日头似火热难当，挑担锡泥上跳帮，一身晒到锅底黑，心中苦楚谁思量。

他们中虽有幸存下来的，但更多的是很快就被折磨死去，或终身困苦。因而许多"猪仔"一上船便杳无音信。另外，有一种叫作"契约华工"，签约时一般是三年五年，而这三年五年的工钱中，还得扣除当年出国花去的费用。这种惨绝人寰的程度何其乃尔！说是期满还清债务后，便可另谋他路，那么这三五年算是白干了，只挣得个空心人。只有摆脱了契约，才可以真正挣点钱，起早贪黑，拼死拼活才能挣得回家的路费。可是回家又不能空手而归，否则回家以后如何面对家人。于是又得辛辛苦苦干上几年。所以十七八岁出来，起码要三十大几才能回去，或接妻子出洋，或回家成亲。自从作为"卖猪仔"出洋，一晃十多二十年才能回家，这还算是幸运的。更为悲惨的是，有的人在外谋生终生回不来。他们用血汗与生命换来掠夺者手中的滚滚银洋，而掠夺者不仅掠夺了当地的资源，也掠夺了华工的一切。②

海禁放开以后，客家人到美国去当华工的也有不少，后来有些人就留居在美国，并且要求当地政府允许他们把子女接到自己身边，当局要华人提供其子女出生在美国的证明。于是，1906年发生了"天使岛"欺辱华工事件。这些人可以入境，但在入境口岸常常受到移民局的百般刁难，很多是被关在天使岛询问，直到移民局满意为止。被关的地方条件之差，令人不寒而栗。有的不堪忍辱而自杀，被监禁的妇女在头上戴了纸袋才能去上

---

① 参见郭威白：《马来西亚华人在发展当地经济中的作用》，《中山大学学报》1959年第4期，转引自杨鹤书：《客家人适应方式的转变与他们对马来亚早期开发的贡献》，《客家研究辑刊》2003年第1期，第49页。

② 参见谭元亨：《客家圣典》，深圳：海天出版社，1997年，第307页。

厕所，以免被认出，其身心遭受到巨大的创伤，于是在囚房的墙壁上写下了很多诗歌。其中有几首是这样写的①：

美洲金银实可爱，锥股求荣动程来。不第千金曾用尽，鬓黑面目为家哉。

说去花旗喜溢颜，千金罗掘不辞艰。亲离有话喉先哽，妻别多情泪对潸。

浪大如山频骇客，政苛似虎备尝蛮。毋忘此日君登岸，发奋前程莫懒闲。

壁墙题咏万千千，尽皆怨语及愁言。若卸此牢升腾日，要忆当年有个编。

日用所需宜省俭，无为奢侈误青年。幸我同胞牢紧念，得些微利早回旋。

噩耗传闻实可哀，吊君何日裹尸回？无能瞑目凭谁诉？有识应知悔此来。

千古含愁千古恨，思乡空对望乡台。未酬壮志埋坏土，知而雄心死不灰。

（三）对亲情、爱情与生死的守望

据《美国文学研究》载："在中国历史和美国移民史上，曾经存在过一种历史上绝无仅有的畸形婚姻家庭形态，那就是延续长达一个世纪之久的美国华人单身社会和万里之遥广东沿海侨乡屡见不鲜的'寡妇村'。"②客家人出外谋生是以家庭、婚姻与爱情分离的巨大痛苦为代价的，《劝郎莫过番》《过番歌》《十送郎》《哥出南洋妹饯行》等情意绵绵、生离死别的"过番谣"就是这种心声的流露。③

在"冇吃冇有""唔奈家贫"的境遇下，怀着"勤勤俭俭""积少成多""赚到银钱转家乡"的心愿，百余年来，客家人"出洋过番"的风气炽盛不衰，并且出现"母送子，妻送郎"的动人情景：

① 暨南大学华侨研究所编：《华侨史论文集》（第一集），1981年，第280－281页。

② 薛玉凤：《"单身汉社会"的幽灵》，郭继德主编：《美国文学研究》（第三辑），济南：山东大学出版社，2006年，第416页。

③ 参见邢丽凤：《黄遵宪与客家民间文化》，山东师范大学硕士学位论文，2003年，第34页。

妹送亲哥出外洋，路上坏人爱提防，在家之时千日好，出门单身苦难当。

妹送亲哥到西阳，郎就痛心妹痛肠，他日中秋月圆日，两人望月各一方。……①

20世纪初，在客家侨乡有种叫"隔山嫁"的婚姻。隔山嫁，又叫"隔山娶"，它是客家地区侨乡的一种特殊婚姻。这些被娶的女子就叫"看家婆"。结婚时，多以公鸡为替身，由人抱着与之拜堂。"看家婆"过门之后，便"生是某家的人，死是某家的鬼"，享有普通人家媳妇的一切权利与义务。这些"看家婆"，与其他妇女一样，里里外外一把手，苦苦支撑着一个家庭，依靠田产与"番银"维持家计。②"隔山娶"徒有人妻之虚名，长年累月守活寡，甚者终老一生未能见上自己的男人一面。如此陋俗，使客家妇女何等惨烈！诗云：

赚到银钱多少寄，寄转唐山讨老婆。

海水遥遥，爷娘心焦。老婆么讨，此恨难消。

此外，"过番谣"也唱出了"隔山娶"的悲痛幽怨：

筷子拿来打铜锣，过番老公当过么（无），么钱就话转唔得，有钱又讲娶番婆。

旧时客家人漂洋过海谋生者甚众，"三年五年回唐山"是幸运的，一别数十年甚至永诀的也比比皆是。别后的妇女不仅形单影只，且要独自支撑夫家，其艰难困苦，可谓无以复加。

客家人过番者大多数是男子，但可怜者不仅是那些男子，还有被他们抛在家里的妻子、儿女。有些丈夫到南洋去寻找生活，一去十年八年杳无音信，有的在外饿死病死，甚者被打死，其间全靠妻子维持生活，兼教育子女、伺候公婆。她们虽目不识丁，但很知礼识仪，将子女教育得规规矩矩。据统计，留居国外六年及以上的华侨将近80%，居住五年以下的仅

① 刘佐泉：《观澜溯源话客家》，桂林：广西师范大学出版社，2005年，第232页。
② 参见梁德新：《客家乡情》，梅州：梅州市作家协会，2003年，第210页。

占 20%。①

另据记载："华工在新加坡服役三四年之后能够回中国的只有 1/10，有的要熬 5 年、6 年、8 年甚至 10 年，而绝大多数在新加坡劳动了 20 年，终死在海峡殖民地。"② 事业上没有成就的华侨，他们宁愿死在他乡，潦倒以终，留下妻子在家照顾老小。只要家中有儿待哺，有田可耕，客家妇女就能以惊人的勇气与毅力维持整个家庭。"健妇把犁同铁汉，山歌入夜唱丰收。"郭沫若也十分赞赏客家妇女的勤劳与勇敢。③ 另一首"过番谣"则表明了男子"过番"后，在家女子的悲苦。

亲哥过番俩分离，拆散鸳鸯真苦凄，有话无人来对讲，几多愁切无人知。

阿哥今日去过番，丢下妹子在唐山，去就少年转就老，赚到万金也等闲。

人在番邦心在家，年少妻子一枝花，家中父母年纪老，手中无钱难转家。

郎在番邦妹在唐，两人共天各一方，妹在唐山无双对，郎在番邦打流浪。

再说，客家人想要"过番"，并不容易。毕竟，客家人"过番"时还有许多偷渡者。一方面，因为官府的禁令与限制，加上"过番"手续烦琐，各道关卡敲诈勒索。偷渡者往往被塞进破烂不堪的小船内，船主将船舱封钉，不准偷渡者随意进出，途中若遇强风暴雨，往往连船带人葬身海底。另一方面，即使顺利到达南洋诸岸，船主也迟迟不敢靠岸，因为怕被别人发现他们所干的勾当。遇到岸边的小沙洲，就把船上的偷渡者赶往岸边，被赶者往往身陷泥淖之中。或者从沙洲走向岸边时，遇到海水上涨，不懂水性的客家人多溺死。抑或被官家巡逻逮捕，往往判以重刑。所以想要偷渡过番，困难重重，非经历九死一生不行。④

---

① 熊蕲霞、郑甫弘：《抗日战争时期闽粤侨乡的侨眷生活》，《南洋问题研究》1992 年第 4 期。

② 林远辉、张应龙：《新加坡马来西亚华侨史》，广州：广州高等教育出版社，1991 年，第 106 页。

③ 参见肖文燕：《华侨与侨乡社会变迁：清末民国时期广东梅州个案研究》，广州：华南理工大学出版社，2011 年，第 267、272 页。

④ 参见陈运栋：《客家人》，台北：联亚出版社，1978 年，第 67 页。

晚清诗人黄公度[①]有诗云：

催人出门鸡乱啼，送人离别水东西。挽水西流想无法，从今不养五更鸡。

诗歌表达了送郎过番的无奈。在三年两载内创业成功、衣锦还乡的"番客"毕竟微乎其微。更多的人是浪迹天涯，在温饱与死亡线上挣扎，甚至有去无回，无颜见江东父老，全家大小则仰天长叹、望穿秋水。几十年如一日"守活寡"的妇女则含辛茹苦，固守家园，她们以顽强的毅力支撑起整个家庭。

一方面，客家男子外出谋生，受尽所在国殖民地资本家的盘剥、折磨与敲打。譬如，在融入英属圭亚那本地社会过程中，华人能与其他族裔良好相处至关重要。华人移民的风俗习惯和做事方法有时被当地人认为古怪、不文明，也造成过一些令人不快的后果。一位华工对一位种植园经理、一位监工和一位葡萄牙裔劳工提出指控，指控他们剪掉了他的长辫子：

这位庄园经营者也许并无恶意，也许只把这件事当做恶作剧，但未经允许就剪断一位天朝人的长辫子可不是一个合适的玩笑。谁会愿意别人把自己头发剃光，甚至违背自己意愿剃掉自己喜爱的胡须？不错，头发剃掉还会长出来，但这种行为却会被当做一种伤害或侮辱。我们猜想，被人强行剪断发辫后，那位中国佬岂止是愤怒而已。事实上，每一位管理华人移民的种植园主都应该有责任让他们感到舒心，而我们所做的事情却起了相反的作用，并有可能带来麻烦，因为这个受害者的所有同胞可能都会感觉受到了侮辱。（《皇家公报》，1860 年 11 月 8 日）

有时华人与其他族群之间也会发生冲突。

王阿三（Wong‐a‐sam）、胡新金（Hoo‐sen‐kam）、甘姆斯宝特（Gumspulte）、屈阿仁（Wak‐a‐yan）、朗二独（Lang‐ye‐took）、拉姆古蒂（Ramgutty）以及高普尔（Gopool）被控在成功种植园参与斗殴。10月 6 日，成功种植园的印度苦力与华工之间发生争执，后来演变成两个移

---

① 黄公度即黄遵宪（1848—1905 年），广东梅县客家人，晚清著名的维新政治家、外交家、诗人。

民族群之间的打斗。参与打斗的有 40~50 名华工和 500 名印度苦力。许多斗殴者受了伤，被送往医院。

陪审团认定他们罪名成立。(《皇家公报》，1871 年 12 月 8 日)

有时，华人也被牵扯进他人的冲突，但他们总是毫不犹豫地参与其中。

一位克里奥尔铁匠与一群印度苦力发生争执，印度苦力很快变得人多势众。他们攻击克里奥尔人，将他们赶走，并打伤了其中几位。庄园经理克拉克先生试图平息冲突，却遭到暴力威胁。假如不是华人出手相助，经理恐怕会落入骚乱者之手，遭受皮肉之苦。华人虽然在人数上只有印度苦力的六分之一，但他们将弯刀和尖刀绑在铁锹把上，挥刀上阵。农帕里尔庄园和附近的克里奥尔人与华人站在一起，最终彻底制服了印度苦力。①

生活在异域的客家男性面对着各种危险与挑战，有来自内部的，也有来自外部的。

从资料记载来看，他们多数聚居在东南亚国家。正如上述，他们从事与铁钻、锄头、铁锹、镰刀、割刀、剃刀、菜刀、斧刀等有关的职业。他们干活时间长，体力消耗大，劳动报酬低，过着牛马不如的生活，因此地位十分低下。另一方面，客家妇女留守家园，更是经受着身体上的劳累与精神上的痛苦。

因为生活地区的贫困与艰辛，客家妇女一直保持着勤劳俭朴的习俗。也由于客家男子长年外出，耕耘劳作、持家教子的生活重担就全落在客家妇女的身上。《嘉应州志》云："其职业，则以终日跣足，故田园种植耕作者十居七八，凡下种、耘田、施肥、收割等事多为女子。光绪、宣统年间，盛行种芋，也由女子照料；种芋、晒芋等法，往往比男子为优。"几乎可以说，一切稍微粗重的工作，都由妇女承担：在市镇上做买卖的，在车站及码头卖苦力的，在乡村种田耕地的，上深山去砍柴的，乃至建筑房屋时的粗工，灰窑瓦窑里的工人，几乎都是妇女。而且，丈夫"过番"，往往十年八载寄不回钱来，客家妇女在家中只能守着"一亩三分地"，克勤克俭，以惊人的毅力维持着整个家庭生活：老弱的抚养、幼儿的教导、家庭的照料、亲朋的应酬。客家妇女当门抵户，无所不累，可谓"家头窖

---

① 参见特里夫·苏阿冠著，戴宁译：《甘蔗收割者：圭亚那契约华工史》，广州：广东人民出版社，2018 年，第 201－202 页。

尾""田头地尾""灶头锅尾""针头线尾"里里外外无不顾及到。[①]

旧时的客家妇女是痛苦的。这种痛苦不仅来源于干活的体力之累，其精神上的痛苦更是无与伦比。正如前面所述，客家人最早"过番"一部分是作为"猪仔"和"契约华工"下南洋的。有的在家乡本来就已经成家，有子女，还有房屋田产，甚者还有羸弱的老人，这些都需要人来看管。"过番"的男子，就把这些重活、累活丢给了在家乡的妻子。一年两年尚能坚持，可是出洋的丈夫十年八年不回，甚至一辈子不回，而且杳无音信：有的累死、有的被打死、有的病死。妻子却一直在家乡傻傻地守着、等着，这不令人心酸、心寒吗？妻子死后，家人就为她树一个所谓的"贞节牌坊"，旧社会三纲五常、三从四德的封建思想深深地钳制着客家妇女。梁伯聪有诗道："毕生贞守励冰霜，殁葬东郊骨亦香。郑重马家书烈妇，路人指点石碑坊。"[②]

客家妇女节烈如此！何其悲惨！

客家男子下南洋，有的因为无钱娶亲，在外多年还是单身，于是托媒人或"水客"在家乡说亲。这样结婚的女子叫"看家婆"。"看家婆"面临的处境就更加艰难：一是，如何成亲；二是，成亲后夫妻如何生活。

粤东客家男子大多出洋，只能由留守的女子撑起家乡的生产与生活。对于客家妇女，黄遵宪曾言："妇女之贤劳，竟为天下各类之所未有"；郭沫若也赞美客家妇女的勤劳勇敢。这都反映了客家妇女的健壮和辛劳。何况客家山多地少，生活艰难，因此许多客家女子也乐于去"过番"。[③]

粤东客家女子"过番"，还有另一情形，即由亲人或族人带出。这种情况主要是在客家人过洋后的一段时期内，客家男子在外相对站稳了脚跟，在异国他乡具有了一定的经济实力，于是要求把家乡的妻子和亲人带出。后来她们在海外定居了，这就是所谓的移民。例如清末民初，梅县南口益昌陈氏就有不少族人在印度谋生定居，因为当时益昌陈氏有女子嫁往梅县城北扎田，与扎田有了姻亲关系，而扎田早就有人在印度从事皮革制造业，这种职业需要很多女工。有一次，陈氏姑婆回南口娘家，见其亲戚生活困难，于是介绍族人随其扎田婆家人到印度去。[④]

---

①　参见杨宏海：《粤东客家妇女的民俗特色》，张卫东、王洪友主编：《客家研究》（第一集），上海：同济大学出版社，1989年，第278–279页。

②　梁伯聪：《梅县风土二百咏》，黄玉钊、杨典荣、陈广焕等编著：《梅州客家风俗》，广州：暨南大学出版社，1992年，第111页。

③　参见邓锐：《梅州侨批》，北京：中国华侨出版社，2013年，第178页。

④　肖文燕：《华侨与侨乡社会变迁：清末民国时期广东梅州个案研究》，广州：华南理工大学出版社，2011年，第42–43页。

一旦移民，随之一系列的连锁反应是由祖籍地的传统决定的。这种基于亲缘与地缘所形成的移民网络，强调家族兴旺。对于海外侨胞来说，把亲人乃至同乡带出洋是自己的义务与责任。他们在当地立足后，多数初期经营小商业、手工业、餐饮业、车衣店……①

随着业务发展，劳动力的需求也愈来愈大。当然，他们急切要带出来的首先是自己思念多年的妻子。例如黄火兴的一篇纪实性乡土文学作品《喜妹过番》，生动地描写了侨乡一对夫妻分离、团聚又离散的感人故事，真实地叙述了20世纪40年代一位梅州客家妇女"过番"的真实情景。

现把《喜妹过番》中，南洋丈夫写信给妻子，要求妻子"过番"的相关内容摘录于下：

喜妹，我亲爱的喜妹：

七八年没有通信了，真不知你在不在人世！我是流着眼泪给你写这封信的！八年抗战，日本鬼子害得我们好苦哇！八年来，多少人妻离子散，多少人家破人亡！唐山家乡的事，我在报上时有所闻，日本鬼子侵占了我们大半个中国，烧杀抢掠，无恶不作，我真不知你、孩子和岳母大人还在不在人世！如今和平了，邮路一通，我就写信探问。八年来，我时时刻刻都在想念你们。可是，战火无停，人转不了，连信也通不了。多少个夜晚，我对着大海的那边，望月流泪，日夜伤心！我想，你若还在人世，也一定会这样吧……

喜妹！你看到这张照片时，你一定就会明白；你也许会骂我：你这个没良心的，喜新厌旧的东西！可是，你哪里知道我的苦衷！现在，就让我把事情告诉你吧——自从十五年前与你分别后，我回到了暹罗，在一间车衣店做伙计，因为生意冷淡，工钱都发不出，混下去便没意思。我和阿耿几个人就到另外的厂家，仍给人做车衣工，日子也不好过。……后来，做了三年，我积攒了一些钱，便跳出店门，自己开了同样的车衣店。因为我手艺好，人缘也不错，生意日见日好，我也赚了好几千。但我总是想念着你和孩子，还有你的老母亲，总想早日回唐与家人团聚，便把店子打给了人家，准备行装，决心回国。你喜欢的衬衫、裤子，我一下做了十二身，还有老人和孩子穿的。船票我也订好了。我的心早已飞到家乡，飞到了你的身边！

可是，正当我要启程回唐的时候，太平洋战争爆发了！听说是日本偷

① 肖文燕：《华侨与侨乡社会变迁：清末民国时期广东梅州个案研究》，广州：华南理工大学出版社，2011年，第42－43页。

袭了美国的珍珠港，美国对日宣战。不久，日本侵略军进占了星洲，进而占了整个南洋各埠，海口被封锁了，船不通了，我回家的希望也破灭了。

星洲沦陷之后，日本鬼子的军队到处横行霸道，奸淫烧杀抢，我们一点自由也没有了。与唐山断绝了音信。这是有国有家归不得，从今流浪到何方？这时，有人组织抗日地下团体，我便把打算回国的钱，全部捐献给了他们，可是不久，捐钱人的名单被日本鬼子知道了，多数被抓住去坐监，我也不例外。在日本鬼监里，被受刑、踩杠子、灌辣椒水，可谓九死一生，苦不堪言；后来被罚做苦役，那日子真不是人过的！有一次，我们几个人冒险逃了出来，躲在山巴客家乡亲那里，靠种木薯过活。不久，当局又抓到单身男女，男的抓去当劳工、筑战壕、挖锡泥；女的派到军营当侍女，实际就是当军妓。大家人心惶惶，不知如何是好。为了避免这场灾难，我在朋友的劝说下，不得不与一个原籍五华的胡氏成了亲，相片中的女子就是她，现在膝下有两个男孩了……①

几经考虑，喜妹经历辗转与波折来到丈夫居住的新加坡，终于与自己的丈夫重聚，真是悲喜交加。来到新加坡的一段时间内，喜妹里里外外一把手，帮丈夫打理车衣店一切业务，日子就这样一天天过去。然而，好景不长，一是，丈夫到南洋后娶了一个后房妻子，两个妻子之间的关系日渐紧张；二是，喜妹到南洋后，家里的老母亲和两个未成年的孩子生活十分困难，而且母亲年老体弱，故不断托水客带信催喜妹返乡。万般无奈，这对团聚不久的夫妻又得分离，而且在那个动荡不定的年月，真不知两人何日才能团圆，此恨绵绵无尽期……

遇到这种事情的何止喜妹一人，诸如此类的例子在客家地区举不胜举。譬如，作家程贤章以他自身的经历，在《我生命的摇篮和驿站》里也真实地描写了自己的母亲在"过番"前后日子的艰辛：家庭的、家族的、社会的、国邦的。女人那种爱恨情感在字里行间无不凸显：

母亲到南洋后，非常勤劳。但她几乎年年生子女，不久我有了哥哥、姐姐、弟弟、妹妹。……由于经营失误，商业界名利场激烈的搏杀，生意场的对手——包括我的叔父参与的一方奇招百出，父亲经营的生意终于被对方杀得人仰马翻。家庭经济迅速崩溃，……父亲压根儿就不是经商的料，日暮途穷，他听叔叔伯伯们的劝告，把大妈、大姐、二姐、大哥留在

① 黄火兴：《喜妹过番》，广东省梅州市文化局编：《嘉应文学》（第七十九期），1992年，第7-8页。

番邦。万般无奈，我们五兄妹则随着母亲，坐着越洋轮船"芝渣连加"号的低等舱，把海外吃下的东西全部呕吐到船舱里，带着几篓筐破烂衣服和家具，回到生于斯、养于斯的老家大雅。父亲兴建的围龙屋没给他留下片瓦门框，只好买了和他反目成仇的叔父四间房子合居。第二年，"七七事变"发生，一九四〇年，太平洋战争爆发，父亲重返南洋的发财梦彻底粉碎。母亲带着我们哥弟姐妹几人过着十分艰难的生活……①

三、客家华侨"过番"的现代阐释

穷，难不倒客家人。客家人要求改变现状的欲望很强烈。只要人们求新求变，就一定会带来新的面貌。正是在这张白纸上，客家人要描写最新最美的蓝图。因此，"过番"南洋，出外谋生，成为客家人一大选择。

粤东客家人迁徙海外成为中国海外移民族群之一，尤其在清末民初形成规模，其中尤以梅县、丰顺、大埔、蕉岭等客家人为多，且主要分布在东南亚各国。也有移民到英、美、法等国，以及南非等国的。当初客家人"过番"后，在海外经过一段时期的拼搏后才有了一席之地。这为后来客家人乃至中国人在海外的发展奠定了一定基础。客家妇女或华侨妇女在海外的拼搏所展现出来的客家妇女精神，为中国人甚至世界人民树立了楷模。正如英国学者爱德尔所言："客家人是刚柔相济，既刚毅又仁爱的民族，而客家妇女，更是中国最优美的劳动妇女的典型……客家民族犹牛乳中之乳酪，这光辉至少有百分之七十是应该属于客家妇女的。"②

客家人所聚居之地贫困，在海禁开放以后，去南洋如新加坡、马来西亚、印度尼西亚等东南亚各国谋生的人越来越多，他们与南洋各国有了千丝万缕的联系。"海国能医山国贫，万夫荷锸转金轮。"③华侨流寓国外，大都迫于生计。他们既遭到居住国政府的歧视，又得不到母国政府的保护。为了自身的生存起见，几乎所有的华人在各自的社区都成立了团体，加强协作与团结，或以地区、语言、血缘或会党利益为纽带。这种现象一方面加强了华侨小范围的合作，但是另一方面也引起了当地政府的恐慌，并进一步采取措施排华，华人的生存境况堪忧。④

---

① 参见程贤章：《我生命的摇篮和驿站》，北京：作家出版社，2007年，第16–17页。

② 《外国人对客家人的评价》，张卫东、王洪友主编：《客家研究》（第一集），上海：同济大学出版社，1989年，第179页。

③ （清）黄遵宪著，钱仲联笺注：《人境庐诗草笺注》（下），上海：上海古籍出版社，1981年，第817页。

④ 参见黄小用：《晚清华侨政策研究》，湖南师范大学博士学位论文，2003年，第255页。

晚清著名诗人黄公度，就在《排华法案》颁布的 1882 年，赴任清政府驻旧金山的第一任总领事，此时正值排华风潮甚嚣尘上。为了保护华人的利益，他积极与当地排华势力周旋，并留下大量美谈。针对《排华法案》这一事件，他曾写下长诗《逐客篇》，感慨家国沧桑，诗中"呜呼民何辜，值此国运剥！"的感叹至今仍振聋发聩。黄公度在新加坡做总领事期间，其华侨工作更是成绩斐然。他身体力行深入侨民社区，体恤侨居华人的痛苦，敦促所在地方政府颁布改善侨胞待遇的政策，如奏开海禁，严禁所在国家虐待归侨；禁绝海上来往船艇对华工的劫杀；为华侨生命提供保护，为南洋华侨的出入安全提供保障；提供发展华侨文化教育措施，等等。[①]

清代统治者闭关自守，曾下禁海令，异国侨民惧怕归国，而且国内官吏劣绅依仗"禁海令"敲诈勒索归侨。有一则故事：相传清朝时有华侨陈某，在南洋经商数十年，积金百余万元。因为感念祖国，试图带妻携子回家乡建房屋置地。但当地驻防将军及督府所问，照例奏报，将其全家老幼三十余口，尽数加害，资产入官，可谓惨矣。[②] 黄公度对此进行极大的控诉：

> 曾有和兰客，携归百囊橐。眈眈虎视者，伸手不能攫。诬以通番罪，公然论首恶。
> 国初海禁严，立意比驱鳄。借端累无辜，此事实大错。[③]

为此，黄公度奏状给清政府要求废除禁海令，保护在海外各国中国人的财产和生命安全。

黄公度的《番客篇》也以很大的篇幅描述了客家人去南洋后艰苦创业与生活的情景，堪称南洋华侨历史的缩写。在其诗中描写了华侨在异国他乡创业的艰难与有国不能归的悲惨事实。在诗歌中他叙述了参加华侨商人婚礼时，一个头发花白的老华侨有家不能归的痛苦之情：

> 岂不念家山，无奈乡人薄。一闻番客归，探囊直启钥。
> 西邻方责言，东市又相斫。亲戚恣欺凌，鬼神助咀嚼。

---

① 参见郑海麟：《黄遵宪传》，北京：中华书局，2006 年，第 352 页。

② 黄竞初：《华侨名人故事录》，上海：商务印书馆，1940 年，又转引郑海麟：《黄遵宪传》，北京：中华书局，2006 年，第 347 页。

③ （清）黄遵宪著，吴振清、徐勇、王家祥编校整理：《黄遵宪集》（上），天津：天津人民出版社，2003 年，第 203 页。

老华侨倾诉了自己对祖国河山和生于斯、长于斯的故乡的无限怀念，表达了其在异国他乡受到的压榨和盘剥的愤激之情，读之潸然泪下。正如20世纪初，郁达夫在日本所受到的残酷境遇一样，郁达夫撕心裂肺地叫喊："祖国啊！祖国！你为什么还不强盛起来呢？你的儿女还在外面受苦呢！"黄公度所要表达的强烈愿望就是祖国富强。

再如《逐客篇》：

呜呼民何辜？值此国运剥！轩顼五千年，到今国极弱。

鬼蜮实难测，魑魅乃不若，岂谓人非人，竟作异类虐，茫茫六合内，何处足可托？①

诗歌创作从叙述无辜贫民受到异族欺虐而无立锥之地，到写华人在美国做工的艰苦与贡献，以及华人为什么纷纷渡海往美之因，鞭挞了美国人的排华谬论和美国遣使者来华签订有关华工问题的不平等条约，责备了中国大臣无能无识，着重揭露了美国在《北京条约》签订后限禁、虐待华侨的种种罪行，表达了盼望祖国强大以洗刷历史之耻辱的强烈情感。其内容丰富、驳杂，思想层层递进。

有国不养民，譬为丛驱爵。四裔投不受，流散更安着？
天地忽局蹐，人鬼共咀嚼。皇华与大汉，第供异族虐。
不如黑奴蠢，随处安浑噩。……
远步想章亥，近攻陋卫霍。芒芒问禹迹，何时版图廓？②

诗中认为贫穷落后，国邦自然受到别人的欺凌。但是中华民族神圣不可侵犯，我们爱好和平，反对侵略。诗歌不仅表达了对美国排华的不满，也感叹国家缺少卫青、霍去病这样开疆拓土的人才。③就整篇诗歌来看，《逐客篇》是旅美华侨形象的历史写真，表现了诗人对海外侨胞的理解与关心。

黄公度有好多首南洋诗。《番客篇》正面描写了南洋华人社会，表现

① （清）黄遵宪著，吴振清、徐勇、王家祥编校整理：《黄遵宪集》（上），天津：天津人民出版社，2003年，第152页。

② （清）黄遵宪著，吴振清、徐勇、王家祥编校整理：《黄遵宪集》（上），天津：天津人民出版社，2003年，第153页。

③ 参见罗英祥编著：《飘洋过海的客家人》，开封：河南大学出版社，1994年，第13页；又参见郑海麟：《黄遵宪传》，北京：中华书局，2006年，第352页。

了海外客家人的风情习俗。他们一方面"虽居外洋已百余年，正朔服色。仍守华风，婚丧殡祭，亦沿用旧俗"，用以表达对故土的思念；另一方面又对当地习俗加以吸收，表现了一种积极融入的心态。它叙述了黄遵宪在新加坡受邀参加一次"番客"婚宴的所见所闻。"山鸡爱舞镜，海燕贪栖梁，众鸟各自飞，无处无鸳鸯。今日大富人，新赋新婚行。插门桃柳枝，叶叶何相当。垂红结彩球，绯绯数尺长。"① 这种结婚场面的婚姻习俗既有客家人原有传统婚姻的一面，又包含了居住国民间婚俗的一面，是在故土传统文化的基础上容纳了异邦婚俗的新质。

诗人在另一段则写道：

> 富贵归故乡，比骑扬州鹤，岂不念家山，无奈乡人薄。
> 一闻番客归，探囊直启钥，西邻方责言，东市又相斫。
> 亲戚恣欺凌，鬼神助咀嚼。谁肯跨海归，走就烹人镬？

身在异乡为异客，侨居在异国他乡的华侨深感当地统治者的残酷欺凌，其地位之低下，有家不可归，故园之思日盛。他们只有把这种思念深深地埋藏，并暗暗祝福祖国日益强大，华侨们期盼"群携妻子归，共唱太平乐"。

客家的过番歌谣体现了客家华侨共同的历史记忆。通过这种方式，人们借此追溯社会群体的共同起源及其历史流变，以诠释当前该社会人群各层次的认同与区分。过番歌谣是侨乡劳动人民创造的口头文学，它跟广大劳动人民的生产劳动、生活斗争、思想感情息息相关，包含着劳动人民辛勤劳动的汗水和悲欢离合的血泪。因为歌谣来源于群众生活，所以700多年来，过番歌谣在群众中不断流传，不断发展，一直保留着它的艺术青春。特别是长期以来，居住在穷乡僻壤的客家人，大都缺乏文化，尤其是妇女，在封建社会里，很少有受教育的机会，只能用歌谣来表达心中火热的感情。同时客家人从外地迁来，家庭分工大都是男人"过番"赚钱，女人在家耕田，她们上山捡柴便唱歌解忧，聊以自慰，形成了滋育过番歌谣的特定环境和社会背景。如"阿哥走撒妹寒酸，秤砣跌撒剩秤杆，秤钩拿来换内脏，郎就挂心妹挂肝""有哥在家妹温暖，无哥在家妹寒酸；三年五载无面见，床上目汁（眼泪）好行船"。这些歌谣情真意切，直抒胸臆。在一起捡柴的同病相怜的姊妹，都装着一肚苦水，平时无处发泄，相互在

---

① （清）黄遵宪著，吴振清、徐勇、王家祥编校整理：《黄遵宪集》（上），天津：天津人民出版社，2003年，第153页。

山上倾诉。这样便你唱我和，首尾相应，朗朗上口，极为和谐。这些歌谣不仅在山上唱，而且还作为通信联系的内容。在旧社会，妇女绝大多数无上学机会，不会写信，便自己口述，叫人代笔，其间便口吟几首歌谣，表达自己的心意。如《十嘱郎》《十望夫》（"一望亲夫身体安，烧茶热饭过三餐；朝晨冲凉爱早起，夜里睡目爱盖暖。""二望亲夫莫采花，采花终归害自家；世界妹子不好爱，一番无钱变冤家"……）一类的歌谣。这些妹嘱郎、妻送夫的如泣诉、同感受的歌谣，怎不使漂泊海外的游子，烙印心田，永远萦怀？海外亲人收信后，思乡怀念之情油然而生。有些染上坏习的人，痛改前非，重新做人，不负亲人心意。① 并且，客家人常以民间文学的形式如神话、传说、故事、歌谣等出现在一个社会中，强调民族、族群或社会群体的根基性和情感联系。客家"过番谣"的内容，大多表达了夫妻离别诉苦、诉情和异地生活的情形，体现了客家华侨集体记忆在形成客家移民文化中的主导作用。在大量客家"过番谣"的解读中，正是从这种集体记忆的角度还原了客家华侨自异国他乡生活创业的艰难历程，也从文化认同的视角重现了客家华侨对故土文化的确认。② 对于客家人，浪迹、远航是永远也挣脱不了的宿命！上千年以来，他们不仅从中原迁徙到东南沿海，更多人，则从沿海漂泊到世界的每一个角落。在中国古代典籍上，习惯生活在陆地的汉族人，每每把大海当作世界的尽头，诸如"望洋兴叹""苦海无边"之类的成语比比皆是。但是，对于客家人来说是一个例外，他们仅仅把大海看成一个开端。他们义无反顾地浪迹而去，大海为他们的未来铺路。③

20 世纪中期后，客家华侨不仅散布在东南亚一带，而且纷纷向经济发达的欧美迁徙，如移民到英、美、法等国，以及南非等国。并且，从当初从事繁重的体力劳动逐步走上了从商、从工、从政的道路。客家妇女从家庭走向社会，慢慢地改观了过去"男主外，女主内"的习俗，并担当了一定的社会角色，肩负了一定的社会责任。客家妇女华侨发挥着越来越重要的作用，其社会地位不断得到提升。中华人民共和国成立后，随着国家政治日益清明，社会不断发展，新的粤东客家移民不少通过继承财产、留学、婚姻关系等途径移居海外。从早期的"落叶归根"到"落地生根"，

---

① 参见罗英祥编著：《飘洋过海的客家人》，开封：河南大学出版社，1994，第 302 – 303 页。

② 参见刘登翰：《追索中国海外移民的民间记忆——关于"过番歌"的研究》，《福州大学学报》2005 年第 4 期，第 11 页；转引自何小荣：《族群认同与集体记忆——客家华侨"过番"歌谣初探》，《客家研究辑刊》2014 年第 2 期，第 140 – 141 页。

③ 参见谭元亨：《客家圣典》，深圳：海天出版社，1997 年，第 308 页。

许多人定居在番邦，成了所在国的户籍居民。这些人"取得所在国的公民资格，完全忠于所在国，他们同中国的关系只是亲戚关系"①。但是他们无时不关心祖国的建设，长期以来，在不同的时期客家华侨妇女为祖国发展发挥了重要作用。

第七节　苏区客家民俗、民间文学与女性生活

一、苏区客家民俗与文艺作品中的客家女性

民俗是千百年所形成的一种生活行为，它带有鲜明的地域性、时代性，成为时尚、时代精神的一部分。自 1929 年初中央红军进入粤闽赣三省交界的客家地区至 1934 年 10 月红军长征，这 6 年间，红军扎根苏区干革命，在这里培育自身的基本力量，这是一种血溶于水的工作、生活体验。在苏区，一方面客家民俗中健康、积极的因素得到发扬光大，满足了红军发展的需要，成了苏区文化建设的一部分。② 另一方面客家民俗中的陋习得到改良，移风易俗。

当年红军经过几次战役之后伤亡惨重。他们辗转南北，形势十分危急，而就是在这个紧急关头，他们在赣南、闽西、粤东找到了革命根据地及其发展空间，因为这里有"很好的群众"基础。

所谓"很好的群众"，就是客家人的思想觉悟高，基础好。以客家人为主体的人民大众，在她们身上，集中了中华民族勤劳勇敢、自强不息、淳朴善良、兼容并包、爱国爱乡、团结御侮、尊师重教、与时俱进的优秀品质，具有修身、齐家、治国、平天下的家国情怀。长期的颠沛流离，不断的迁徙，这种艰难困苦的生存险境，锻炼了世世代代客家人的意志。在客家民俗基因中，客家人天生就有一种反抗精神。何况在当地，客家贫苦人民受尽封建主义的残酷压迫与剥削。③ 因而红军在这里点燃了星星之火，它必定会成为燎原之势。

在第二次国内战争的革命斗争岁月，在战时形势的紧逼下，中央苏区

---

　　① 引自《当代中国》丛书编辑部编：《当代中国外交》，北京：中国社会科学出版社，1988年，第 155 页。

　　② 曹春荣：《客家民俗与红土地文化》，罗建灵主编：《中央苏区与客家人》，香港：银河出版社，2013 年，第 58 页。

　　③ 曹春荣：《客家民俗与红土地文化》，罗建灵主编：《中央苏区与客家人》，香港：银河出版社，2013 年，第 58 页。

出现了许多新的社会事象。共产党人在粤东、闽西、赣南客家红色革命根据地发动群众革命活动，特别注意调动女性的积极性，从思想上灌输一些革命的道理。在经济、政治、教育领域给予女性与男性一样的平等权利，反对男尊女卑的封建思想，让女性走出家庭，与男性共同肩负起社会与革命的担子。

在江西苏区妇女运动初期，对妇女特殊要求的关注是中共妇女工作的方针之一，在社会上引起强烈的反响。1930 年 7 月，赣南新青年提出的涉及青年妇女利益的要求主要有：

政治上：妇女有参加苏维埃之权，青年妇女有言论行动自由；打破一切桎梏妇女的旧礼教，废除买卖和包办婚姻；禁止虐待童养媳，反对翁姑丈夫无理打骂妇女。

经济上：男女平等分配土地；男女工资待遇一律平等，改善劳动妇女生活；女工产前产后有三个月休息，工资照给。

文化上：男女有受同等教育之权利等。

这些要求针对妇女没有政治地位、没有人身自由的现状，集中为三点，即参政权、婚姻自主权和男女平等分配土地……是年 9 月，中共赣西南行动委员会为东路第一次妇代会的召开提出的宣传口号有："争取妇女的特殊要求，妇女只有参加整个革命才能得到彻底的解放！实行离婚结婚绝对自由！"是年 10 月，赣西南妇女工作报告中也提到："妇女的要求：①参加苏维埃及各革命团体与男子同样分配土地；②经济独立；③禁止童养媳；④废除家长制；⑤尤以教育、婚姻、改善生活更为迫切。"[1]

苏区时期，随着文艺大众化理论的提出和传播，民间文化形态作为现代性资源的思想开始深刻影响文艺实践。一些党政高级干部也积极地参与到中央苏区民间文化的利用与改造中，试图把旧的、消极的民间文化内容与形式改造成为革命服务的新的、积极的文化内容与形式。一方面这些高级干部文化水平高、理论性强；另一方面，在中央苏区，老百姓的文化水平较低，素质也不高。中央出台的有关苏区妇女的相关政策如何得到实施是摆在共产党面前的一项艰巨任务，即在知识分子与群众之间找到一个契合的杠杆：相互宣传与影响。因此，这些知识分子对党的政策、外来的话报剧、歌剧等艺术形式在面对新的接受群体时就要作出民族化、地域化的

---

[1]　罗苏文：《女性与近代中国社会》，上海：上海人民出版社，1996 年，第 500－501 页。

改革。红军中有许多同属客家人的湘东南、赣西南、闽西及粤东北的指战员，他们的语言乡音、生活习惯、文艺爱好，都与当地群众基本相通。他们容易在此找到"自己人"，在这里生根、开花结果。红军每到一地都受到苏区人民的热烈欢迎与有力支持。军民之间鱼水情深，他们能住得下，吃得上，工作开展得了。这除了红军有严格的组织纪律和强烈的爱民意识外，实在也得益于红军对苏区民俗的认同。①

同时，也用当地民众喜闻乐见的山歌、曲牌和民间舞蹈作为艺术手段，在创作中植入政治的、军事的或者社会变革的内容，使之既有现实针对性，又有趣味性，以便让苏区军民大众能够接受与喜爱。在中央苏区，亟待解决的问题莫过于当地女性问题，从政治、经济、文化诸方面都要解决。正是由于这些艺术家、民间精英的共同努力，为中央苏区的妇女政策、民间文化资源的利用和实现提供了各种有效的途径与方法。②

在客家地区，中央苏区文艺工作的开展与广大客家女性的工作是分不开的。第一，促进妇女解放是中央苏区工作的重心，可以从当时制定的《婚姻法》《劳动法》体现出来，这些法律的制定，使妇女在精神上得到了相当程度的解放；第二，妇女是苏区战争时期的一支重要力量。在前方打仗的，都是子弟兵，他们或是广大妇女的亲人，或是其儿子、老公、哥哥、弟弟。她们既是这些子弟兵思想精神寄托的来源，又是物质来源的大后方，如为他们送衣服、鞋袜、药物等。因此，中央苏区的文艺工作把宣传、动员妇女的思想作为重要的一环，确保妇女们做好后方工作。中央苏区对妇女工作的重点体现在四个方面：第一，加强对妇女工作的领导。第二，制定妇女运动的目标。第三，将妇女工作与当前形势任务结合起来，注重宣传鼓动工作；在广大的粤闽赣客家地区，这块红土地几乎都是红色苏区。中央苏区文艺是指在中央苏区地域范围内反映革命战争时期的歌谣、戏剧、诗歌、散文、小说、音乐、歌舞、美术等作品。如《剪掉髻子当红军》《扩大红军两千兵》《送郎当红军》等，《我送儿子当红军》则是当时所表演的戏剧作品。在中央苏区有着丰富的文艺资源，如江西人民出版社于 20 世纪 50 年代出版的《红色风暴》《红色歌谣》《红色画册》《红色歌曲》《红色戏曲》《红色安源》等，都是这一时代的见证产物。③ 在这

167

---

① 曹春荣：《客家民俗与红土地文化》，罗建灵主编：《中央苏区与客家人》，香港：银河出版社，2013 年，第 59 页。

② 参见郑紫苑：《马克思主义文艺理论在中央苏区戏剧中的实践研究》，北京：中国社会科学出版社，2016 年，第 55 页。

③ 钟俊昆：《中央苏区文艺研究：以歌谣和戏剧为重点的考察》，北京：中国社会科学出版社，2009 年，第 2 页。

场土地革命运动中，广大的客家妇女除了进行后方物质生产外，还担任了革命的宣传鼓动工作。第四，注重妇女工作的方式方法。中央苏区提出了针对妇女工作的方法，围绕妇女工作而进行扩红、春耕等，"这个任务的完成决不能以简单的命令方式完成，必须运用革命竞赛、冲锋队、模范队、突击队的方式兴奋妇女的热情和积极性去完成工作"①。

在粤闽赣三边交界的苏区，其地缘经济、文化形态相对落后，旧的思想文化、各种传统陋习在该地区有相当的市场。地方、宗族、家庭观念相当浓厚，并由此导致的地界、姓氏、土客械斗等乡土宗族矛盾很复杂。如何在苏区开展一场轰轰烈烈的移风易俗运动，这是摆在苏维埃政府面前的一场严峻的考验。而这场斗争的重点就是解放妇女。苏维埃政府针对受压迫严重、受封建礼教迫害极深、革命思想觉悟尚待启蒙的状况，采取了积极措施，纷纷动员妇女参加政府在各地举行的提高妇女思想觉悟的各种培训班和其他社团活动，让她们走出家庭，投入革命斗争的洪流。政府通过制定一系列的相关法令、政策，用法律形式肯定妇女问题在移风易俗上的合理性，并规定其内容和发展方向。如中华苏维埃共和国临时中央政府颁布的《婚姻条例》《婚姻法》，就确定了妇女婚姻自由和一夫一妻的原则；破除迷信、解放思想；废除包办和强行买卖的婚姻制度；废除婚姻中的聘金、聘礼和嫁妆；禁止蓄婢纳妾与近亲结婚。这些政令切实地维护了妇女的权益。② 苏区妇女表现了由衷的高兴，她们以非常热情的方式进行了表达，如请红军喝春酒、吃莳田饭、尝新等。她们积极地为红军切实做好后勤工作，送亲人、送子女参加红军。她们用民间舞狮、吹拉弹唱、唱山歌小调等传统口头文学的方式，对红军、对苏维埃政府表达了由衷的感激之情。譬如，在粤东客家，当时民间就创作了这样一首解放妇女的歌：

向着光明路上跑！劝我妇女们：努力须及早，求平等，争自由，解放时期到！我们勿自弃，我们勿自小。创我团结心，乐土何难造？荆棘纵横，虎狼挡路，困难须扫除！努力妇女们，速速向前跑！光明路，作先驱。此业让谁好？奋我辈精神，把障碍扫掉。领导我节勤，诚意地为我教。播互助种，放自由花，乐土就来了。③

---

① 《关于"三八"妇女节的决议》，《斗争》1933 年第 2 期。
② 参见罗建灵主编：《中央苏区与客家人》，香港：银河出版社，2013 年，第 62 页。
③ 余秀云辑：《梅县妇女解放协会会歌歌词》（1926 年），广东省梅县市委员会文史资料研究委员会编：《梅县市文史资料》（第十辑），1986 年，第 58 页。

二、客家妇女的革命斗争与传统民歌的新发展

（一）客家妇女的革命斗争

"20 世纪二三十年代，中国共产党领导的苏维埃运动，引起了苏维埃区域天翻地覆的社会变动，在当时革命群众中广为流传的红色歌谣，真实、生动、形象地反映了苏区社会政治、经济、军事以及文化生活等方方面面的变化，是苏区社会历史研究的一个切入点。"[①] 中国共产党为了扩大宣传，曾编写民歌或运用传统民歌曲调填上新词，宣传革命道理，动员群众参加革命斗争。广大群众经常处在紧张、热情、亢奋当中，客家妇女的生活发生了巨大的变化。客家妇女或亲自上战场，或在后方搞大生产，节衣缩食支援前方；她们移风易俗，在婚姻自主、文化教育等方面取得了可喜的进步；她们创造和编演革命文艺，也尽情享受革命文艺的熏陶。在物资上、精神上，在家庭和社会领域都日新月异。从内容上看，民歌是苏区人民在共产党领导下进行苏维埃政权建设、土地革命斗争、扩大红军反"围剿"、增加生产支援前线的一幅宏伟的历史画卷。其诞生于如火如荼的现实战争的革命中，是土地革命战争的历史写照。[②]

客家妇女内心世界呈现出空前的充实，因为她们在憧憬着自己的未来和革命的前景，它是新的历史条件下的产物。

苏区文艺形式不是拘泥于旧形式，而是不断变化创新。它在继承传统的同时，大胆地吸收、改造传播进来的新形式，成为革命文化的重要组成部分，同时也是苏区文化活动的中坚，开启了中国历史上革命的大众文化新阶段。共产党人在客家地区开创革命根据地的过程中，把各自熟悉的文艺形式，如话剧、舞剧、舞蹈、革命歌曲和自由诗等也带到根据地，这些艺术形式与客家民间艺术结合起来，很快就在战争革命的苏区群众中普及开来，为广大群众所喜爱。

客家文化在第二次国内革命战争中得到最广泛实践和发展的莫过于客家山歌。客家山歌是中国民歌中最华彩的乐章之一，它是客家劳动人民祖祖辈辈在长期劳动中集体创作的民间文学体例，是民间艺术的结晶。它继承了《诗经》古风的传统风格，受到唐诗律绝和竹枝词的重大影响，同时

---

① 吴晓荣：《从红色歌谣看苏区的社会变动》，《江西社会科学》2005 年第 5 期；又见钟俊昆：《中央苏区文艺研究：以歌谣和戏剧为重点的考察》，北京：中国社会科学出版社，2009 年，第 138 页。

② 参见刘国清：《中央苏区文学史》，南昌：江西高校出版社，1995 年，第 11 - 12 页。

又吸取了南方各地民歌的优秀成分，从各个侧面反映了客家人的生产、生活、爱情和命运。千百年来，广为流传，久唱不衰。当进入革命战争时期，客家山歌深深烙上了时代的印记，它既为革命文化提供了源泉和基础，又被时代所同化，主题得到极大升华，达到苏区文艺前所未有的规模与深度。它在工农群众中普及，第一次实现了文艺与群众相结合，朝着文艺为群众的正确方向前进。

传统的客家山歌较多地反映了客家人民生活的艰辛和无奈，以此来宣泄心中的积愤，排遣生活的寂寞，抒发对往事的追怀和对未来的憧憬，特别是对爱情和幸福生活的向往，就其情绪而言是低沉的，格调也带有某种程度的灰色。诸如："世界最苦穷人家，黄连树上结苦瓜。黄连树下埋猪胆，从头苦到脚底下。"①

在革命战争火热时代的影响和洗礼下，客家山歌面貌一新，脱胎换骨，转变为革命山歌，热烈奔放。有意义的是，在客家情歌中长期背负着沉重精神枷锁的客家妇女转而成为反抗封建礼教的具有抗争精神的主角。客家山歌顺应历史潮流，转化为一种热心干革命的行动力量。例如，赣、闽、粤客家地区有一首表达永恒坚贞爱情的山歌传唱了一年又一年，影响了一代又一代："打铁唔怕火星烧，连妹唔怕杀人刀，斩了头来还有颈，斩了颈来还有腰，就是全身都斩碎，还有鬼魂同妹聊。"②

只有到了革命战争时期，这首山歌才从内容上进行了有效创新，使其主题发生了质变："打铁唔怕火星烧，造反唔怕杀人刀，斩了头来还有颈，斩了颈来还有腰，就是全身都斩碎，变鬼还要把仇报。"这种战争时期的革命宣传是深入人心的。在中央苏区的革命斗争实践中，涌现出众多优秀山歌手，如兴国的青年妇女曾子贞、谢水连等人，闽西的张鼎丞、阮山、范乐春、卢肇西、刘永生、张锦辉等人都是著名的山歌手，后被军民誉为"山歌大王"。阮山对客家山歌的发展作出杰出的贡献，被誉为"把战鼓擂得最响的人，时代号角吹得最嘹亮的人，是永不知疲倦的人"③。她（他）们一方面汲取传统客家山歌的营养成分，另一方面积极投身到革命斗争实践与生活中寻找创作源泉，创作了数以万计的革命山歌，例如《送郎当红军》等山歌佳作。这个时期的客家山歌得到了升华和发展，成为被广大群众所接受的为革命服务的大众艺术，具有了鲜明的时代性，从而达到了客家山歌思想性和艺术性的辉煌顶点；客家山歌成为革命的吹鼓手，它引领

---

① 赣南地区民歌编选小组编：《赣南民歌集成》，1959 年，第 68 页。
② 赣南地区民歌编选小组编：《赣南民歌集成》，1959 年，第 178 页。
③ 赣南地区民歌编选小组编：《赣南民歌集成》，1959 年，第 259 页。

着客家青年走向革命的道路。中央苏区时期，为配合革命斗争的中心任务，编唱红色山歌，成为扬眉吐气的苏区群众新生活的一项内容，成为苏区干部革命工作的一部分。如脍炙人口的《苏区干部好作风》就是这一时期创作的：

> 哎呀嘞——苏区干部好作风，自带干粮去办公；日着草鞋干革命，同志哥，夜走山路打灯笼。①

兴国山歌，在动员人民参军参战，粉碎敌人的军事围剿、经济封锁等方面，发挥过巨大作用。"这一时期的红色歌谣运动主要是为苏维埃政权服务的，从内容上讲主要是宣传革命道理、歌颂苏区新生活、记录苏区重大历史事件等。从创作主题上看，它是一场以知识分子为主导的群众性歌谣运动。"苏区战争时期的歌谣创作是群众性的革命文学运动，当时许多知识分子出身的革命领导人积极参与了歌谣创作。如苏区文化部门的总领导瞿秋白就利用民间文艺的形式创作了许多新内容的歌谣，如《十月革命调》《苏维埃歌》《东洋人出兵》《苏维埃新山歌等》；闽西苏区的重要领导人邓子恢等人也利用闽西山歌编唱了大量的新山歌，像《农工歌》《救穷歌》《土豪恶》《革命道路要认清》《扩大红军》《什么叫做"红五月"》《蒋介石输送队》《工农银行周年纪念歌》等。共产党人从思想意识形态上，利用这些歌谣对根据地人民做了大量的宣传工作。②

对于苏区客家山歌反映的国家权力、知识分子和工农大众三者之间的互动，以及客家山歌对苏区文化建设发挥的作用，谢重光指出，闽西客家山歌作为一种民间文化形态，在战时承载着严肃而重大的政治宣传使命，是苏区人民在共产党领导下进行的一场翻天覆地的伟大斗争。它对促进各个阶层大众之间的感情交流与沟通确实有重要的作用。客家山歌同革命内容相契合，焕发出艺术活力。山歌文化形态转化成一种苏区文学建设性因素，对这一时期的文化创作发挥了积极的作用。

在反"围剿"的战斗岁月里，从苏区人民昂扬激越的山歌声中，可以知道他们为了前方的胜利战斗在自己的岗位上："开熟荒，开生荒，扛起锄头上山岗。锄头当刀枪，荒地当战场。一心只为多生产，支援红军打胜仗。"为了支援红军前线，做好后方安全保障供给，客家妇女积极参加到农田生产建设第一线："革命世界好风光，劳动妇女做田庄，小脚也下双

---

① 赣南地区民歌编选小组编：《赣南民歌集成》，1959年，第211页。
② 参见刘国清：《中央苏区文学史》，南昌：江西高校出版社，1995年，第18-19页。

倍力，同志哥，多种棉花并杂粮。"在苏区，人民分到了田地，当家作主了，阶级关系变了，人民大众的生活方式和思想观念也发生了深刻变化。山歌及时反映了新旧生活的变化，反映了包括妇女在内的广大人民群众积极乐观的生活态度、昂扬奋发的革命热情。革命山歌与苏区人民之所以关系密切，是因为人民群众既是山歌创作和演唱的主体，同时也是山歌演出的受众、接受宣传的对象。在主体和受众当中，妇女都是最重要、最活跃的成分。客家山歌本来就是以妇女为主角的。因此，苏区的革命山歌当然还是离不开妇女，无论是创作还是演出，妇女的参与热情都是最高的。她们的创作常常是即兴的，她们的演唱总是贴近群众、为群众喜闻乐见。而她们自编自唱的革命山歌总是与当前的实际生活和革命任务息息相关。

第二次国内战争时期，敌强我弱，敌人不断向苏区发动进攻，中央苏区面临巨大的困境。为了巩固革命根据地，保卫新生的红色政权，客家妇女积极响应政府的号召，参加扩大红军运动，动员青年和自己的亲人踊跃参加生产第一线，或妇女亲自参加红军。"莫怕热来莫怕寒"，"细个老妹会拔草，大个哥哥会耙田"，年轻的姑娘打草鞋，"新做草鞋千万针"，"一双草鞋一片心"，"三十万双草布鞋，送到前方给红军"。她们慰劳红军，"慰送蔬菜""帮运米粮""护理伤员""探听敌情"，配合红军争取胜利。她们不仅用实际行动有力地配合和支援了红军反"围剿"战斗，还用山歌来鼓舞广大红军指战员，表达人们的殷切希望和衷心祝愿。例如客家兴国的情歌《十劝郎》，很快成为《十劝我郎当红军》的革命山歌。青壮年踊跃报名当红军，涌现出许多母送子、妹送哥、妻送夫的动人场面。当年长冈乡著名的女犁耙手李玉英送丈夫当红军，临别时她唱道："哎呀嘞——潋江流水长又长，嘱郎安心上前方；勇敢冲锋多杀敌，心肝哥，家事你莫挂心肠。"[1] 在这场革命斗争中，客家妇女为革命作出了巨大的牺牲。这里叙说一个真实的故事[2]：

1935 年夏的一天，陈毅派油山游击队李绍炳率领两名队员去上乐村召开反"清剿"斗争会议。黄昏时分，由于反动地主林新球的告密，一群白狗子悄悄向李绍炳他们的开会现场逼近。此时，一个名叫朱乙妹的客家妇女，背着 3 岁的细妹子，刚好去后山担水浇菜，忽然听到山腰油茶树叶子哗哗作响，仔细一看，是敌人进村了！回去报信已经来不及，用暗语吆喝又怕贻误时机。她当机立断，把水桶一丢，转身往回跑，并大声呼喊：

---

① 参见罗勇、龚文瑞：《客家故园》，南昌：江西人民出版社，2007 年，第 209 页。
② 参见罗建灵主编：《中央苏区与客家人》，香港：银河出版社，2013 年，第 149 – 150 页。

"白狗子来了！白狗子来了！"正在开会的李绍炳听到喊声，迅速从屋后门上山，一会儿便消失在密林中。反动地主林新球眼看自己的阴谋败露，便气急败坏地下令将全村人集中在村前的草坪上，威逼大家交出通"匪"的人。人群中一片沉默。

这时，一个老大爷站了出来，大声说："我们没有听到喊声呀！"

"是啊，我们没有听到喊声！"一些群众齐声附应。

"这个老东西在捣乱！"林新球气急败坏地用手指指着老大爷的头，大声叫喊："打他！"

一名白狗子应声举起枪托往老大爷头上砸。老大爷顿时鲜血直流。他忍着疼痛，仍然倔强地说："我们确实没有听到喊声！"

林新球眼中射出凶狠的目光，右手晃了晃，作出一个"杀"的手势。旁边的一白狗子立刻端起明晃晃的刺刀逼近老大爷……

"住手！"人群中突然传出一声怒喝，"刚才是我喊的，与这位大爷无关！"只见朱乙妹从人群中挤了出来，不慌不忙地朝白狗子走了过来。

白狗子非常吃惊！他们把目光转移到朱乙妹身上。林新球恶狠狠地对朱乙妹说："你这个'土匪'婆，把'土匪'藏到哪里去了？赶快交出来！"

"你们才是杀人放火的土匪！游击队是好人，你们休想抓到他们！"朱乙妹凛然回答。

"快把她绑起来！"林新球穷凶极恶地叫喊。

"不用绑，我跟你们去！"朱乙妹转身把孩子放下，走到婆婆面前跪下，磕头。婆婆一边拉着朱乙妹的手，一边泣不成声。朱乙妹深情地对婆婆说："我对不起您老人家，您自己保重身体！我先走了！"说着转过身去，向在场的乡亲们扫了一眼，似乎在说："乡亲们，不要害怕，为了保卫游击队，我死也心甘啊！"

白狗子把朱乙妹押往山脚下，只听"砰！砰！"两声枪响，朱乙妹倒下了。子弹划破了凄冷的天空，刺破了每一个人的心，草坪上一片哭泣声。

在革命战争时期有不少像朱乙妹这样的女性，涌现出了许多可歌可泣的英勇人物。

革命斗争的蓬勃发展，为根据地的歌谣创作开拓了新的领域。它们不仅表现出了人民思想的解放和翻身的欢乐，而且洋溢着一片炽热的战斗情意，体现了人民群众对革命战争的理解与支持。这时期的歌谣已成为革命事业的一部分，其精神色彩不仅与革命前的客家歌谣不同，而且就其歌谣的思想性和战斗性来说，达到了空前未有的深度与高度。客家妇女通过斗

争实践，深刻认识到只有坚决闹革命，才能在斗争中求得自身的解放。所以，不断利用革命歌谣激励自己、鞭策自己并化作现实的斗争力量，表现了为革命战争的胜利而不惜牺牲生命的坚强决心："要打猛虎翻上山，不怕火烧滚油煎！有胆革命有胆当，不怕颈上架刀枪！杀去头颅还有颈，挖了心肝还有肠！"

山歌是粤闽赣三边客家地区咏物、言志、抒愤的重要载体和手段。唱山歌、对山歌在当地成了一种非常普遍的氛围。红军苏维埃政府及其群众组织就充分利用山歌对群众进行宣传教育，来推动打土豪、分田地斗争、扩大红军运动、推销公债、节约粮食、扫除文盲、讲究卫生，以及婚姻自由、妇女剪发等各项工作的开展。当年担任兴国县苏区国民经济部部长的曾子贞就以山歌为媒介、为武器，去鼓动军民干革命、搞生产，获得了"山歌大王"的美誉。组织让她带领兴国山歌队到前线、到各地去演唱。在兴国苏区，当年的革命斗争之所以开展得如此轰轰烈烈，党的各项工作进展得如此顺利，正是因为山歌的宣传起到了巨大的作用。如《快当红军打土豪》："对面一兜幸福桃，要想摘桃先过桥。受苦穷人要翻身，快当红军打土豪。"又如《长冈妇女学犁耙》："苏区新开一枝花，长冈妇女学犁耙。盘古天下第一次，织女下凡种庄稼。"兴国山歌也因此被广泛地搜集整理，并作为一种典型的文化加以宣传推广。

譬如，中央苏区戏剧《欢送哥哥上前方》，里面有几段精彩对唱，展现了苏区人民的精神面貌：

> 李兰花：好，我送你一程！
> 一送我郎哥，
> 去当兵哟嘿，
> 革命道路要认清。
> 一心跟着共产党，
> 共产党就是领路人，哥呀！
> 刘春生：妹呀！……
> 李兰花：四送我郎哥，手牵手哟嘿！
> 刘春生：好比鸳鸯水上游。
> 李兰花：志同道合亲又亲。
> 刘春生：革命誓言要坚守。
> …………
> 李兰花：五送我郎哥，大路中哟嘿。
> 刘春生：一轮红日照当空。

李兰花：黑暗世界要赶走。

刘春生：光明大道八方通。

…………

李兰花：七送我郎哥，到河边哟嗨。

刘春生：滔滔河水奔向前。

李兰花：革命好比舟行水。

刘春生：不进则退要争先。

…………①

在苏区，各种传统口头文学如民间小调、民间戏曲也被广泛地用来宣传各种革命道理。如《妇女翻身歌》《剪发歌》等，在传统民间小调的基础上加以翻新，即填上新的歌词，重新焕发出了口头文学的魅力。一些谚语、歌谣、传说等口头文学作品还被编成教材提供给列宁小学、识字班用，甚至提供给组织干部作为会上讲话的素材用。如毛主席的《寻乌调查报告》就采用了大量的口头文学中的俗语、儿歌和传说典故等，通俗易懂，真正为老百姓喜闻乐见，起到了很好的宣传鼓动效果。

（二）传统民歌的新发展

苏区歌谣运动中，老百姓对传统的客家山歌进行更新再创作。客家山歌传统的曲调、节奏和旋律已不符合新时代发展的需要。革命形势的日益发展，使各种宣传鼓动工作迫在眉睫。如何"旧瓶装新酒"，在原有山歌形势的基础上进行改装，把生动活泼的、符合时代潮流的新内容补充进去，正是苏区文艺工作的一大任务，客家山歌再创作后的红色歌谣体现了这一要求。如表现苏区客家妇女坚强勇敢，反对旧式婚姻的："唔怕死来唔怕生，唔怕血水流脚掌，唔怕头颅跌落地，连人有命还要行！"进行更改后就成为："不怕死来不贪生，不怕敌人踩后跟；踩掉脚跟有脚趾，为了革命还要行。"它反映了苏区妇女在革命战争中以大局为重、不怕牺牲的高度自觉性，积极为土地革命战争做鼓动宣传工作。在这个热潮中涌现出一大批红色歌谣的优秀客家歌手。如第二次国内战争时期的重要赣南苏区兴国县，歌手秋香是深受群众欢迎的著名歌手，无论她走到哪里，群众都要她来一首《哎呀嘞》。这些从客家苏区来的山歌，生动活泼，既反映

① 汪木兰、邓家琪编：《中央苏区戏剧集》，南昌：百花洲文艺出版社，1992年，第441—443页。转引参见郑紫苑：《马克思主义文艺理论在中央苏区戏剧中的实践研究》，北京：中国社会科学出版社，2016年，第101页。

了新时代的风貌，又清新自然，散发出泥土的芬芳。格调是高尚的，内容是积极向上的，真正体现了中国气派，为老百姓所喜闻乐见。① 又如客家红色歌谣《杀头好比风吹帽》，反映客家妇女对爱情的向往、对人性本质的追求："生要恋来死要恋，唔怕官司打到衙门前；杀头好比风吹帽，坐牢好比逛花园。"进行再创作后就成为战争意味的革命山歌："为了革命出头天，个人生死放一边；砍头好比风吹帽，坐牢好比逛花园。"

第二次国内战争时期，为了革命战争的需要，在客家地区动员老百姓参军参战，这就必须在思想意识形态上使客家妇女积极行动起来。革命内容在情感和精神上与客家妇女追求爱情自主、婚姻自由的叛逆个性是一致的；同时，传统客家山歌的语言、节奏等内在形式恰到好处地表达了身处逆境的人奋战斗争的状态。所以，不仅是革命知识分子善于把客家山歌改造为革命歌谣，就是普通百姓，也可以很熟练地用熟悉的曲调填进新的革命内容。因而，一首传统客家山歌可以经由歌词的转换衍生成多首战争山歌，如利用传统的"十劝"再创作的新山歌有《十劝郎》《十劝亲郎革命歌》《十送夫当红军》《十劝夫当红军》《红军十劝妻》《十劝工农歌》《十骂反革命》等。采用"十二月"歌的形式创作出《十二月农民苦》《十二月妇女苦》《十二月同志歌》《十二月革命歌》等。② 当年兴国长冈乡女犁耙劳动能手李玉英送丈夫上前线，临别时充满深情与鼓励地歌唱："哎呀嘞——潋江流水长又长，嘱郎安心上前方；勇敢冲锋多杀敌，心肝哥，家事你莫挂心肠。"③ 客家妇女以大局为重，国家利益高于一切，由此可见一斑。这是已结婚的客家妇女表现出的一种民族大义精神。还没有结婚的女性，同样表现了一种对革命的理解、希望与憧憬。红军深夜出征时，未婚妻前来送别。于是两人用山歌进行了对唱，直到天亮才出发。女唱："一盏油灯结灯花，妹做军鞋坐灯下，厚厚铺来密密缝，送给阿哥好出发。"男唱："老妹做鞋到深夜，鞋绳抽得响沙沙，明朝出发来告别，要哇几多心里话。"……最后，女唱："鸡啼三遍月影斜④，千言万语一句话，妹送阿哥上前线，等你转来再成家。"⑤ 客家山歌中许多男女情歌后被转换成抒发苏区革命情感的新情歌，如《男女唱和革命歌》《同志哥和同志嫂》等，

---

① 参见汪木兰：《论苏区文艺的历史地位》，《江西师范大学文学院建院 60 周年纪念学术论文集》编委会编：《江西师范大学文学院建院 60 周年纪念学术论文集》，南昌：江西高校出版社，2000 年，第 311 页。

② 参见谢重光：《客家文化与妇女生活》，上海：上海古籍出版社，2005 年，第 296 页。

③ 罗勇、龚文瑞：《客家故园》，南昌：江西人民出版社，2007 年，第 209 页。

④ 斜：客家音同"霞"。

⑤ 罗勇、龚文瑞：《客家故园》，南昌：江西人民出版社，2007 年，第 209 页。

这样的转换很自然。它在土地革命战争中所起到的巨大作用是不容忽视的。

兴国山歌在赣南客家地区的革命战争历史上曾发挥过重要作用。在当年的苏维埃根据地，在艰苦的革命环境中，兴国处处洋溢着一片山歌之声。它对扩大红军、鼓舞士气产生了立竿见影的效果，因此流传着"一首山歌三个师"的神话。《苏区干部好作风》是一首典型的客家山歌，后被改编为《红区干部好作风》，对廉洁奉公的党的干部形象进行歌颂。它在战争时期被反复传唱，深入人心，至今仍有教育意义。[①]

鉴于传统山歌受众的普遍性，以及叙述模式与内在的结构形式，它容易被改造成反映新的政治意识形态的快速变化的诗歌。作为一种文化形态，山歌文艺的内容与形式同样是一个有机的整体，它通俗、轻松、自由的"形"反映了民间对自由的强烈向往。第二次国内战争时期，闽西歌谣则在新的形式下脱胎换骨，合乎新时代的节律，直接表达民间心声。这种山歌的改编很符合革命战争的要求与老百姓的真实向往。

当然，苏区人民原创的革命山歌也很多，不过所谓的原创，只是不刻意套用或模仿原有的山歌词曲，其形式仍脱不开传统客家山歌的影响。这样的革命山歌如闽西客家的《割掉髻子闹革命》：

韭菜开花一管心，割掉髻子当红军，保护红军万万岁，割掉髻子也甘心。[②]

又如赣南客家的《苏区妇女学爬犁》：

对面桐子开白花，苏区妇女学犁耙；手扶犁耙翻翻转，积极劳动好当家。

树上喜鹊叫喳喳，红军家属拉犁耙；自己动手样样有，支援红军打天下。[③]

一方面反映了苏区群众全心全意支援红军的革命立场和感情；另一方面又反映了苏区妇女在大量男劳力上前线的形势下，发扬客家妇女勤劳能

177

① 参见钟俊昆：《中央苏区文艺研究：以歌谣和戏剧为重点的考察》，北京：中国社会科学出版社，2009 年，第 77 页。

② 罗勇、龚文瑞：《客家故园》，南昌：江西人民出版社，2007 年，第 209 页。

③ 罗勇、龚文瑞：《客家故园》，南昌：江西人民出版社，2007 年，第 209 页。

干的优良传统，确实撑起了苏区半边天，掀起大生产热潮的精神风貌。也有一些新创作的山歌反映了苏区民众的婚姻、爱情生活和新时尚新风俗，如《反对封建婚姻歌》："封建社会真可恨，几多青年没讨亲，真是好伤身。革命世界幸福多，男女恋爱把婚合，自由好快乐。"又如《劝妹歌》："一劝我的妹劝娇莲，革命世界不比先。先前老妹受压迫，如今老妹出头天；二劝老妹劝娇莲，革命工作要领先。坚决打开平等路，幸福日子万万年。"在大革命时期，唱山歌更成为粤东地区革命者的一种武器。红十一军军长古大存（五华县人）就经常用山歌开展工作，他在革命处于低潮时唱的山歌"你莫切来你莫愁，还有章炳（古大存化名）在后头，革命自有成功日，烂屋烧了建洋楼"鼓舞了无数红军战士和革命群众。农民运动骨干李坚贞（丰顺县人）因为爱唱山歌参加红军，后又唱着山歌闹革命，著有《李坚贞山歌三百首》。红军歌手李仕娇（五华县人）被捕后，唱起山歌《告白士兵歌》使看守她的一排白军起义。红军宣传员张剑珍（五华县人）用山歌的形式进行宣传，被捕后拒绝劝降纳妾时唱的"人人喊催共产嫲，死都唔嫁张九华（县警大队长）；红白总要分胜负，白花谢了开红花"载入了肖三编的《革命烈士诗抄》。还有吕进娣（梅县人）、魏嫲（五华县人）、张二嫲（兴宁县人）、蓝亚梅（兴宁县人）、曾国华（五华县人）等都是唱着山歌闹革命、唱着山歌赴刑场的客家英雄女性。这种客家山歌在内容上的再创作很有创新意义与革命的现实意义。①

第二次国内战争时期客家根据地人民的歌谣是对旧世界的批判，对新生活的向往，也是对妇女要求解放的呐喊，更是对变革现实与显示人生基本价值的渴望。它们格调高昂且具有革命的现实意义，充满浪漫主义色彩。

三、现代民俗与民间文学中的客家女性

中华人民共和国成立后，随着生产关系的急剧变革，客家地区"女劳男逸"的现象逐步消失，尤其是在政社合一的人民公社制度强令推行后，农村劳动力不分男女，全部集体出工，同工同酬。后来，随着家庭联产承包责任制的推行，客家地区掀起了发展生产的高潮，客家男女积极为自己开拓致富之路，粤闽赣边区客家人的谋生手段不断扩大，充分利用丰富的山区资源，因地制宜，因此男女共同持家成为普遍现象。20世纪80年代后，改革开放的春风吹遍大地，客家山区的富余劳动力大量向沿海、海外

① 参见胡希张：《山歌大师周天和传》，北京：中国文联出版社，2004年，第3页。

输出，探索创业新门路，于是客家妇女"生活一肩挑"的现象又呈增长趋势。但这与封建时期的辛劳有根本的区别，是客家人把自己的经济水平提高到一个新高度的表现。

过去粤东客家地区，山多田少，交通阻塞，土地贫瘠，加之人口膨胀，人地矛盾十分突出。大约在明代嘉靖年间（1522—1566），粤东地区开始出现缺粮情况，入清以后客家人无地的几乎占70%，家庭生计无法维持。所以许多客家男性漂洋过海去谋生，以前男女共同担负的家务，也不得不由女性一肩独挑。在粤东客家地区流行一首山歌："一年四季农事忙，程乡（原梅县县名）妇女不寻常；子女读书夫出外，苦辣酸甜一身当。"当时的客家妇女既主内又主外，地位还受到限制。然而，如今男女平等了，客家女性地位不断提高，在家庭中发挥了越来越重要的作用。

现代的客家女性，从外貌到思想都发生了根本的变化。在服饰、婚姻状况、教育与就业、社会地位等方面也发生了显著的演变①。

在服饰方面，现代客家女性，无论老少服饰穿戴都非常时髦，传统的客家服饰慢慢消失，代之以职业服饰和流行服饰。客家女性的传统与守旧正被现代文化所冲淡。中华人民共和国成立后，客家社会废旧革新，移风易俗，婚姻状况也发生了深刻的变化。过去的等郎妹、童养媳婚姻早已成为历史。"女不嫁外郎"的古旧思想，在客家社会也已荡然无存，客家女性与外地郎通婚已成普遍现象。恋爱自由、婚姻自主成为主流。在教育与就业方面，现代客家女性与男性享有同等的权利。男尊女卑的思想，在很大程度上受到遏制。因为有了文化，思想更加独立。加之，在经济上，客家女性能够自食其力，使她们完全摆脱了过去对男性的依赖。

当然，伴随着中华人民共和国的成立，海外客家华侨女性的身份地位也发生了变化，她们在政治、法律、经济、文化上的地位已不可同日而语。

1949 年 10 月以后，中国的国际地位逐渐提高，在对待华工的问题上，各国政府的态度都有所改变。长达数百年来的种族歧视有所收敛，甚至一改旧法，对华侨、华人从法律上给予一定保护，并对他们在历史上的功绩加以褒扬。在这种条件下，客籍华侨、华人的经济地位也发生了巨大的转变。在文化上，广大客家华侨女性不同程度地接受教育，基本上普及了高中文化教育。在思想意识和心态上也出现较大变化。老一辈客籍华侨华人，对祖（籍）国和故土情丝绵绵，怀念不已，对后代细心引导，携其回乡拜敬先祖，培养情感，在婚姻观念及关系上，过去客籍华侨华人男女婚

---

① 参见谭元亨编著：《客家文化史》（下），广州：华南理工大学出版社，2009 年，第 797 - 798 页。

嫁，大多数都在业缘、地缘、善缘之间联姻。这种联姻使语言、风俗、文化、爱好都保持着客家传统。由于历史及社会原因，也有部分华侨与外族通婚，但都是华侨华人男性娶外族女性，华人女性嫁给当地男性很罕见。但在近 20 年来，这种婚姻观念已被打破，华人大都与当地男女婚配，使华裔融合于当地风俗文化之中。①

20 世纪 80 年代中国对外开放以来，其与海外华侨的联系不断加强，发展友好往来更加密切。客家女性在政治、经济、文化方面的地位大大提高，愈来愈多的现代客家女性参加社会公益活动。譬如，近年来，除在深圳举办过国际性民间艺术节庆外，客家地区还先后接待过美国、加拿大、澳大利亚、韩国等国家和中国港澳台地区的民间文艺界、民俗学界的学者并进行交流。以民协会员为主的民间艺术交流活动一直也非常多，如 1986 年和 1988 年，李宜高等组织沙头角"鱼灯舞"和"钱鼓舞"，分别录制了客家、潮州、粤语等方言版本的歌曲盒带。还有一些客家女性艺术家多次随团出访荷兰、英国、西班牙、美国、新加坡、澳大利亚、俄罗斯等国，民族民间艺术沟通了海内外华人的感情。② 现代客家女性在这些舞台上尽展风采，表现了时代女性的骄傲与自豪。

---

① 参见罗英祥编著：《飘洋过海的客家人》，开封：河南大学出版社，1994 年，第 40 页。

② 参见杨宏海：《我与深圳文化：一个人与一座城的文化史》（上），广州：花城出版社，2011 年，第 128 页。

第五章　粤东与东南亚客籍作家的民俗民间文学情结与女性书写

第一节　民间文学与客籍作家的互动

文学是社会生活的反映。人民生活是一切创作的源泉。而民间文学不仅比较接近自然形态，同时也是优美的艺术品。它是哺育作家的保姆。作家的智慧和灵感蕴藏在人民生活和人民创作之中。在艺术生产出现以前，民间文学是人民生活中唯一存在的文学形式。千百年以来，它以一种口头方式记录了人民生产、生活与思想的历史。人民把千百年来创造的语言和真挚、优美的诗句给了作家；人民所创造的各种口头文学体裁，给作家准备了活泼多样的创作形式；人民创作的内容又为作家文学提供了无限丰富的题材；更重要的是，人民伴随着历史，在自己口头创作中塑造了各种英雄形象及反面教材，给作家提供了创造典型的宝贵材料。①

客家民间文学与客籍作家文学共同处在客家文化的统一体中，存在着千丝万缕的联系。客家民间文学先于客籍作家文学产生，是客籍作家书面文学创作出现以前的具有全民系性质的一种文学样式。客家民间文学与客籍作家文学的分野，主要表现在文学创作主体由于社会分工、生活际遇、文化条件的差异，而产生不同的世界观、审美观和文学观，采用不同的创作方式，出现有"俗""雅"之别的艺术风格。客家民间文学是客家劳动群众真挚感情的自然流露，主要通过口头创作、口头流传的方式，在客家劳动大众生活中发挥多方面的作用，并且或多或少地渗透和影响着其他民系或民族的思想与生活。客家民间神话、客家民间传说、客家民间故事、客家山歌、客家戏曲与说唱等，在漫长的岁月中，经过人们的不断加工、创造，积累了丰富的民系或民族情感和文化智慧，逐渐成为客家民系文化

---

① 钟敬文主编：《民间文学概论》，上海：上海文艺出版社，1980年，第71页。

的载体。它对民系文化心理产生了深远的影响，甚至左右或支配着客家人心理意识的某些层面，制约或规定着族群文化发展的方向。

作为土生土长的客家民间文学，它不仅哺育了客籍作家的成长，给作家以多方面的艺术熏陶，而且直接为客籍作家提供了多种多样的艺术形式，也同样直接为作家提供了题材。客籍作家及其作品在整理、保存民间文学和提高民间文学艺术水平等方面，发挥了重要作用。民间文学在一定程度上借助文人、作家的记录、著作来保存与完善。客家传统文学与客籍作家互相影响、互相促进，共同构成绚烂多彩的客家文化。

从古代的宋湘、温仲和到近现代的黄遵宪、李金发、张资平、郭沫若、钟敬文等，直至当代的著名作家程贤章等，无不借助民间文学的题材创造了不朽的女性文学形象。许多客家文学爱好者，也借助民间文学的内容和形式创作了不朽作品。例如下面一首诗歌：

> 双亲耄耋不供养，孝顺二字在书章。谁为人子谁为父，时代扬名总炽昌。
>
> 夫君说得妻在堂，何缘至今不返乡。妻子在家爱（要）守节，反问思量不思量。
>
> 妻在家中守空房，衾寒枕冷只自当。千山万水你不听，夜间青眼到天光。
>
> 妻在家中正相当，月影云祥不明光。上船需要方便水，顺风吹送转家乡。
>
> 人生在世结鸳鸯，百年偕老寿年长。夫妻齐眉不见面，绣花虽好不闻香。
>
> 速速回乡你莫迟延，月过十五不团圆，花谢还有重开日，人无两世再少年。①

这首诗显然就是仿照当地客家民歌的形式写就的，其在内容上与客家"过番谣"也不无关联。它透露出来的是丈夫下南洋，妻子在家操持全部家务之累，也有男子文化对于女子的道德禁锢，强烈表现了家乡妻子对外出丈夫久不回乡的不满，也反映了女子要追求自己幸福的合理愿望。

---

① 刘小妮：《从〈客家魂〉观照女性文化》，引自谭元亨：《海峡两岸客家文学论》，香港：中国评论学术出版社，2006 年，第 422-423 页。此信是该文笔者之玄祖代笔信的底稿。其时一女子丈夫下南洋未见回转家乡，于是请玄祖代笔，玄祖按照其意思写信予其丈夫。由此笔者认为客家女子的正当要求是能被人理解的。

那么，客家民间文学与客籍作家文学起源于何时呢？简而言之：根据现有的史料，客家民系作为汉族的一支，由于各种复杂的自然环境、社会环境，如经济、历史、地理、战争诸原因，它由中原迁徙而来，散布在全国各地。宋元以后其住宅的大本营大致相对稳定。也就是说，客家民间文学，从客家民系产生的那刻起就相伴而生，历经宋、元、明、清直至今天，漫长的岁月使它不断丰富。而元代以前的客籍作家相对较少，明清之后才出现了较多的文人作家。

一、客家民间文学为客籍作家提供创作理念

客家民间文学是客家人在集体中加工产生的，这种文学样式非个人行为所能企及。它经过了历代客家人千百年以来的传承，因而具备了一定程度的历史文化的沉淀。一个传说或故事，能在群众中传开，并在群众中不断加工完善，总有深刻的社会历史原因和审美心理依据。一般来说，创作个体的主观情感，总是沿着社会内趋力的特定指向，在群众共同关注、共同感兴趣的焦点上聚焦。当它再度反映出来时，就不再是缕缕单线，而是巨大的光束了。因此口头文学作品，实际上是一种群体意识的结晶。这里面，不但包含社会心理的深刻内容，更体现着劳动大众的审美习惯、审美兴趣的传统特点。这些传统的积淀，分别储存在各个优秀的民间创作家的个性风格里。而优秀的民间故事讲述家、民间歌手，也正是因为体现了这种群体的审美传统，才被集体公认为民众文化的传承人。它体现了几百年，甚至上千年以来民间一以贯之的民间理想。从一定意义上说，口头文学是探求客家人的文化心灵结构的一把钥匙。通过它，不仅能看到民众理想的追求，领悟民众的心理习惯、审美趣味，同时还能辨析客家民系数世纪以来的心路历程。[①]

客家民间文学与其他民族的口头文学一样，都有本族群或民族自身的民间文学的发展规律。从内容上看，颂扬本民系祖先和创世英雄的创业功勋、赞美客家劳动人民朴实善良的美德、宣扬勤劳致富的幸福观、歌颂客家男女忠贞不渝的爱情，这些都是客家民间文学经久不衰的主题。客家劳动人民在长期生活中所形成的是非观、道德观以及许多传统心理，反映到客家口头文学的内容上形成一种固定的情节要素，如好心人因祸得福、穷光蛋巧遇仙女而喜结良缘、动物知恩图报、勤劳者挖宝致富等，这些都集中反映了客家人同情弱者、扬善惩恶、追求幸福的理想和愿望，并在世世

183

---

① 李惠芳：《中国民间文学》，武汉：武汉大学出版社，1999 年，第 28－29 页。

代代的客家传统文学作品中反复出现。

客家民间文学与客籍作家文学相比较，如果说，客籍作家的深刻性主要表现为个别作家对社会人生的深刻理解，那么，客家民间创作的深刻性，一般不表现为个别天才的独到见解，而是客家民间群体意识的历史积淀。但是，作为客家人，无论如何，客籍作家受到本族群传统口头文学的影响是必不可少的。个人认为，作家文学观的形成依据有二：一是社会环境为其创造了有利的发展契机，这是外部条件；二是"母根文化"的影响为其奠定了深刻的思想理念，这是内在依据。母根文化的深厚浸染，深刻地锻造了作家创作的品格。[①] 从客家民间文学与客籍作家的关系来说，客家民间文学为客籍作家提供了生活题材。更为重要的是，客籍作家创作为客家民间文学提供了创作理念。俗话说"一方水土养一方人"，其意义在此也可见一斑。

当然，应该清楚地看到，随着民族文化交流日益密切，人类文化与国际接轨，客家民间文学与其他民系或民族的民间文学相互渗透、相互影响将成为时代的潮流。客籍作家不仅受本民系文化的影响，同时也或多或少受到其他民系或民族文化的冲击。客家民间文学在左右客籍作家文学创作的同时，客籍作家也可能吸取其他民系或民族民间文学的知识营养，从而在某种程度上影响他的创作。

二、客家民间文学为客籍作家创作赋予了美的形式

客家历史悠久，客家山歌源远流长。客家山歌是客家人最有效、最流行的口头文学之一，它是一种无形的资产。它富有客家人的语言特色，是我国博大精深的民歌中的独立支系，是客家人的历史文化、劳动生活和民俗风情的缩影。传统的客家山歌，就其艺术风格和修辞手法而言，一是继承和发扬了古代民歌——诗经中十五国风及乐府民歌之精华，体裁包括赋、比、兴三体，还有迭句，而且以双关见长。二是糅合了南北朝乐府民歌的语言风格：南歌语言清新自然，表情达意细腻婉约，北歌语言质朴无华，表情达意坦率豪放，客家山歌兼而有之。三是受唐诗律绝和竹枝词格式的影响较大：客家山歌绝大多数为七言四句，句式结构一般为四三；且一、二、四句押韵，多为平声韵，句式结构和韵律与唐诗七言绝句基本相

184

① 周晓平：《客家文化视野下张资平与李金发文学观的比较》，《西南民族大学学报》2010年第6期，第154页。

同。在平仄方面，客家山歌不受格律限制，与竹枝词相类似。① 郭延礼先生说："客家民歌的艺术表现，有几点值得注意。一是语多双关。谐音双关，本是诗歌诙谐、含蓄风格的一种表现形式。'凡歌以不露题中一字，语多双关而中有挂折者为善。'所谓'不露题中一字'，即是用谐音字，如用'晴'谐'情'，以'琅'谐'郎'，'丝'谐'思'，即是语义双关。这种寓有巧思的修辞，避免了浅显直露的毛病，耐人深思品味。如《蜘蛛曲》：'天旱蜘蛛结夜网（望），想晴（情）只在暗中丝（思）。'双关的修辞手法也是丰富多彩的，除谐音双关外，还有借意双关、歇后双关，在民歌中都是很常见的。二是'歌辞不必全雅，平仄不必全叶，以俚言土音衬之'，这是指民歌语言上的特色。'歌辞不必全雅'，即民歌可以用平易近人、生动活泼的口头语言；'平仄不必全叶'，即诗的格律可以不那么严格；并可以用'俚语''土音'作衬字。三是拖腔，'唱一句，或延半刻，曼节长声，自回反复'，余音袅袅，缭绕不断。"② 可以说，客家山歌既保存了中原文化的神韵，又放射出华南文化的异彩，形成了自己独特的艺术风格。

粤东客家地区自清初以来，涌现出大批卓有成效的诗人，如李士淳、肖翱材、杨之徐、宋湘、李黼平、黄钊、黄遵宪、丘逢甲、胡曦、温仲和等，尤其是"嘉、道之间，文物最盛，几于人人能为诗，置于吴越齐鲁之间，实无愧色"③。他们几乎无一例外受到客家民间文学的影响，从文学样式、表现手法到艺术风格等。

客家人喜欢山歌，黄遵宪便是其中一位。据张元济《岭南诗存·跋》说："瑶峒月夜，男女隔岭相唱和，兴往情来，余音袅娜，犹存歌仙之遗风。一字千回百折，哀厉而长。俗称'山歌'，惠、潮客籍尤甚。"④ 这样的人文环境，给黄遵宪接受民歌、喜爱民歌、学习民歌提供了最好的源地。

黄遵宪喜爱民歌还有家庭的影响。黄遵宪一周岁之后，因母亲生了弟弟，他便随同曾祖母李太夫人就寝。李太夫人系梅县城内李象元翰林的孙

---

① 郭延礼：《黄遵宪的"民歌情结"及其与诗歌创作的关系》，《文史哲》2006 年第 2 期，第 104 页。

② 郭延礼：《黄遵宪的"民歌情结"及其与诗歌创作的关系》，《文史哲》2006 年第 2 期，第 104 页。

③ 郭延礼：《黄遵宪的"民歌情结"及其与诗歌创作的关系》，《文史哲》2006 年第 2 期，第 102 页。

④ （清）黄遵宪著，钱仲联笺注：《人境庐诗草笺注》（上），上海：上海古籍出版社，1981年，第 55 页。

女，是一位名门闺秀，她能读书诵诗，曾向黄遵宪口授《千家诗》。黄遵宪在孩提时，黄家是一个七十余人口、四世同堂的大家庭。李太夫人是一家之长，她特别宠爱曾孙黄遵宪。其后来在《拜曾祖母李太夫人墓》诗中写道："亲手裁绫罗，为儿制衣裳。糖霜和面雪，为儿作双飧。发乱为梳头，脚腻为暖汤。东市买脂粉，贵面日生香。"诗人黄遵宪就是在这样充满着厚爱和温馨的环境中长大的。当黄遵宪牙牙学语时，李氏便教以嘉应州儿歌《月光光》："月光光，秀才娘，骑白马，过莲塘。莲塘背，种韭菜，韭菜花，结亲家。亲家门口一口塘，放个鲤鱼八尺长，长个拿来炒酒食，短个拿来取姑娘。"① 这不仅启迪了黄遵宪的文学才华，而且也使他自幼便受到民歌的哺育。黄遵宪从小聪慧，口齿伶俐，记忆力特别好，"一读一背诵，清如新炙簧"，以清脆的童音背诵曾祖母口授的儿歌。董鲁安先生指出，黄遵宪的《新嫁娘诗》与"山歌"词意相近，而且诗的形式也与山歌一样，均为七言四句。

黄遵宪的曾祖母还是一位民间文学的爱好者。她白天读小说消遣，晚上则命人说弹词《天雨花》给她听。《天雨花》是明末清初女作家陶贞怀写的长篇弹词，讲述了明代万历年间丞相左维明与皇亲郑国泰、阉党魏忠贤斗争的故事，这篇弹词歌颂了正义，鞭挞了邪恶，同时也表现了作者的忠君爱国思想，这对童年的黄遵宪有一定的影响。李太夫人还经常对怀抱中或膝下的曾孙讲些神话或传说故事，像《神光映读》《李二何妻子毁容》《四铸元魁塔顶》等，都是教导人们夜读、苦读、专心读书的故事。崇文重教是客家人的优良历史传统，这个传统至今仍然得到弘扬。这一切，不仅丰富了黄遵宪孩提时代的知识，还培养了他对民间文学的喜爱和兴趣，而且对后来黄遵宪走向全国、走向世界，并成为一名杰出的思想家、外交家、诗人提供了思想营养之源。

现代以来，楼西、杜埃等作家都深受客家民间文学的浸染，并创作了许多以客家人、客家事为题材的文学作品。楼西的客家方言长诗《鸳鸯子》反映了一位饱受苦难的客家妇女反抗斗争，翻身求解放的历程；蒲风则写有客家方言诗《林肯，被压迫的民族救星》《鲁西北的太阳》……巫小黎说："客家文化从整体上作用于张资平早期的小说创作。张氏早期的恋爱小说是客家山歌的故事化，是客家民间歌谣隐形结构在小说中的具体外化。客家人历史上形成的'男人在外乡，女人在故乡'的家居模式对张氏小说人物关系的安排和命运产生巨大的制约和影响。"张资平的《梅岭

------

① （清）黄遵宪著，钱仲联笺注：《人境庐诗草笺注》（上），上海：上海古籍出版社，1981年，第430页。

之春》就是取材于客家民间材料的典型之作。李金发的《春城》一诗也取材于客家民间文学。该诗对故乡的思念给诗人带来了激励和思想的力量。诗人将视线由儿女情长转向故乡的劳动妇女。家乡的一切是那样令人难忘！最难忘的是那些勤劳、强悍、热情、单纯的南国客家妇女，她们没有被生活的重担压垮，在劳动之余，她们会唱起朴野的客家山歌和跳起欢快的客家民间舞蹈，表现出不在命运面前低头的积极乐观的人情美与人性美的可贵品格。当代作家程贤章、谭元亨等也无不受到客家民间文学的影响，在他们的作品中也处处闪烁出客家民间文化的绚丽之光。

三、客籍作家对客家民间文学再创作并使文学作品雅俗共赏

客家先民历经多次迁徙，才在今天的土地上定居下来。难能可贵的是，客家人一直固守着自己的精神家园，即使再艰苦，也不愿丢弃本民系的传统。在反复的迁徙—定居—迁徙的过程中，经过不断的叠加、认同和融合，形成了有自己特色的客家文化和客家方言。客家人有一种"念根意识"，这种"意识"促使他们自觉继承文学传统，形成了浓郁的"客家情结"。客家民间文学有它的本乡本土性；同样，客籍作家与客家民间文学也具有较深厚的渊源。

187

客家劳动人民以口头形式创作和流传的客家口头文学，已经被客籍作家染指使之书面化。客籍作家对客家民间文学作品进行再创作后，民间文学作品转化为书面作品，其中有两种情况值得注意：一是，将客家民间口头文学忠实记录下来，并给予适当整理而形成的书面作品，仍然属于客家口头文学。如罗香林的《粤东之风》、李调元的《粤风》、李金发的《岭东恋歌集》、刘信芳的《梅县歌谣集》、钟敬文的《客音情歌集》、苗志周的《两粤情歌》等。黄永林先生认为："民间文学的记录和整理是一项科学的工作，它必须忠实口头流传时的本来面目，保存它特殊的文学、美学和科学价值，切实做到文学性与科学性的统一。这种记录下来的民间文学作品虽然成了书面文学，但其原型、思想内容、口头性及艺术表现的特点未变……讲述者对民间文学的作品主要起到一种承传作用，虽然在承传的过程中难免有些再创造，但从作品的整体来看，不是由讲述者自己创造出来的，民间文学作品实际上的'集体性'的原则与'口头性'的风格未变，这类作品仍属于民间文学之列是毫无疑义的"[1]；二是，根据作者的意图，利用民间素材进行改编与改造，从而为作家的创作目的服务。这类被

---

① 黄永林：《中国民间文化与新时期小说》，北京：人民出版社，2007年，第100页。

改编与改造的民间素材已经不是民间文学了，应该归类为作家文学。作家在处理这些民间素材的时候，更多地带有个人主观意愿。其中所运用的民间作品，只是作为作家所运用的材料支撑而已，并对材料进行了加工、提炼，带有浓厚的个人主观色彩。

黄遵宪对客家山歌很熟悉，评价很高。他任伦敦使馆参赞期间，还记录了家乡山歌，并寄给国内同好，打算共同搜集、编纂广东的山歌集。① 可见，他也是民歌的热心记录、整理者。特别是，他在自己的诗歌创作中大量运用民歌，使之融为一体，从而显示出具有泥土芳香的民族风格特色。如黄遵宪的组诗《山歌》之一首："一家女儿做新娘，十家女儿看镜光。街头铜鼓声声打，打着中心只说郎。"② 这完全是民歌的形式。如《下水船歌》中运用《黄牛滩谣》；《夜宿潮州城下》中运用《船夫曲》，《己亥杂诗》中运用"粤歌""竹枝词"；《岁暮怀人》中运用《夹竹桃》《九姓渔船曲》等民间俗曲。这些也反映了晚清知识界思想解放的时代特征。他采用民歌、歌行体写人写事，这些诗被称为"诗史"。如《冯将军歌》《朝鲜叹》《流求歌》《台湾行》《哭威海》《出军歌》等痛呼洗国耻的爱国诗篇中，以通俗的语言，直接唤出了民族觉醒的声音。这些痛斥帝国主义入侵暴行、盛赞爱国英雄和揭露清王朝腐败无能、丧权辱国罪行的通俗诗作，有力地产生了振聋发聩的号角作用。③

也由于黄遵宪对古代文献的重视，所以在他的诗里，古代神话、传说、故事的运用随处可见。他的诗从立意、用典、手法、语言等，都可以看到古老的民间创作在被改造后，为现实需要服务的特色。不如此，便不能外御强敌。他引用许多神话、传说，都是在暗示清廷的丧权辱国。他在《赠梁任父同年》里说：

　　白马东来更达摩，青牛西去越流沙。……寸寸河山寸寸金，瓜离分裂力谁任？杜鹃再拜忧天泪，精卫无穷填海心。

这里作者对梁启超办《时务报》，大造改良舆论，寄予莫大希望。他在赴日本的诗中运用神话故事，一方面抒发作为中国使臣的自豪心情；另一方面，也是为了说明中日友好交往的悠久历史和发展中日友谊的必要。

---

① （清）黄遵宪：《人境庐诗草·跋》。

② （清）黄遵宪著，吴振清、徐勇、王家祥编校整理：《黄遵宪集》（上），天津：天津人民出版社，2003 年，第 93 页。

③ 张振犁：《晚清卓越的民俗学者黄遵宪》，《河南师范大学学报》1983 年第 2 期，第 33 页。

郭真义先生谈到晚清粤东客籍诗人群体的成员时说："诗人群体非但不排斥平民文学，反而能真心欣赏、借鉴民间文学，这种意识是难能可贵的，他们在诗歌平民化的道路上作出了可贵的探索，使通俗的民间文学变得更典雅，进入高雅文学的殿堂，使正统的台阁文学走下了神坛，贴近了民间，他们的贡献，是值得我们珍视的。"① 无疑，郭真义先生的学术观点中肯而准确。但我们应该进一步看到，以黄遵宪为代表的客籍诗人群体共同致力于诗歌的通俗化，走民间文学之路；黄遵宪提出的"我手写我口"与"言文一致"等理论，实际上为晚清白话文运动、"五四"新文化运动进行了艰难而卓有成效的铺垫。以至于新文化运动的白话歌谣、民俗思想与民俗文学的兴起与此有密切渊源，它开创了中国新文化运动之先声。

第二节　民间文学影响下客籍作家文学中的女性书写

一、粤东客籍作家的民俗民间文学情结与女性书写

（一）黄遵宪的诗歌与客家女性的书写

在长达几千年的封建社会中，中国妇女一直生活在社会的最底层，她们深受"三从四德""三纲五常"等腐朽愚昧的封建伦理思想的压迫，深深地套上了伦理道德的精神枷锁。男尊女卑的等级制度，使她们身心遭受摧残。19世纪末，当西方"天赋人权"的思想传入中国时，晚清先进的知识分子也开始探索妇女解放的道路了。妇女地位的提高、精神的解放，妇女如何真正取得"人"的地位、取得"女人"的地位，一直是中国社会需要解决的难题（这也是"五四"新文化运动要着力解决的问题之一）。出于对中国妇女苦难的同情，他们为妇女的解放奔走、呐喊：一是从思想上给予启蒙；二是从身体上给予自由，并号召妇女们在自身努力追求中获得解放与自由。但是，积重难返的病症不可能一朝一夕根治，它的解放之路注定蹒跚而漫长。国人认识到，要摆脱全体中国人民受奴役的地位，首先要摆脱中国妇女受奴役的地位。这种迫切需要，使晚清维新思想家在许多场合也展开了论争。

作为晚清著名启蒙主义者的黄遵宪，是其中一位典型代表。

---

① 郭真义：《晚清粤东客籍诗人群体研究》，北京：当代中国出版社，2004年，第127－128页。

　　黄遵宪的妇女观，是一个逐步认识、发展与完善的过程。黄遵宪是封建体制内的士大夫，他目睹了中国妇女的生存境况，其受压迫之深，在全世界无与伦比。出使国外后，欧风美雨、西方异域文化与精神的感染，使他不断深究中国妇女生存结构的深层原因。因此，黄遵宪的妇女观，是中国传统文化与西方文化相互碰撞、交汇融合的产物。深厚的传统文化的滋养与异域精神的启迪，正是黄遵宪妇女观形成的终极原因。

　　黄遵宪妇女观的内容较繁杂。虽多只言片语，并无系统，但是将他的相关文章做梳理，就可以看出他对解决妇女问题的真知灼见，映射出他关于妇女解放的闪光思想。相关内容主要见于《人境庐诗草》《日本杂事诗》《日本国志》和《黄遵宪与日本友人笔谈遗稿》的某些部分中，也见于他留下的散文杂著中。他谈论妇女，往往涉及一些较为重要的问题[①]：反对缠足；倡导女学；提倡男女平权，但又不脱伦常纲纪；赞美劳动，提倡贤德。

　　第一，反对缠足。妇女缠足是中国几千年遗留下来的陋习，它犹如一把锐利的刀子，摧残妇女的身心健康，不知残害了多少中国妇女。即使在黄遵宪生活的时代，妇女缠足之风仍然普遍流行。他反对缠足的思想一以贯之，而且他有力地将这种思想主张付诸实际行动，在实践中不断彰显他的实际理想。

　　为了鼓励妇女改掉缠足旧习，防止妇女因放足而受到守旧势力的歧视，在湖南新政期间，他曾亲拟告示，明令禁止缠足，指出："缠足一事，贻害无穷，作俑千年，流毒四域。今以不缠足为富国强种根本，所见尤大。"[②] 新政期间，制定了《湖南不缠足会嫁娶章程十条》，规定凡入会的都可以互通婚姻，并提倡婚姻不限远近。他对缠足的行径从理论到实践都采取了卓有成效的措施，并反其"道"而行之，赞扬天足的自然。《己亥杂诗》："宵娘侧足跛行苦，楚国纤腰饿死多。说向妆台供媚妾，人人含笑看梨涡。"[③] 自注："有耶稣传教士语余：西人束腰，华人缠足，惟州人无此弊，于世界女人，最完全无憾云。"在千百年来男权统治的社会模式中，始终处于弱势地位的女性成为男子赏玩的物品和传宗接代的工具。丧失了基本权利的女性，只有通过取悦男子才得以生存。为此，不惜缠足忍受跛

---

　　① 参见邓荣坤：《客家歌谣与俚语》，台北：武陵出版公司，1999年，第234页；汪木兰：《论苏区文艺的历史地位》，《江西师范大学文学院建院60周年纪念学术论文集》编委会编：《江西师范大学文学院建院60周年纪念学术论文集》，南昌：江西高校出版社，2000年，第316页；左鹏军：《黄遵宪与岭南近代文学论丛》，广州：中山大学出版社，2007年，第73—80页。

　　② （清）黄遵宪：《黄公度廉访批》，《湘报》1965年第53号，第466页。

　　③ （清）黄遵宪：《人境庐诗草》（卷九），北京：商务印书馆，1931年，第6页。

行之苦，束腰面临饿死之危。这种戕害自然之躯的结果使女子丧失独立生活的能力，进一步增加了其从属、依附的可悲命运。这种依附—取悦—戕害—再依附的恶性循环固然有女性自身的因素，但外在强制空间、日积月累沉积下来的封建旧习才是扼杀这种独立人性的主导力量。龚自珍以病梅为例揭露封建社会对人性的摧残，黄遵宪则化龚自珍的间接隐喻手法大胆直面披露，显示了民主思想和崇尚个性自由思潮的进一步发展。他尖刻地讽刺了缠足那种病态的"金莲之美"。《寄女》云：

　　江南二三月，夹道花争妍，谁家女如云，各各扶婢肩，碧罗湖水媚，苎纱秋云娟。就中最骄诩，绣罗双行缠，一裙覆百金，一袜看千钱，婷婷复袅袅，纤步殊可怜。笑谓蛮方人，半是赤足仙，新样尖头鞋，略仿浮海船，上绣千鸳鸯，下刺十丈莲，指船大如许，伸脚笑语颠。汝辈闻此语，当引扇障颜。……①

　　诗人以颇具讽刺的笔调刻画了这样一幅图景：血泪撒满脚跟的缠足女子，似乎不知缠足带来的痛苦，不以为耻，反倒为荣，她们还嘲笑那些大脚板姑娘的天足。愚昧无知若此，不由引起人们无限的遐思和同情。正如吸食鸦片一样，中国妇女的缠足有似于此。其原因何在？这是因为妇女文化素养较低，加之自身懦弱，自暴自弃，深陷痛苦而麻木不仁。黄遵宪在他的诗中，实际上已涉及中国妇女文化启蒙的深层问题。封建道德伦理对中国妇女的残害之深，令人难以置信。其实，黄遵宪也向中国妇女敲响了警钟，即妇女的解放不仅要靠外在的力量，还要靠妇女自身在思想上的解放。只有妇女自身觉醒，在人格上和精神上求得解放，她们才有出路。而且，黄遵宪把妇女解放的问题提高到"人权"的日程上来，男女的不平等是基于"人权"的不平等，妇女地位低下，是基于"人权"的低下。于是，黄遵宪切骨痛恨并竭力用笔挞伐之。《为同年吴德潚寿其母夫人》诗云："西俗重妇女，安居如天堂……虽则同女身，若乐何参商？……人权绌已甚，世情习为常。"②他对中西妇女的人权地位做了仔细的比较，表现了对缠足妇女人生遭遇的深刻同情。《寄女》道："父母谁不慈，忍将人雕镌，幸未一缸泪，买此双拘挛。迩闻西方人，设会同禁烟。意欲保天足，

_____

① （清）黄遵宪著，吴振清、徐勇、王家祥编校整理：《黄遵宪集》（上），天津：天津人民出版社，2003年，第222页。

② （清）黄遵宪著，吴振清、徐勇、王家祥编校整理：《黄遵宪集》（上），天津：天津人民出版社，2003年，第212页。

未忍伤人权。吁嗟复吁嗟，作俑今千年。"① 他批判缠足的始作俑者，将笔锋指向千年以前的陋习。诗里所表现的天赋人权、自由平等的观念显然是受到了来自西方现代文化的影响。②

第二，提倡妇女接受教育，提高妇女自身素质，倡导女学。

在《湖南不缠足会嫁娶章程十条》中，黄遵宪规定"应随地倡立女学塾"③ 等。提倡普及女子教育，使妇女在文化水平上得到提高。黄遵宪反对"女子无才便是德"的封建旧俗，主张女子学习文化。为了强化其自身素质，就得读书识字。只有文化提高，视野开阔，她们的觉悟才能进一步提升，让文化成为她们自身解放的一股力量。因为妇女的解放，不仅依靠社会的解救，更重要的是靠自身的觉醒，这是问题的症结所在。黄遵宪在《古香阁·序》中写道：

予历使海帮，询英法美德诸女子，不识字者百仅一二，而声名文物为中华，乃反异于是，嗟夫！三代以后，女学遂亡，惟以执箕帚，议酒食为业，贤而才者，间或能诗，他亦无所闻焉。而一孔之儒，或反持女子无才便是德之论，以讽议之，而遏抑之，坐使四百兆种中，不学者居其半，国胡以能立？近者风气甫开，深识之士，于海滨创设女学，联翩竞起，然求其能为女师者，猝不易得。……中国女学之陋，非独客人。④

俗话说得好，"妇女能顶半边天"。黄遵宪充分认识到妇女力量的伟大，占一半人口的中国妇女是自我解放的重要力量，妇女的生存状况是有关国计民生、民族兴衰的大事，万万不可掉以轻心。黄遵宪是有眼光的，他从民族兴亡的高度责任感、使命感出发，深入考察了西方社会妇女的生存地位与受教育状况，对鼠目寸光的孔儒之学进行了无情的反驳，对"女子无才便是德"的腐朽思想进行了严厉的批判。他提出了中国必须兴女学的思想，这确是有识之见。

第三，反对歧视妇女、男尊女卑的封建思想，赞扬并提倡夫妻之间和谐与互爱。提倡男女平权，但又得遵循正常的伦理道德。

黄遵宪在诗作中提倡男女平等，共同打造家庭的和睦。他在西方自由

---

① （清）黄遵宪著，吴振清、徐勇、王家祥编校整理：《黄遵宪集》（上），天津：天津人民出版社，2003 年，第 222 页。
② 王丕承：《中外文化交流影响下黄遵宪诗歌理论的创新》，《上海大学学报》2000 年第 2 期。
③ 湖南省地方志编纂委员会编：《湖南省志》（第一卷），长沙：湖南出版社，1999 年。
④ 郑子瑜编：《人境庐丛考》，新加坡：商务印书馆新加坡分馆，1959 年，第 175 页。

民权思想的影响下，主张还给妇女应有的尊严与地位。在具体的家庭关系中，主张男女平等："人生于父母，犹戴日月光。同是鞠育恩，谁能忍分张？"①他在考察日本民俗时，注意到明治维新后女子地位的提高与政治上的重视有关，具体表现在夫妻之间的相亲相爱，使旧俗消亡，新俗产生。黄遵宪思想开放，胸怀国邦，放眼世界，不再局限于本乡本土。他虽然羡慕西方世界的道德习俗，但仍多有保留。黄遵宪生活在长达几千年的中国封建社会，他是从封建氛围中脱胎而来的中国的维新改良者，仍有自己的思想防线。他要打破男尊女卑的封建思想，把妇女从封建精神的枷锁中解放出来，但他仍然不能超越自己思想深层的中国传统道德规范。他要求提高妇女的社会地位，使她们不再受奴役、受压迫，可是又不希望完全打破伦常纲纪对妇女的约束。封建的伦常纲纪给黄遵宪这种新观念笼罩上一层灰暗的色彩，这使黄遵宪的思想存在一定局限性。他的妇女观也正是在这两种思想的激烈斗争下不断形成发展，这是动态平衡下中西两种文化在妇女解放思想斗争中的激烈交锋。此外，也反映了中国妇女解放斗争的艰难与坎坷历程。然而，黄遵宪提倡"男女平权"的思想影响非常深远，当五四运动时期"女性的解放"作为一个重要的问题来展开讨论时，黄遵宪已经开风气之先了。

第四，黄遵宪对妇女的辛苦劳作、勤俭持家、贤惠温顺予以高度的褒扬。赞扬劳动美，提倡贤德的心灵之美，认为这是妇女应该坚持与发扬的传统品格。

笔者仅以客家人为例，对上述观点展开论述。客家人所居之地在粤东北，这里多为山区，土地贫瘠。《嘉应州志·礼俗卷》载："州俗土瘠民贫，山多田少，男子谋生，各抱四方之志，而家事多任之妇女。故乡村妇女，耕田、采樵、织麻、缝纫、中馈之事，无不为之……古乐府所谓'健妇持门户，亦胜一丈夫'，不啻为吾州之言也。"客家女性最突出的特点就是勤劳贤淑。黄遵宪在诗中多次提及这一美德，发出由衷的赞赏。生活在过去的客家人，物质严重匮乏，十室九空，故男子多出外谋生，四处漂泊，远者漂洋过海，不得不向外发展。这种山居文化的特殊性，使客家地区形成了与中国其他地区不同的家庭结构与性别分工。这一点黄遵宪在他描写家乡客家妇女生活的作品中表现得尤为集中。《送女弟》云："俭啬唐魏风，盖犹三代民。就中妇女劳，尤见风俗纯。鸡鸣起汲水，日落犹负薪。盛装始脂粉，常饰惟綦巾。汝我张黄家，颇亦家不贫。上溯及太母，

①　（清）黄遵宪著，吴振清、徐勇、王家祥编校整理：《黄遵宪集》（上），天津：天津人民出版社，2003年，第212页。

勉劳无不亲。客民例操作，女子多苦辛。送汝转念汝，恨不男儿身。"① "太母持门户，人言胜丈夫，靡密计米盐，辛勤种瓜壶。一门多秀才，各自夸巾帼。粥粥扰群雌，申申詈女婆。"② 对于客家妇女的辛劳，字里行间洋溢着赞美、夸誉，表达了诗人的同情、理解与支持。在《拜曾祖母李太夫人墓》长诗中，诗人主要缅怀祖母对儿孙的慈爱与殷切希望之情，但字里行间刻画了李太夫人的勤劳质朴。她是客家勤劳妇女的典型代表。诗人盛赞客家妇女的勤劳节俭，借送长妹珍玉出嫁的时机，对客家女子的艰辛劳作、自然朴素的生活习惯进行了深情的描绘。她们不但要承担家里的一切家务，而且和男子一样干室外重活。客家女性没有闲暇去"缠足""束腰"，只能用天然自成的一双大脚板去劳动、去生活。客家女子最苦，因而面色无华，体态瘦削，与"媚妾"无缘。黄遵宪赞扬客家女性的天足之美，寄托了他的人道主义思想和人文关怀。

值得说明的是，客家女子的地位在家庭中并不低下。在封建社会，中国妇女地位低下除了外在的原因外，一个主要原因就是她们在生活中缺乏自立自强，过分依赖于男性，使她们的实际劳动能力没有充分发挥出来。客家女子却不同，在家庭中能够独立自主，甚至独当一面，因而就会赢得尊重。无论婚前婚后都有自己的尊严，一是婚前的女子能够受到父母疼爱，快乐而自在地生活；二是婚后的女子能够得到家人的维护，主宰家庭。比如客家地区女子出嫁时，有唱"哭嫁歌"的习俗。这种"哭嫁歌"更多的就是表达客家女子不舍娘家、不舍父母对己疼爱的依依惜别之情。她们在家中的地位都相对较高。"阿母性慈爱，爱汝如珍珠。一日三摩挲，未尝离须臾。"③ 反映出父母对子女的关爱。许多地方视女子为"赔钱货"，有"嫁出去的女泼出去的水"等顺口溜，真实地反映了女子地位的低下。比如"纺花车，钻子莲，养活闺女不赚钱。一瓶醋，一壶酒，打发闺女上轿走。爹跺脚，娘拍手，谁再要闺女谁是狗"，这首河南歌谣就典型地反映了对女子身份不认同的观念。与这种思想不同，客家人嫁女时，她们的父母要精心装扮自己的女儿，出嫁礼仪、嫁妆都置办得非常贵重而体面。母亲从不考虑嫁女儿会"折本"，而是担心女儿"嫌嫁衣稀"，并亲手穿针

---

① （清）黄遵宪著，吴振清、徐勇、王家祥编校整理：《黄遵宪集》（上），天津：天津人民出版社，2003年，第86页。

② （清）黄遵宪：《人境庐诗草》（卷一），北京：商务印书馆，1931年，第6页。

③ （清）黄遵宪著，吴振清、徐勇、王家祥编校整理：《黄遵宪集》（上），天津：天津人民出版社，2003年，第86页。

引线、缝制嫁衣，"行行手中线，离离五色丝。一丝一泪痕，线短力既疲"①，把千般嘱咐、万般叮咛的话语编织于嫁衣的丝缕之间。

黄遵宪视野十分宽广。每到一地，他都会亲自考察当地的风土人情。有比较才有鉴别，在游历四大洲之后，黄遵宪对客家女性的生存状态更有深刻的认识："……其性温文，其俗简朴，其妇女之贤劳，竟甲于天下各种之所未有。""吾行天下者多矣，五洲游其四，二十二行省历其九，未见其有妇女劳动如此者。"② 客家女性的美德表现为勤劳与坚韧，闻名于世，这是其他民族的女性难以相比拟的。黄遵宪涉足海内外，到过许多国家，了解了他们的风土民情，所以对客家女子的评判最有发言权、最具代表性。这种美德，无论贫富之家，都是如此。"汝我张黄家，颇亦家不贫。上溯及太母，劬劳无不亲。"③ 诗云："世守先姑《德象》篇"，其注："妇女皆勤俭，世家巨室，亦无不操井臼、议酒食、亲缝纫者，中人之家则无役不从，甚至务农、业商、持家教子，一切与男子等。盖客人家法，世传如此。五部洲中，最为贤劳矣。"④ 客家人的勤劳，不论是国人，还是外国人都十分敬仰与震撼。

如果说劳动美是客家女性外在美的要求，那么，孝顺公婆，相夫教子，则是客家女性的内心修养。从一个人的整体而言，任何单一方面的美都是有缺陷的，只有内外结合的美才算完美统一。客家妇女的出色正是表现为劳动外在之美与心灵美德的和谐统一。客家妇女"里外一把手"，即所谓"家头窑（又作'教'）尾""灶头锅尾""针头线尾""田头地尾"样样皆能。⑤ 作为客家之子的黄遵宪，他身上流淌的是客家人的血液，挥之不去的是客家人的情结。当然，黄遵宪对妇女内在之美是有要求的，在《送女弟》诗中对其妹妹提出希望说："所重德功言，上报慈母慈。"又说："汝须婉以顺，朝夕承欢娱。欢娱一以承，我心一以愉。"⑥ 在《为同年吴德溥寿其母夫人》中云："作妇甘卑屈，为亲宜显扬，显扬万分一，恩义

195

---

① （清）黄遵宪著，吴振清、徐勇、王家祥编校整理：《黄遵宪集》（上），天津：天津人民出版社，2003 年，第 86 页。

② （清）黄遵宪著，吴振清、徐勇、王家祥编校整理：《黄遵宪集》（上），天津：天津人民出版社，2003 年，第 141 页。

③ （清）黄遵宪著，吴振清、徐勇、王家祥编校整理：《黄遵宪集》（上），天津：天津人民出版社，2003 年，第 86 页。

④ （清）黄遵宪著，吴振清、徐勇、王家祥编校整理：《黄遵宪集》（上），天津：天津人民出版社，2003 年，第 240 页。

⑤ 参见胡希张、莫日芬、董励、张维耿：《客家风华》，广州：广东人民出版社，1997 年，第 231 页。

⑥ （清）黄遵宪：《人镜庐诗草》（卷一），北京：商务印书馆，1931 年，第 6 页。

终难详。盘龙恭人诰，雕螭节孝坊……持谢有母人，念彼永毋忘！"① 这种内在要求表现为温柔贤惠、知书达理、诚信挚爱等。同时，他也主张妇女要保持贞洁，要求妇女遵守恭俭让之类的规范，这表现出黄遵宪女性观的思想有待进一步发展。

黄遵宪对中国女性（主要是客家女性）做了最全面的考察，既讴歌了她们的美德，又对残害女性的封建道德伦理进行了无情的批判。黄遵宪追求妇女解放的真理，倡导向西方文明学习，主张男女平等，并从人权的高度加以认识，这很有眼光，也难能可贵。但又与封建社会对妇女的要求相联系、相杂糅，也体现了其妇女观的庞杂性。黄遵宪在妇女解放的道路上能够走到这一步，已大大超越前人所为，这也成为后人继续前进的起点。而他留下的遗憾，也为后人继续探索提供了借鉴。黄遵宪和他的同伴没有完成的历史使命，留给了"五四"以后致力于妇女解放的人们去探索、去实现。②

黄遵宪强烈的女性意识与对妇女权利的重视，无不闪烁着他的人权平等的理想之光，这与客家文化对其思想的深厚浸染不无关系。

客家妇女生存地位的构成既有传承又有变异，她们主要受到社会政治与客家历史、经济诸方面以及由此派生出来的客家婚姻制度、婚嫁习俗的深刻影响。

客家乃是大汉民族的一个民系。早期的客家先民社会结构简单，一家之中以母为首，她甚至可以集氏族的权力于一身。因此客家民系也有信奉女性的祖先之神，早期女性也被视为拥有超自然力量的神明而被敬重。客家民系由女性权力社会演化为男性权力社会之后，家中便以男性为主，所有产业均为男性所有，故子女也随夫姓，以示他们至终属父亲体系，男权遂为至上。尽管如此，客家妇女的社会地位仍不至于低下，比如在选择配偶上仍保存个人的权利，突出表现为父母不干预她们择偶的自由，父权未至产生拦阻女儿出嫁的作用，同时也由于是自由选择配偶，男女双方在平等的基础上谈婚论嫁，对婚后两性地位也有平衡的作用，故夫权的力量相对而言，应未至绝对压倒女性。

客家人有自己传统的风俗习惯、风土民情。黄遵宪的"乡情长卷"之诗有详细的表述。

---

① （清）黄遵宪著，吴振清、徐勇、王家祥编校整理：《黄遵宪集》（上），天津：天津人民出版社，2003 年，第 212 页。

② 参见左鹏军：《黄遵宪与岭南近代文学论丛》，广州：中山大学出版社，2007 年，第 73 - 85 页。

《新嫁娘诗》（组诗）、《拜曾祖母李太夫人墓》等诗被誉为黄遵宪诗歌创作的"乡情长卷"之诗。这些诗描写了客家地区的人情世故、民俗风情，是一幅幅客家人的风俗画卷。《新嫁娘诗》通过写女方从接到联姻定帖，到出阁、闹洞房、合卺、归家直到喜获麟儿的全部过程，真实细腻地再现了当时客家少女出嫁后的心路历程，她们在每个过程中的喜怒哀乐都有所表现，也客观地描绘了客家人的婚姻习俗；《拜曾祖母李太夫人墓》长篇叙事诗，则对其在清明、冬至节日的祭祀、扫墓的礼仪做了形象生动的表述。客家人清明、冬至的祭祀、扫墓充满一种节日喜庆的气氛，它与"清明时节雨纷纷，路上行人欲断魂"的悲哀情景产生巨大的反差。这些风俗说明客家地区的节日与其他乡村习俗相比有自己的特色。"乡情长卷"之诗更多地表现了客家妇女历史地位的深层构成。

正如所述，客家民系形成以来，直至明、清时期，客家男女的地位相对平等。平日合作耕耘、恋爱等，可通过赛歌、对歌而择偶结合。这种作风，却不为汉族的其他民系所认同。事实上，客家青年男女的婚姻，并非无媒苟合，他们还需征得家族长老的同意，方能正式订婚成亲。在这个过程中并不会索取对方贵重的财物，仅是在婚嫁期间表示尚可。

客家的婚嫁礼仪大致是"相亲""送庚帖""合婚""过聘""报日子""完婚"六项程式，与古代婚礼的"六礼"大体相同。《礼记》记载道：

> 是以昏礼纳采、问名、纳吉、纳征、请期……父亲醮子而命之迎，男先于女也，子承命以迎。主人筵几于庙，而拜迎于门外，婿（婿）执雁入，揖让升堂，再拜奠雁，盖亲受之于父母也。降出御轮三周，先俟于门外，妇至，婿（婿）揖妇以入。共牢而食，合卺而醑。所以合体同尊卑以亲之也。敬慎重正，而后亲之，礼之大体。①

《礼记》中所言"纳采""问名""纳吉""纳征""请期"及后来的"亲迎"就是周代所传下来的"六礼"。因其程序繁杂冗长，客家民间对其扬弃，使之操作起来容易些。

在客家的婚俗中，"送庚帖""合婚"与古代的"问名""纳吉"大同小异。"庚帖"指女方的生辰八字，男方把它置于祖宗的牌位灵前，如果三天之内万事顺当，说明得到了祖宗之灵的首肯，方能进一步测算男女双方的生辰八字是否相合，相合则成，反之则告吹。不过，这种婚姻陋习致

---

① 《礼记·昏义》（十三经注疏本），上海：中华书局，1980年，第1680页。

使许多有情男女不能成为百年之好，生生被拆散。诗作中对这种客家陋习则是以不屑的方式轻笔带过，而非从重着墨。婚姻之初，诗人通过描写偷看定帖这一细微的举动，描绘了一个天真活泼的少女。"前生注定好姻缘，彩盒欣将定帖传。私看鸾庚偷一笑，个人与我是同年。"① 客家女子做姑娘时一般留长头发，梳单辫。订婚之后要开始梳髻子，称"上笄"，也叫"上头"，象征已有相好，将要"行嫁"（客家女子出嫁称"行嫁"）了。黄遵宪在诗中叙述了女子上头之后的仪态转变："金钗金髻新装束，私喜阿侬今上头。姊妹旧时嬉戏惯，相看霞脸转生羞。"② 将要做新娘的欣喜和装束转变引起的羞涩进行了描写，使"上头"的场面绘声绘色，充满了祥和。

客家人继承了古代人夜里迎亲之俗，认为夜里迎亲，时辰最好，进进出出方便、吉祥。③ "烛影花光耀数行，香车宝马陌头忙，红裙一路人争看，问是谁家新嫁娘？"④ 烛光摇曳，映红了姑娘的脸庞，香车宝马，引来了路人的注目，夜空也飘满了温馨幸福的气息。"一家女儿做新娘，十家女儿看镜光，街头铜鼓声声打，打着中心只说郎。"⑤ 一家新人出嫁，左邻右舍的人前来观望这个热闹而新奇的场面是十分自然的。尤其是那些待字闺中的姑娘看到这一情景，联想到他日同样的情景，别是一番滋味在心头。

另外，诗歌还提到新嫁娘入门后的拜堂情景，如"青毡花席踏金莲，女使扶来拜案前"。在客家民俗中还有闹洞房这项内容。客家人在新婚三日可不分辈分地闹洞房。据说闹洞房有几种说法：一是可以驱鬼辟邪，因为洞房花烛嬉戏打闹，人气之旺，把一些邪气驱跑；二是新娘新来乍到，四面陌生，这种热闹的气氛使男女双方融洽而不见外；三是通过嬉闹，可与亲朋好友加深印象，增进了解，婚后相处变得和谐。《新嫁娘诗》："洞房四壁沸笙歌，伯姊诸姑笑语多。都道一声'恭喜也，明年先抱小哥

---

① （清）黄遵宪著，吴振清、徐勇、王家祥编校整理：《黄遵宪集》（上），天津：天津人民出版社，2003 年，第 8 页。
② （清）黄遵宪著，吴振清、徐勇、王家祥编校整理：《黄遵宪集》（上），天津：天津人民出版社，2003 年，第 8 页。
③ 参见刘善群：《客家礼俗》，福州：福建教育出版社，1995 年，第 67 页。
④ （清）黄遵宪著，吴振清、徐勇、王家祥编校整理：《黄遵宪集》（上），天津：天津人民出版社，2003 年，第 8 页。
⑤ （清）黄遵宪著，吴振清、徐勇、王家祥编校整理：《黄遵宪集》（上），天津：天津人民出版社，2003 年，第 93 页。

哥'。"①"谁家年少看新娘？戏语谜词闹一房。恼煞总来捉人臂，要将香盒捧槟榔。"②"槟榔"是一个双关语的名词，意为"贵宾""新郎"，它连同花生、桂圆、瓜子等果子是客家人新婚宴席上、闹洞房必备的食物。客家人很好客，无论新老朋友、村中的男女老少，还是左邻右舍，凡是来看新娘的，都见者有份。这时屋前屋后，欢声笑语，吹口哨的、扮鬼脸的煞是热闹。新娘捧献一盘大大的槟榔，好像天女散花，她抓着一把一把地向着人群抛撒。大家争先恐后，即使只抢到一颗槟榔也兴奋得手舞足蹈，认为品尝到新娘献给的槟榔是一种福气。夜深临近，洞房也闹得差不多了。但是大家似乎意犹未尽，偷偷地跑到新娘新郎的窗前，偷听新娘新郎卿卿我我的窃窃私语。诗人对这一情景也有铺描："个人催促那人看，此时思量正两难。毕竟惊鸿飞去好，管他窗外没遮阑。"在今天看来这种行为是不道德、不文明的，但在客家习以为常，即使新娘新郎知道了也是一笑了之。一刻千金的"洞房春宵"之后，新娘早早起床，面对在婆家崭新的一天，丝毫不敢怠慢。诗歌写道："香糯霏屑软于绵，纤手搓来个个圆；玉碗金瓯分送后，大家齐结好姻缘。"③ 按照客家人的习俗，新娘过门后的第二天，要亲自下厨做糯米汤圆分送于亲戚，以表示互相往来，和谐相处。亲戚也乐意接受，向新人寒暄问好，以表敬意。

　　《新嫁娘诗》51首作于诗人青年时期。该组诗以第一人称的口吻，生动而逼真地描述了一位青年女子从定亲、结婚到生子的过程，心理刻画细腻，语言清晰流转。诗人对新嫁娘形象的描写可谓不落俗套，他并不着力描写她的容貌如何美丽动人，而是主要描写她的神态与心理的变化，从而把新嫁娘娇艳柔美又羞涩无比的形象特征传神地刻画出来。《新嫁娘诗》是其诗歌捕捉到的客家婚俗中一幅幅"春宫画""秘戏图"的真实写照。

　　《新嫁娘诗》中有不少描写了其乐融融的夫妻生活。从洞房花烛夜的"云鬟低拥髻斜倚，此是千金一刻时。又是推辞又怜爱，桃花着雨漫支持"；到几天以后的"暗中摸索任伊人，到处香肌领略真。两腋由来生怕痒，故将玉臂曲还伸"④，不知不觉一对新人已经充满柔情蜜意，以后的

199

① （清）黄遵宪著，吴振清、徐勇、王家祥编校整理：《黄遵宪集》（上），天津：天津人民出版社，2003年，第29页。

② （清）黄遵宪著，吴振清、徐勇、王家祥编校整理：《黄遵宪集》（上），天津：天津人民出版社，2003年，第298页。

③ （清）黄遵宪著，吴振清、徐勇、王家祥编校整理：《黄遵宪集》（上），天津：天津人民出版社，2003年，第299页。

④ （清）黄遵宪著，吴振清、徐勇、王家祥编校整理：《黄遵宪集》（上），天津：天津人民出版社，2003年，第299页。

"生怕隔墙人有耳，嘱郎私语要昵昵""鸳衾春暖久勾留，红日三竿已上楼""零星细事米同盐，刚要当家未尽谙。夜尽共郎详细述，鸳帷深处语喃喃"① 等，无不充满夫妻之情。新嫁娘偶回娘家，便尝到恋人别后的滋味，"平生从不识相思，今日才知此事奇"，"买梨莫买蜂咬梨，心中有病没人知。因为分梨故亲切，谁知亲切转伤离"。② 小别重逢后，方知"一般滋味两人知"，于是夫妻俩更是"低笑轻怜情意投"，更感到"此乡真个是温柔"，"美满恩情值万金"。诗歌里有不少是描写新嫁娘与夫婿和谐愉悦之情的，这场婚姻可谓"先结婚，后恋爱"的传统美满婚姻。③ 在重男轻女之俗依然风行的年代，诗人对男女平等的婚姻的庆贺和祝愿，相当程度地表现了他的民主思想。

在客家女性文化中，黄遵宪注意到童养媳的风俗："反哺难期妇乳姑，系缨竟占女从夫。双双锦襦鸳鸯小，绝好朱陈嫁婆图。"④ 自注："多童养媳，有弥月即抱去，食其姑乳者。"⑤ 但是拜堂在十三年后："嫁郎已嫁十三年，今日梳头侬自怜。记得初来同食乳，同在阿婆怀里眠。"⑥

客家人信守礼仪，非常重视尊祖敬宗。黄遵宪谈到客家人重谱牒、设祠堂的传统："宰相表行多谱牒，大宗法废变祠堂，犹存九两系民意，宗约家家法几章。"⑦"各姓皆聚族而居，皆有祠堂。"⑧ 在谈到祭祖时，他特意指出客家人扫墓时喜食螺、用铜箫的土俗："螺壳漫山纸蝶飞，携雏扶老语依依。红罗伞影铜箫响，知是谁家扫墓归。"⑨ 客家的田螺味儿极美，

---

① （清）黄遵宪著，吴振清、徐勇、王家祥编校整理：《黄遵宪集》（上），天津：天津人民出版社，2003 年，第 300 页。

② （清）黄遵宪著，吴振清、徐勇、王家祥编校整理：《黄遵宪集》（上），天津：天津人民出版社，2003 年，第 92 页。

③ 赖婉琴：《一幅美好的客家婚俗画——黄遵宪长篇叙事诗〈新嫁娘诗〉简析》，《广东外语外贸大学学报》2002 年第 3 期，第 91 页。

④ （清）黄遵宪著，吴振清、徐勇、王家祥编校整理：《黄遵宪集》（上），天津：天津人民出版社，2003 年，第 241 页。

⑤ （清）黄遵宪著，吴振清、徐勇、王家祥编校整理：《黄遵宪集》（上），天津：天津人民出版社，2003 年，第 241 页。

⑥ （清）黄遵宪著，钱仲联笺注：《人境庐诗草笺注》（上），上海：上海古籍出版社，1981 年，第 59 页。

⑦ （清）黄遵宪著，吴振清、徐勇、王家祥编校整理：《黄遵宪集》（上），天津：天津人民出版社，2003 年，第 240 页。

⑧ （清）黄遵宪著，钱仲联笺注：《人境庐诗草笺注》（下），上海：上海古籍出版社，1981 年，第 813 – 814 页。

⑨ （清）黄遵宪著，吴振清、徐勇、王家祥编校整理：《黄遵宪集》（上），天津：天津人民出版社，2003 年，第 242 页。

是甜、辣、鲜的美食一绝，但吃田螺动作烦琐。把清明扫墓与津津有味吃田螺的享受结合起来，既为祖宗扫了墓，祭祀与安慰了祖灵，获得了子孙众多的吉兆；又在水色山光中美美地品尝了新鲜的田螺。青山绿水，美食美味中，还有铜箫悠扬，扫墓充满了诗情画意。黄遵宪有诗写道："前行张罗伞，后行鸣鼓箫。猪鸡与花果，一一分肩挑。爆竹响墓背，墓前纸钱烧。手捧紫泥封，云是夫人诰。子孙共罗拜，焚香向神告。"① 扫墓队伍浩浩荡荡，前面撑着雨伞，后面敲锣打鼓。将肉类食物、水果、鲜花加以分开，并一一用箩筐、篮子挑上。到了墓前则按照年龄大小，焚香跪拜，烧纸鸣炮，作揖打拱。真是"大父在前跪，诸孙跪在后，森森排竹笋，依依伏杨柳"。显然，作者在这里描绘的是一幅庄严而又不失热闹的祭祀场面，寓伤感于喜庆。黄遵宪并非局限于客观描绘，而是借景抒情，夹叙夹议。一方面对故乡的风土人情加以赞美，另一方面又在诗中对乡人的陋习加以反思与批判。宗教信仰关联着人的精神与前景，也容易把人引向迷信的邪道。黄遵宪在其诗歌中揭示了这种弊端。如"枯骨如龟识吉凶，狐埋鸠占不相容。一年讼牒如山积，不为疑龙即撼龙"②。自注："溺于风水祸福之说，讼狱极多。"黄遵宪诗中对迷信活动的描写侧重于占卜求福带来的纠纷与诉讼。本来出发点是想祈福发财，结果却祸起枯骨，得不偿失，事与愿违。黄遵宪对客家的宗教迷信做了反思，其批判的态度相当明显。③

客家人所聚居之地贫困，在海禁开放以后，去南洋如新加坡、马来西亚、印度尼西亚等东南亚各国谋生的人越来越多，他们与南洋各国有千丝万缕的联系。因此，梅州客家又称"华侨之乡"。黄遵宪在诗歌中也有所反映："海国能医山国贫，万夫荷锸转金轮。"④《番客篇》则以很大的篇幅描述了客家人去南洋创业、生活的情景，堪称南洋华侨历史的缩影。同时，在诗中也描写了华侨在异国他乡创业的艰难。黄遵宪出任新加坡总领事时，曾亲自考察侨民疾苦，并创作了一系列带有浓厚民族风味的"番客诗"。

在描写南洋风光的"风俗诗"中，《番客篇》是最为典型的一篇反映客家华侨女性生活习俗的诗篇。他通过一位海外华侨富翁举办婚礼的情况，以饱含情感的笔触，非常真实地叙写了南洋华侨在海外创业乃至发迹

①　（清）黄遵宪著，吴振清、徐勇、王家祥编校整理：《黄遵宪集》（上），天津：天津人民出版社，2003 年，第 167 页。

②　（清）黄遵宪著，吴振清、徐勇、王家祥编校整理：《黄遵宪集》（上），天津：天津人民出版社，2003 年，第 242 页。

③　张应斌：《黄遵宪的客家民俗研究》，《民俗研究》2000 年第 2 期，第 126 页。

④　（清）黄遵宪著，钱仲联笺注：《人境庐诗草笺注》（下），上海：上海古籍出版社，1981 年，第 817 页。

的不平凡经历，介绍了他们婚娶、饮食、交游、服饰等各种风俗习惯。诗歌中是这样书写前来贺喜的侨胞妇女的神态和穿着的：

> 嘻嘻妇女笑，入门道胜常。番身与汉身，均学时世妆。涂身百花露，影过壁亦香。洗面去丹粉，露足非白霜。当胸黄亚枯，作作腾光芒。沓沓靸履声，偕来每双双。红男并绿女，个个明月珰。单衫缠白迭，尖屦拖红帮。垂垂赤灵符，滟滟绯交珰。一冠攒百宝，论价难为偿。簇簇好装束，争来看新郎。①

当地客家华侨妇女身洒香水，面敷丹粉，颈套金圈，身缠白迭布，脚穿尖嘴鞋，胸佩赤灵符，头戴百宝冠，反映了客家华侨妇女在异国他乡随风随俗，染上不少外国的风俗，但更多的是保留了家乡的传统习惯。例如婚礼的仪式，从迎亲到拜堂许多都是沿袭了故乡客家的习俗。② 黄遵宪有一首诗：

> 车轮曳踵行，蛮婢相扶将，丹书悬红纸，麒麟与凤凰。一双龙纹烛，华焰光煌煌。第一拜天地，第二礼尊嫜；后复交互拜，于飞燕颉颃；其它学敛衽，事事容仪庄。拍手齐欢呼，相送入洞房。

这种侨居在国外的客家华侨妇女，在民俗生活上，相对于故乡客家的民俗而言既有传承又有嬗变。

（二）张资平与李金发的小说创作中对客家女性的观照

1. 客家人文思想支配下张资平与李金发不同妇女形象的创作书写

张资平是一个自觉书写客家传统理念的作家，并能融合新机不停开拓和创造。他早期的创作能够自觉书写客家风土人情，表现客家传统文化中的自然主义倾向。他的个人情恋小说题材中的基本思想就是遵循自然与人性的规律。一方面具有人性的和社会化的文明权利，这来源于西方的人权思想；另一方面，又体现了爱是一种权利，是自然赋予的权利，人作为自然物具有追求异性本能的权利。作为社会的人，社会不应当压抑人的爱

---

① 参见杨宏海：《我与深圳文化：一个人与一座城的文化史》（下），广州：花城出版社，2011 年，第 719 页。

② 参见杨宏海：《我与深圳文化：一个人与一座城的文化史》（下），广州：花城出版社，2011 年，第 719 页。

情，人有权利反抗和改变社会对于人的压抑；作为自然的人，就不应当压抑自己的自然本性，而应当去满足自己的欲望。这是相互联系的两个方面，一方面是针对生命的外部，另一方面是针对生命的内部，这在当时的社会都是针对反封建的。而张资平的部分作品，更多是取材于客家民间生活。

张资平早期的恋爱小说是客家山歌的故事化，是客家民间歌谣隐形结构在小说中的具体外化。客家人历史上形成的"男人在外乡，女人在故乡"的家居模式对张氏小说人物关系的安排和命运产生了巨大的制约与影响。其《梅岭之春》就是取材于客家民间材料的典型之作。小说以作者家乡梅县为背景，通过童养媳保瑛的爱情悲剧，控诉了封建礼教与旧风俗对青年的迫害。从整篇小说的艺术手法和创作格调来看，与20年代初以写农村生活著称的"乡土文学"颇为相似。用"写实"手法描写乡情民俗，抨击封建礼教，是这篇小说最显著的艺术特色。梅县是粤东客家人聚居之地，有独特的民情风俗。如当地有收养"童养媳"的风俗，而小说中女主人公保瑛的爱情悲剧，就与这种乡俗有着直接的关系。作者在这里揭示了客家地区旧时许多"童养媳"的共同心境。

张资平笔下写得较多的还是客家妇女。且看短篇小说《梅岭之春》中的客家山村：

村民都把他们的秧种下去了。

岗下的几层段丘都是水田，满载着绿荫荫的青秧。两岸段丘间是一条小河流，流水和两岸的青色相映衬，像一条银带蜿蜒向南移动……

她的母亲一早就出去了，带一把砍刀，一把手镰，一条两端削尖的竹杠和两条麻索出去，她的丈夫也牵着一头牛过乡村去了。她没有生小孩子以前是要和她的母亲——其实是她的……一同到山里采樵去的。

邻村景伯母，肩上担着一把锄头走过她的门首。

这里面写到三个干活的农民，其中两个是妇女。在粤东客家农村，从传统社会到现在，妇女是主要劳动力。小说表现了客家妇女的朴素、勤劳，里里外外是一把手，所谓"田头地尾，灶头锅尾，针头线尾"。小说有写道：

春水来时正是插秧的时候，裤脚高卷至大腿部，雪白的一双曲线美的腿、膝、胫等都毕露出来，走进田里时泥水高及膝部，或竟涨至大腿部，

泥臭和水的污浸渗至她们的腰部和腹部来。黄昏时分放工回来，腿上的泥巴还没有洗干又要为丈夫儿子的事忙个不停了，喂乳、挑水、劈柴、洗衣裳准备明天一早拿出去晒。等到家庭的事清理好时已经十点十一点了，有时为小孩子缝补破了的衣裳，就要过十二点后才得睡。睡下去后还有丈夫的歪缠。①

客家妇女的辛苦由此可见一斑。

张资平在《最后的幸福》中有这样一段描写：

村里邻屋的一个女人，生了两个孩子了。她的丈夫赴南洋做生意，一去三年并不回来看她，她就和村里的一个少年发生了恋爱关系，到后来被她丈夫的族人发现了，就按村中的习惯把她捆缚在一个石柱上。凡是族人在她面前走过去的都可以提起鞭子来抽她，平日恨她的人竟有用锥子去刺她的。妻有外遇，丈夫的族人有这种特权——任意鞭挞那个女人的特权。美瑛曾目睹过这样的情形，她看见邻屋的那个女人被几个残毒的、平日对她有仇恨的老妇人用锥刺得周身"鲜血淋漓"。

这是多么残忍的画面！客家人继承了中华民族文化的许多优秀传统，可是也有一些不堪入目的陋习。三纲五常中的"夫为妻纲"是对妇女的压迫，令人发指！男人可以三妻四妾而不受惩罚，女人只能从一而终。具有现代文明思想的张资平从人文主义立场出发，对不幸的客家妇女寄予了深切的同情。②

他叙说了当地的冷酷野蛮的习俗，表达了对受害者的深切同情。张资平早期小说表现了复杂的乡土情感，深蕴着客家人的恋乡情结，同时又与"五四"时代主流话语相契合，大胆揭露和批判了客家文化中落后消极的因素和残酷野蛮的陋习，作者笔下的女性形象及其命运是客家妇女苦难人生的缩影。他早期的小说是生动的客家文化风俗史，是认识、理解客家文化和客家精神的珍贵文本。

张资平于现代文学时期向读者展现了一个方向，其创作具有世俗化与个人化品格。他更加注重个人幸福实现的可能。在这个空间中，许多作家

① 曾汉祥：《山乡与侨乡——张资平小说的客家情境》，谭元亨主编：《海峡两岸客家文学论》，香港：中国评论学术出版社，2006年，第187页。

② 曾汉祥：《山乡与侨乡——张资平小说的客家情境》，谭元亨主编：《海峡两岸客家文学论》，香港：中国评论学术出版社，2006年，第189页。

追求、迎合现实的生命表现而不是生命神圣化理想。有关客家素材的小说体现了不容否认的对于人性的具有进步性的追求。李长之认为张资平所提出的中国现代青年婚姻问题以及对该问题的表现具有正面意义，还从小说语言的变化上肯定他"是开始用流利的国语写新小说的人"①。

诚然，自"五四"以后，以鲁迅为首的一批作家，已经从文学与受众的关系的角度提出了对文学的性质和任务的新认识，倡导"为人生"的文学，要更多地关心民众的疾苦，并引起对疗效的注意。但是，就作家与受众的关系而言，他们仍不可避免地站在启蒙与指导的地位上，缺少一种与之互动的亲密关系。在这一方面，流行于民间的具有通俗性的市民与个人情恋小说文学则不一样。② 张资平小说注意到了小说的叙事功能和娱乐性质，而20世纪初的中国文学便跟随中国主流文学的传统，轻视小说的故事性和娱乐性。张资平的许多小说虽与20世纪初的鸳鸯蝴蝶派言情小说和通俗小说有相似之处，但那只是故事框架，其中的主题和内容不一样，是通俗小说和言情小说难以具备的，如对宗教义理的表现，对理性的控制，对感情生命的关顾，对文明与爱欲的追求，对压抑与解放的平衡，对现代文明与古代文明的思考，都不是那些小说所具备的。尤其是张资平的小说大都有悲剧性，而单纯的消遣娱乐小说往往是以大团圆为结局的。悲剧性小说已不能单纯地看成消闲小说了。当然出于对生计的依赖，特定年代的张资平的世俗市民与个人情恋的小说创作不得不出于对经济的考量，把读者摆在至高的位置上，去取悦读者，因而甚至出现了媚俗的倾向。从这里也可显现出客家人重视现实、注视自然和客观经济利益的一面。张资平小说中的市民情恋追求和生存苦恼，一方面是一种幻想追求，另一方面也是现实问题。

张资平的言情小说主要从私人化性、自然主义、现代精神分析三个方面结合起来进行描写，即宗教理性与对中国现代小说的爱欲描写。这有开创之功。张资平对于性恋人物发挥爱欲有两种形式的描写，即宗教理性与中国传统的礼制理性。从根本上讲，张资平描写的两种理性都对人类有永恒的制约作用。只是，礼制文明已成为过去，成为一种非人道非人性的表现，但理性控制依然存在，于是以宗教理性取而代之，实际上是将礼制转化为宗教理性。这里有一种对人类理性的古典性向往。同时他的作品中有人物因极端纵容、身体疾痛或遭社会惩罚而走向死亡，这是一种对于人的

---

① 李长之：《张资平恋爱小说的考察——〈最后的幸福〉之新评价》，《清华周刊》1934年第41卷第3-4期。

② 金宏达：《平视张爱玲》，北京：文化艺术出版社，2005年，第85页。

生欲和死欲与社会发展之间心理和生理的表达。

李金发是一个对诗歌有着自己独特见解的人。他认为，"诗人之灵，是宇宙之间最灵活最明察的东西，花草的摇动，岁月的疾流，都会使他产生无限兴趣，而至于凄怆泣下"①。因此，李金发是属于从自然回到社会、回到个人，从外部世界返回内心世界的诗人。这种由自然到个人的创作理念所体现的就是客家文化中所追求的"天人合一"的思想。

凡是读过《微雨》的人，脑海里大概都会留下一个悲观颓废的抒情主人公的形象。我们看到，诗人就像人生道路上孤身独往的过客：他挂着一根与自己形影不离的手杖，在"冷风细雨"和"死神般之疾视"下，走过"荒凉"的"广漠之野"（《手杖》）。但诗人的远走，与鲁迅笔下那个为"前面的声音"所催促而倔强前行的过客不同，诗人此时已绝望于追寻，他感到"一切日间之光遮住了，世界将从此灰死"。但是，诗人绝不是天生就如此消极悲观。作为一个年轻的诗人，他有自己的梦想和追求，他也曾向往美好的生活。《琴的哀》一诗，清楚地表明他也曾希望自己的生命之"琴"能奏响"人生美满"之强音。但那阴暗连绵的"微雨"不但"溅湿"了诗人的心，同时，伴随着"微雨"而来的"不相关的风"，把他的琴声也"震得不成音了"。在此，李金发对这种自然与人的对立矛盾所呈现出的强烈反差充满了"一切的忧愁"和"无端的恐怖"。诗人追求的"人生美满"的希望与"微雨"般阴暗的现实环境不相协调的相互撞击而迸发出的微弱的火花，也是他抗拒"微雨"的侵袭而发出的绝望的呻吟。在梦想破灭以后，能给李金发一些精神上的安慰和支撑的，唯有对客家故乡的怀恋了。《故乡》一诗，写的是诗人在巴黎收到"家人"的照片，面对照片上亲人的"淡白之面"和家乡的"长林浅水"而引起的一片乡情。但诗中并没有直接抒发对故乡的思念，而是通过回忆与妻子在少年时代一起欢快嬉戏的片段，写出了诗人对魂牵梦绕的故乡无限的情思。如果《故乡》的回忆让诗人感到的是一种"甜蜜的忧愁"的话，那么《春城》一诗对故乡的思念则给诗人带来了激励和思想的力量。诗人将视线由儿女情长转向故乡的劳动妇女。李金发以新颖的角度向异国少女讲述自己故乡的风土人情。他深情地向她讲述盛产椰子与芒果的故乡与故乡的风俗美。家乡的一切是那样令人难忘！最难忘的是那些勤劳、强悍、热情、单纯的南国客家妇女，她们没有被生活的重担压垮，在劳动之余，她们会唱朴野的客家山歌和跳欢快的客家民间舞蹈，表现出不在命运面前低头的积极乐

---

① 李金发、拉马丁：《和谐》，《美育》1929 年第 3 期。

观的人情美与人性美的可贵品格。她们是故乡的象征，诗人为有这样的故乡感到骄傲。正是这种自豪感，给了诗人支撑下去的力量："我不懊恨一切寻求的失败，但保存这诗人的傲气"，在失败中保持这份"傲气"是难能可贵的。而这种"傲气"的精神支柱正是来源于诗人家乡的乡土人文观念！

客家人普遍存在生命崇拜意识，关爱女性生命之美，并广泛地在礼俗习惯中体现着，那是一种尊重并肯定生命价值的意识。这种意识在客家文化氛围中表现得非常突出。李金发的爱情诗多表现出对女性的尊重，或对于纯洁爱情的或期待、或陶醉、或痛苦的美好感情，如《为幸福而歌唱》。李金发之所以热心爱情诗的创作，与他对女性美的看法和对女性的尊重有关。他曾说："能够崇拜女性美的人，是有生命统一之快感的人。能够崇拜女性的社会就是较进化的社会。"① 李金发诗中，曾写到故乡那令人怀念的朦胧爱情：

> …………
> 不过那时我年纪尚小，
> 你湿了我的木屐儿，
> 你不拉手便笑着去了。
> …………

这首诗富有意味，写出了少年在朦胧的爱情中，想拉女孩的手，而娇羞的少女"不拉手便笑着去了"。其中隐含了一个怎样动人的爱情故事呢？②

在《异国情调》中，李金发有过这样一段描写：

河山依旧，面目已非。回忆他出外时，是三十岁的壮年，气盛力强，但时间是世界上最残酷的东西，现在他是上了"花甲"的老人了，两鬓如霜，门牙脱落了大半，身体也孱弱多病。虽然帮助他二哥赚了不少金镑，拿回家乡去造过三四十个房间的大厦，也实现了光宗耀祖的夙愿，但现在他的二哥星拱患了第三期的肺病，命在须臾。他身为骨肉，也只好下决心，把所有的店务交给亲戚胡仲三去料理，连同他的外国妻子，所谓"番婆"，及二个碧眼黄发的中西合璧的子女，回到五千里外的穷乡僻壤的故

① 李石岑致李金发信，手迹载《美育》1962 年第 1 期。
② 参见宋绍青：《李金发评传》，北京：中国文联出版社，2003 年，第 23 页。

乡过原始社会的生活。①

　　这个"花甲"老人，实际上就是李金发父亲的原型。话说李金发的父亲，从南洋回到客家定居，娶了小婆朱锦英，生了李金发的第四年，由小婆朱锦英出面，从娘家抱回一个八个月大的女婴，由自己抚养。这个女婴就叫朱亚凤，父亲病亡，母亲改嫁，剩下她一人由祖母抚养。由于朱亚凤母亲与李金发母亲是同族，看到她可怜，便收养了她。这就是客家地区的童养媳。从此以后，李金发与朱亚凤青梅竹马，两小无猜，一起生活了好些年。后来李金发到国外去留学了，一别就是近十年。

　　这天，李金发离开香港，经汕头坐船回到梅县，然后搭上一条小火轮逆江而上，风尘仆仆，回到老家新塘圩。

　　码头上，站着一位十五六岁、亭亭玉立的少女，宛如一朵出水芙蓉。她衣着客家妹的大襟衫，下身穿着宽脚蓝布裤，脚穿一双红布鞋。一头乌亮的头发盘结在脑后，正目不转睛地在瑟瑟江风中远眺。

　　船荡悠着从远方驶来，朱亚凤看见了站在船上的李金发，他仪容英俊，如人中玉树般地望着码头。"这就是自己未来的丈夫。"想到这里，朱亚凤不禁脸上绯红起来了……后来这对情侣便结婚了。

　　上面那首诗歌，是李金发根据自己的亲身经历，书写了一个情窦初开而又羞羞答答的未婚少女的人物形象。

　　在李金发另一首诗《弃妇》中则表现了客家女性的另一形象：

　　长发披遍我两眼之前，
　　遂隔断了一切羞恶之疾视，
　　与鲜血之急流，
　　枯骨之沉睡。
　　黑夜与蚊虫联步徐来，
　　越此短墙之角，
　　狂呼在我清白之耳后，
　　如荒野狂风怒号：战栗了无数游牧。

　　靠一根草儿，
　　与上帝之灵往返在空谷里。

---

　　① 参见李金发：《异国情调》，黄发坤、刘庆祥、蓝凤翔主编：《客家风采》（第一辑），梅州：梅江报社，1984年，第162页。

我的哀戚唯游蜂之脑能深印着；
或与山泉长泻在悬崖，
然后随红叶而俱去。

弃妇之隐忧堆积在动作上，夕阳之火不能把时间之烦闷化成灰烬，
从烟突里飞去，
长染在游鸦之羽，将同栖止于海啸之石上，
静听舟子之歌。

衰老的裙裾发出哀吟，
徜徉在丘墓之侧，
永无热泪，点滴在草地，
为世界之装饰。

这是一个弃妇①的痛苦与悲哀。虽然李金发是借用这一人物形象来抒发个人与民族的痛苦与迷茫，但作者之所以用被遗弃的客家妇女来表现，因只有运用这一形象才更贴切。"长发"象征着弃妇青春的美貌，即使这样一个美貌的女性，也同样逃脱不了人间的厄运。长而乱的散发，遮住了自己的两眼，挡回了周围恶毒人性的目光。他们就像一条条恶毒的豺狼，凶狠的眼光，几乎要把弃妇吞噬。她绝望、悲哀与愤慨。诗人用"鲜血之急流"，来描绘生命的活力几乎丧失殆尽，因此，就有了"枯骨之沉睡"。"黑夜""蚊虫"等厄运纷纷向她袭来，侵入她仅有的"短墙之角"，使得弃妇沉于洗刷不尽的污秽之中，其体现了人性之沉重、精神之颓废、心境之寂寥，蚊虫鸣叫也犹如"狂风怒号"。弃妇深陷于绝望之中，连生存的希望也十分渺茫，只能寄希望于"上帝之灵"，在空当的山谷里"往返"。其感情的悲哀只有"游蜂"才知道，或者只能投奔悬崖飞泻而下的山泉瀑布，只有随风飘零如红叶流向远方。② 而"弃妇"就是诗人家乡客家妇女形象的缩影。李金发创作的《一个女性的三部曲》：父死出嫁、夫死守寡、遭虐死亡，具体是这样描写的：①因父亲病死狱中，菊英小学未毕业就由媒婆黄冉婆介绍给孤雏出嫁；嫁到杨树村当陈家媳妇"苦斗"日夜在陈家干活，而她的丈夫身体孱弱，患上肺病，乃至染上痨病，不幸早亡。②她

---

① 弃妇，在过去是被丈夫抛弃的女人，那时没有离婚一说，夫妻散伙只有老公休妻一途，所以也叫"出"。一般而言，弃妇只能回娘家，而娘家人因为她而丢脸，所以也不怎么待见她，故弃妇也就是被社会抛弃了的人。

② 参见梁德新：《客家乡情》，梅州：梅州市作家协会，2003年，第180页。

成为年轻的寡妇；按照乡俗的说法，菊英是个克夫的妇女，各种淫秽恶言相向菊英。③菊英不堪重负，逃奔娘家。陈家纠集男男女女近三十人，前去菊英娘家抢人，后来把菊英打得遍体鳞伤，菊英忍气自杀。①小说通过叙述山区少女菊英悲惨的婚事，揭露和控诉了父母包办婚姻的悲剧、乡土宗法制度钳制女性的罪恶。小说一再反映了李金发对客家妇女命运的深切关注。菊英的生存境况，反映了过去客家山区女性生活的无奈。

客家女性一年四季，一天从早到晚忙忙碌碌，从未有停歇的时候。春耕—夏种—秋收，好不容易到了寒冬腊月（冬季农事稍微清闲），可是她们又得忙碌起来。这些冈岭山谷，是村里人的生命线，他们的燃料从那里取之不尽，用之不竭，只是要难为烈日远路的妇女，冒着荆棘丛生、悬崖、峭壁的危险，去肩挑回来。②她们成群地到山上去，将草大量地割下，放在半山上晒干，这样挑起来就轻便多了。但即使这样，客家妇女的身体之累也可想而知。也由于客家男子长年外出，耕耘劳作、持家教子的生活重担就全落在客家妇女的身上。在精神上，她们或怀念一去南洋十多年不回来的丈夫，或磋叹待已刻薄的翁姑。

李金发在《一个女性的三部曲》中写道：

菊英虽然到达十六岁的芳龄，但除了增加点羞人答答的娇态外，举动说话，还不脱小学生态度，因为初离学校，还没有受过太阳残酷的洗礼，面部还保持着少女鲜润的颜色，浅蓝的短褂，遮盖不住开始丰满的肉体，她迫不得已卷起裤子露出白皙的膝头，在田间耘草。她开始失去童年的绮梦，她幻想到从今年起，大概就要如其他千千万万"客家"妇女一样，踏进艰苦的命运，在这万山丛中的角落里过此一生了。她的想象力虽然不够集中，去预测一切未来的遭遇，但不知不觉，她叹了一口气，像对谁申诉哀曲之后，得到一点慰藉似的。忽然一个老婆婆的声音，对她说："阿菊，怎么你女学生也下田做细（工）了，不要让石灰水浸坏了你的一双姑娘脚啊！

十六岁的少女，正是一个学生妹，家庭的娇娇女。可是，在贫穷落后的山区，她们照样要到山间地头去干重活、粗活、脏活。

---

① 丘立才：《论李金发小说创作的情调》，何方真主编：《诗画双馨》，广州：花城出版社，2001 年，第 245 页。

② 参见彭永彬：《客家文化视野下菊英形象的再认识》，http://www.docin.com/p－1990201268.html。

在过去封建宗法制度盛行的客家，不仅客家女性深深受罪，客家外出的男人讨回的"番婆"，回到故乡亦免不了受累。在《异国情调》中有这样一段描写：

霍森小姐初到俪棠家里，觉得还有趣，屋是这样宽敞，几十个人住在一个大家庭里，也不曾听说俪棠还有一个老婆，因为语言不通，什么事都要俪棠做舌人。不过屋子里龌龊，鸡子鸭子在庭院里穿出穿进，还撒下不可向迩的粪。白天，房子里只有一个石刻穿花的光窗，阴暗得不能写字看书。晚上则点上洋油灯，或甚至豆油灯，使人无做事的心绪，所以每晚七时至多八时，就带着女儿安妮、男孩协会去睡觉。每个房里放下一个小便缸，弄得满室都是阿摩尼亚气味，这于她是无可宽恕的。

过了二三星期，她觉得生活渐渐枯燥起来，人们都叫她做 Fanmary，她虽然懂得她现在应有的名字，但不知其意义何在，直到后来她才被人解释出来，那是"番姆"的意思。所以称姆，是因为她不是独一的妻子，还有每天跑出跑进，身上有一大把钥匙的，面孔又皱又赤的，是俪棠的"大老婆"，所以她只配称"姆"，就是妾的应有的称呼。她听明白了，十分沮丧，万分失望，但她自怨苦命，也不想向俪棠兴问罪之师。她一个白种人，在山岭重叠的天之涯，向谁求救呢？她坚信两个儿女好好地教养成人，就是她死在异域亦甘心。

渐渐地迫得自己洗衣，扫地，烧饭，甚至到菜地去锄地了。食的东西也极其简单，可怜日日只吃二三两猪肉，真是受不了。她暗地里不知流了多少泪，她唯一的安慰就寄托在一对儿女身上……①

故乡情调，是李金发小说中最为明显的表现，客家妇女的生活素材是其着力刻画的主题之一。其在《万户萧疏鬼唱歌》中写道：

河岸两边，似乎很康乐，实则是经济落后、贫穷，不时可听到一些若断若续的山歌，多是山上采樵的女人唱的情歌，有时旷夫怨女，一拍即合。有些则丈夫到南洋去寻生活，一去十年八年，一个女人要靠几亩田去维持生活，或教育子女。她们目不识丁，但很知礼识义，把儿女教得规规矩矩。有些则是守寡的孀妇，不许再嫁，买一个男孩子来养，在夫家守一辈子，这种人只有做苦工的责任，没有唱山歌的份儿，如唱山歌，那罪名

---

① 李金发：《异国情调》，黄发坤、刘庆祥、蓝凤翔主编：《客家风采》（第一辑），梅州：梅江报社，1984 年，第 173 – 174 页。

真非同小可。我所以常常说，客家的女人，是上帝所遗弃的良民，是最可怜的女性。①

在古代的客家社会，由于长期的战争与迁徙，客家人饱经磨难。恶劣的生存环境、艰难的创业历程使客家人的思想文化中滋长了一种浓厚的悲剧意识，这种悲剧意识深深地扎根于客家乡土社会的土壤里。客家乡土文化的悲剧意识的艺术表现与客家人对于生存本体的危机感、焦虑心理密切相关。李金发自幼形成的悲观忧郁的性格和他在诗歌艺术中所体现的悲观思想情绪与客家人的悲剧意识有千丝万缕的联系。它促使李金发遇事常用悲观的眼光去加以审视。这也难怪李金发用"恶"的意识去正视恶、认识恶、描写恶了。李金发在他的诗歌审美对象的选择上，除小部分诗直接表现美的事物外，多数诗都是面向生活的丑恶面，大量死尸、枯骨、坟墓、血污、寒夜、泥泞、荒漠、死叶等事物，并通过这些意象来寄托、抒写自己忧郁、痛苦、厌倦、绝望等内心情绪，带有明显的"以丑为美""从恶中发现美"的美学倾向。这就是他的诗晦涩难懂，充满了隐喻和象征，但又兼具相当程度的暗示性与朦胧美的原因。当然，李金发的诗歌美学在相当大的程度上也受到波德莱尔和魏尔伦等法国象征派的影响。

波德莱尔认为，在自然万物之间，自然与人之间，人的各种感官之间，存在着一种彼此契合的隐秘而内在的呼吸，只有诗人能洞穿这种神秘的感应和契合，把握和传达内在的共振和律动，并通过带有民间文学色彩意味的象征主义诗歌赋予这种律动以形式。②

李金发的诗以纤细而敏锐的艺术感觉深入到人的深层体验和潜在意识领域，"要表现的是对于生命的揶揄的神秘及悲哀的美丽"③。即使那些以反对封建礼教、张扬个性解放如《使命》《彻夜》，怀念故乡如《流水》《故乡》为主旨的诗，它们的构思、语言也都别出机杼，十分诡异，这种诗学取向突出地体现在诗歌的意象选择上。李金发的异质声音正是这种"心灵失路之叫喊"与对现代都市的批判意识，使他的诗汇入了反思现代

---

① 丘立才：《论李金发小说创作的情调》，何方真主编：《诗画双馨》，广州：花城出版社，2001年，第244－245页。

② 朱自青：《诗集·导言》，赵家璧主编：《中国新闻学大系》，上海：上海文艺出版社，1935年；又见程光炜、刘勇、吴晓东等主编：《中国现代文学史》（第二版），北京：中国人民大学出版社，2007年，第184页。

③ 朱自青：《诗集·导言》，赵家璧主编：《中国新闻学大系》，上海：上海文艺出版社，1935年；又见程光炜、刘勇、吴晓东等主编：《中国现代文学史》（第二版），北京：中国人民大学出版社，2007年，第184页。

人的生存以及反思现代性的总主题中，传达着潜伏在人类生命存在中的另一种声音。他的诗歌创作将真、善、美与假、恶、丑进行比较，是客家人精神理想的深刻体现。

2. 张资平与李金发的文学观浸染了共同的客家母根文化

张资平与李金发两位作家原都出身于诗书传礼、耕读传家的大家族，深受大家族文化影响，并接受了严格的中国古典文学熏陶和培养，是客家人尊师重教，崇尚诗书，秉承中原文化"书香门第"特质，具有较高文化素质的典型代表。他们始终操持着别成一系的客家方言，恪守"宁卖祖宗田，莫忘祖宗言"的谚训。即使在他乡异国他们也操守着一腔浓重的客家故乡口音，文学创作中表现出浓厚的客家母性文化。张资平与李金发的文学观，表现出一些与客家文化共通的品质，作品中或隐或显地显示出客家文化的精神遗迹，深深地打上了客家文化的烙印。也由于客家文化的多元组成和内在矛盾，表现在文学创作上，使张资平与李金发作品展现出斑驳陆离的不同面貌。笔者认为其主色调充满朝气、充满理想，但也不可避免地带有浓厚的宗教色彩和消极、颓废情绪。

宗教文化在客家地区是有历史的。过去，尤其是近现代以来，人们习惯于将天主教、基督教在华的活动通通视为"文化侵略"。至今看来，这种看法未免过于简单。诚然，西方传教士在华的活动总体上与西方殖民者在华的利益是一致的，但他们出于对宗教的热情和虔诚，积极推动中西方的文化交流，这也是事实。① 客家地区地处偏远山区，交通不便，生活艰苦，信息闭塞，风气一向保守，然而自传教士到来，建教堂、办学校、开医院，主持各项社会救济事业，给人们的宗教、生活、文化、教育、思想观念带来巨大冲击。客家文化为之嬗变，保守与浪漫、神秘与理想、现实与象征、自恋与崇拜，这种极端相异的多元一体的文化特征始终伴随着客家人的思维与生活方式，并且于特定时期在客家地区养成的特殊民风与该地区的内部与外部的精神物质的生活有密切的关系。客家山区的穷乡僻壤，物质条件的匮乏与艰难穷困，养成了客家人的艰苦朴素之俗；劳作的艰辛养成了客家人坚毅而偏激之习。一方面客家人必须正视现实，固守这块生于斯长于斯的土地；另一方面，客家人具有一种强烈要求改变历史现状的愿望，"耕作苦读"，崇文尚武，对未来有无限的憧憬，具有强烈的理想主义色彩。表现在客家文人创作中就是对世俗物质与情感的要求，表现在他们的文学作品中即展开自由的翅膀，抒发浪漫之理想。而当历史的现

---

① 谢重光：《客家文化与妇女生活》，上海：上海古籍出版社，2005年，第249页。

实与浪漫的理想出现巨大的鸿沟、理想终成泡影之时，文学作品的书写又重新回到世俗、荒凉、消极与颓废之中。

张资平与李金发两位作家都具有浪漫主义情怀，这与客家人那种理想主义生存精神有关，也与客家文化中保存着的一个遥远的祖先幻想有关。李金发的象征意识，与客家人从祖上流传下来的文化中遗传的生存神秘性分不开。人类的原始艺术思维方式和原始生命方式意识是一体化的，至今仍关系密切，而二者的共同点是原始艺术思维与原始生命的象征性。客家人由于生存地偏远和对祖先的强烈崇拜意识，客家文化所保存的原始生命意识就更多一些、浓厚一些。张资平对个人功利、实际生存的重视，表现了客家人求实守成的一面；李金发的幻想气质，则体现了客家人重视文化和精神传统，保持净化生命理想的一面。他们的文学创作也表现了客家民系对于外来文化的吸收。这与客家人灵魂深处既带有中原传统文化，又不断进行文化开拓融合自住地方文化的边缘性有关。从表面上看，这两位作家的作品似乎没有什么边缘意识，但透过作品字里行间的表情达意，人们真正体会到的是作家的边缘文学行为。张资平在革命与战争的背景下，在血与火斗争的尖锐年代，却抒写市民阶层的个人生活感受、生命幻想与浪漫情怀，这显然是对主流文化的一种躲避；李金发追求的是一种纯美的诗的形态，处于当时的主流诗歌之外，而对主流文化保持着距离与珍视的态度。它们处于主流文化的边缘状态，这与客家人长期的边缘意识、与客家人边缘文化状态中保持传统信仰、理想、情感的生存状态有密切的渊源关系。即在边缘中求得生存，在边缘中求得生命的升华，其文学理想渗透于他们的血液，隐藏于他们的精神，浮现于他们的作品。

张资平与李金发的文学创作也与客家文化中的这种特殊的文化现象即客家山歌有着千丝万缕的联系。客家山歌的内容丰富多彩，呈现出一幅幅美丽的生活画卷，有反映劳动生活的，有反映"过番"情景的，有反映爱情、婚姻生活的，等等。客家地区的妇女素性勤劳，崇尚"天足"，这是民俗的一大特点。张资平笔下的客家妇女，常常是清早"带一把砍刀，一把手镰，一条两端削尖的竹杠和两条麻索出去"采樵，或者是在劳动之余，"赤着脚，露出一个乳房坐在门首的石砌上喂乳给她的孩子"。作者生于客家农村，他对客家农村妇女的刻画，惟妙惟肖，颇具民俗特色。

在《梅岭之春》中，张资平勾写出一幅幅经典的客家山水画，塑造了一个个客家女性形象。如诗如画的环境给保瑛和吉叔父之间的爱情增添了凄美之感。在整个故事情节中张资平利用山歌把他们串联为一体。山歌烘托了气氛，感染了情绪。如保瑛抱着孩子站在与吉叔父分别的树下，远处

传来了采樵妇女的山歌声:

蓬辣滩头水满堤，迷娘山下草萋萋，暂时分手何珍重，岂谓离鸾竟
不归。

共住梅江一水间，下滩容易上滩难，东风若肯如郎意，一日来时一
日还。①

当保瑛和吉叔父之间情投意合，出现了越轨行为时，山间则传来青年
男女对唱的山歌:

男：不怕天寒路远长，因有情妹挂心肠。妹心不解郎心苦，只在家中
不睬郎。

女：行过松树路渐平，送郎时节近三更。花丛应有鸳鸯睡，郎去莫携
红烛行。

在保瑛和吉叔父吻别时，从山间远处则传来了采樵少女的山歌:

帆底西风尘鬓酸，阿郎外出妹摇船，不怕西风寒透骨，怕郎此去不
平安。

触景生情，表露了两人之间浓密的情感，却又映托了感情之间的无奈和
凄凉。

在文学创作中，张资平有关客家女性的描写，十分丰富。在《晒禾滩
畔的月夜》中，山歌的表现妙不可言:

底事频来梦里游，因有情妹在心头。旱田六月仍无雨，溪水无心只
自流。

妹住梅州乌石岩，郎家滩北妹滩南，摇船上滩不用楫，摇船下滩不
用帆。

郎似杨花不住飞，与郎分手牵郎衣。山高树绿郎门远，惟见郎从梦
里归。

------

① 张资平:《梅岭之春》，李葆琰:《张资平小说选》（上），广州:花城出版社，1994年，
第113页。

半是无情半有情，要将心迹话分明。伤心妹是无情草，乱生溪畔碍人行。①

伤心自古多别离，无奈冷落春夏日。依依不舍的客家妹情何以堪，此恨绵绵。

在《华工的信》中，李金发的创作则充满了对故乡童年时的少女天真烂漫的回忆：

那行浸绿的水杨柳，有入画幅之可能的水杨柳，像姐妹们般排列着，同时俯首向水，似欲检查其裙裾发髻之婀娜，还有那嫩得欲坠的草地，和每点一白的马加吻花儿，正同她家乡的风味一样！当她还是小学生的时候，和弟弟们每每赤着足随处乱走，像要发狂的样子，小牝牛们因少见生人之故，每吓得乱跳，做了几个不美观的跳跃。总之，那绿的和白的世界，与有春意的矮林，真使她神往或至少可说留恋了。②

客家素有"山歌之乡"的称誉，"土俗好为歌，男女相赠答。颇有《子夜》《读曲》遗意"（黄遵宪）。当地男女往往在桑间濮上，用山歌传情，缔结良缘。这也是客家典型的民俗。如张资平在《梅岭之春》中，根据小说情节发展的需要，在作品中三次借用了客家山歌，把人物在特定环境下的微妙心境密切联系起来，增强了作品的民俗氛围与艺术感染力。张资平不但善于从民间歌谣中吸取营养，而且也注意提炼通俗而生动的语言，使小说雅俗共赏。李金发小说中具有深厚的故乡情调：一是着力描写故乡的美景；二是深刻反映故乡人的艰辛生活，尤其是妇女的生活。

过去许多学者把张资平小说中的自然主义，归结于日本对他的影响；把李金发诗歌中的象征主义，归根于波德莱尔、魏尔伦对他的影响，并把李金发称为"东方的波德莱尔"。其实，张资平小说的自然主义、李金发诗歌的象征性是对西方古典主义的效法。而西方古典主义对他们小说、诗歌创作的后天熏陶仅仅是外在因素。笔者认为客家母根文化中"天人合一"的自然之道及其象征性的神秘色彩才是他们形成这种小说、诗歌创作理念的根本原因。浸染于客家人血脉的客家母根文化才是张资平、李金发创作思想的根本源泉。法国哲学家丹纳在他的《艺术哲学》里提出的"在

---

① 李葆琰：《张资平小说选·梅岭之春》，广州：花城出版社，1994年，第158页。
② 参见丘立才：《论李金发小说创作的情调》，何方真主编：《诗画双馨》，广州：花城出版社，2001年，第246页。

最初的祖先身上显露的心理与精神本质，在后来的子孙身上照样出现”是值得思考的。① 张资平与李金发的政治立场、美学观点与生命激情都不一样，但他们创作的客家人的中华文化的传统精神信仰的立场都是一致的。他们的作品都将真、善、美与假、恶、丑进行比较，是对客家文化的深刻透视。

（三）郭沫若的《女神》与客家母性传统文化

一个作家要形成自己的独特风格，是一件非常困难的事情。作家要在自己的作品中呈现出独一无二的艺术或审美特征，这离不开超人的艺术才华与卓越的文学思想。与此相关联的，人们自然会想到人物史、家庭史、民族史、文化史的相关研究，而民族（民系）文化史则与作家的文学思想最为密切。追根溯源，实际上是追问自己，“我从哪里来”，“我是什么人”，“人性是什么”……除了“根”与“源”，恐怕没有什么可以更好地回答这些问题了。显然，离开客家传统文化的影响因子去谈论郭沫若的文学思想及其作品的文化蕴涵，无异于舍本逐末，起码缺乏了一个重要的理论依托而于事无补，甚者会得出大相径庭的结论。

217

郭沫若是 20 世纪中国文坛上一位伟大的作家。他的文学成就与文化贡献，为百年以来的中国文学提供了一个范式与方向，开辟了一方文学领域，它犹如一座高峰，耸立于 20 世纪中国文学领地之巅。人们在透析这位 20 世纪风光无限的文化巨人的同时，一定会追寻这位伟人的心路历程与历史文化踪迹，追寻其文学创作的思想根源。

1. 作为客家人的郭沫若与客家民间文学

于此，回到问题的出发点。客家文化熔铸了深厚的客家历史，深刻打造了独特的客家精神，从而影响了世世代代的客家人。那么，郭沫若又是如何适应这一传统文化的影响的呢？

郭沫若是客家人后裔，这个客观事实毋庸置疑。郭沫若家族的入川始祖也和绝大多数的入川人一样，是赤贫之农。由于家乡贫困落后，于是不惜冒千里跋涉之险，来到西蜀大地以寻求生路。他曾追忆这种情景：“我们的祖先是从福建移来的客家人，原籍是福建汀州府宁化县。听说我们那位祖先是背着两个麻布上川的，在封建时代不能不离开故乡，当然是赤贫的人，赤贫的人流落到他乡，逐渐在那里发迹起来。”“我们那小小的沙湾，客家人占百分之八十以上”②，并且根据乐山《郭氏家谱》所载，郭沫

---

① 叶春生：《岭南民间文化》，广州：广东高等教育出版社，2000 年，第 197 页。
② 陈世松主编：《四川客家》，桂林：广西师范大学出版社，2005 年，第 10 页。

若的祖籍福建汀州府宁化县，是闽西客家人。先祖郭福安为郭子仪之后裔。郭沫若在《德音录·先考膏儒府君行述》中叙述："入蜀四代而至秀山公（沫若祖父），族已昌大。"其曾祖父郭贤琳之先辈由闽西客家来四川之时"做苎麻生意"。由于勤耕苦作，家业逐渐兴旺，购置土地成为田主……作为客家人的郭家，自然要求子弟读书识字，到第三代已成为书香人家。

四川客家与粤、闽、赣客家同属客家民系，实乃同宗同源。四川客家的语音、词汇、语法特点与粤东北客家话有极大的一致性，具有客家方言相通的特征，说明它确实是客家方言的嫡系。①

"宁卖祖宗田，莫忘祖宗言"，这是客家人的一句至理名言。无论身处何处，凡是客家人，必讲客家话。即使远在异国他乡，客家人常常为能在老乡面前说一口"原汁"的客家话而感到骄傲。正如郭沫若对于《蔡文姬》的创作，关于读音的问题，他说："我是客家人，告诉大家，有些古汉语语言就是客家方言读音，《蔡文姬》剧本中的有些词就是要读古音，客家话古远，语言尤多秦汉以后，隋唐以前的古音。"他举例："比如，剧中蔡文姬的千古绝唱《胡笳十八拍》，'拍'的发音，就不能是普通话的'pāi'而应该读古音'pō'，客家话的'拍卖''拍球''拍板'的'拍'，不读'pāi'，而一律读'pō'。还有'重睹芳华'的'华'不能用普通话发'huā'音，而应该读双唇音'华'（fā），这是古音。'薰风永驻吹绿天涯'中的'涯'，也不能读'yā'，而应该读古音'额'（nɑi）（客家话的'涯'）。"《蔡文姬》中还出现"阿爸"一词，有人提出疑问，郭沫若解释道："'阿'用在亲属称谓前，在魏晋以后，颇为通行，好像《孔雀东南飞》中'阿姊闻妹来，当户理红妆'。这'阿'在客家话中就多见了，'阿爸''阿姆''阿姊''阿嫂''阿哥''阿舅'……"②

客家人之所以对自己的母语如此珍视，是因为语言作为思想的载体，凝聚了这个民系的历史、气性、品格，或者说整个精神，它永远是这个民系风雨不摇的精神共同体。③客家语言传承着客家人的文化、传统，那是客家人的根脉所系。

不仅如此，郭沫若从小就深受母语演绎的客家民间文学的感染，有十分深厚的客家山歌情结。

客家山歌具有"山野"民间特质，是典型的民俗文化，与客家民众的

---

① 钟文典：《广西客家》，桂林：广西师范大学出版社，2005年，第11页。

② 沈跃：《郭沫若的客家情缘》，《兰台世界》2010年第19期，第24页。

③ 参见谭元亨编著：《客家文化史》（上），广州：华南理工大学出版社，2009年，第62页。

日常生活交织在一起；另外，客家山歌还有"劳者歌其事，饥者歌其食"的天然优势。在客家地区存在着丰富的客家民间文学，如神话、传说、民间故事、山歌民谣、长篇叙事诗、民间说唱、民间戏曲等。在没有太多艺术表达方式和情事记录手段的客家乡间，客家民间文学，尤其是山歌就成了客家人生活、客家民俗最为直接的、最真实的传承媒介与交流工具。客家山歌远承《诗经·国风》、汉魏六朝乐府的余韵，承载着该民系乃至中华民族的重要文化资讯。

郭沫若幼时，其母就对他进行启蒙教育，如背诵"翩翩少年郎，骑马上学堂。先生嫌我小，肚里有文章"等民歌民谣。郭沫若就是在这样的氛围中长大的。在他的自述中，郭沫若多次谈到民间文学对自己的影响：田里农夫插秧时唱的秧歌，河上船夫拉纤划船的号子，兄弟姐妹一块坐在月夜里的儿歌，如《月光光》《月儿走》，皮影《杨香打虎》，童话故事《熊家婆》等，这些童谣、故事纯是口语。《月光光》用"流俗语"（客家方言）的口语来表达出月光光起兴的各种事物，它是客家人通常用来教育小孩的教材。在郭沫若看来，儿童的欢乐，真如"天国"一般，说白与唱口相合的"圣谕善书"往往讲得催人泪下，这些民间文学对引导少年郭沫若走上文学道路的影响是深刻的。另外，他在家塾里所熟读的如《诗经·国风》、庄子、屈赋及民间乐府等文学，对他影响也不小。① 又如：历史剧《蔡文姬》中的《胡笳十八拍》"用整个灵魂吐诉出来的绝叫"。《胡笳十八拍》那沿街卖唱人的叙述，有如白发宫人弹说天宝遗事的样子，与客家民间说唱形式如出一辙。

在中国文学的发展史上，民间文学与作家文学的相互影响、促进与转化，几乎成了文学发展史上一种带有规律性的现象。纵观郭沫若的整个艺术人生，客家民间文学对其文学创作有一定的影响。

郭沫若是中国"五四"新诗的集大成者，他抛弃了格律诗而把白话新诗发展到一个崭新的阶段，受到了传统客家山歌与西方现代文明自由诗风的双重影响。客家山歌的赋、比、兴在其诗中均有体现。客家山歌形式自由，句无定式，或三言、五言、七言，篇幅长短不一；风格多元，内容新颖而活泼。又如《女神》，它不拘固定形式，也无确定的规则，其审美形态如大海般似无定格，静中见动，无形之中见有形。正如郭沫若坦言："形式方面我是绝端的自由，绝端的自主""这儿虽没有一定的外形的韵律，但自体有节奏。"《女神》中的诗歌诗无定节，也无定行，又无定字：

219

_____

① 参见万建中：《郭沫若的民间文学研究》，《郭沫若学刊》1994 年第 3 期，第 45 页。

"我的血与大海同潮。"在精神上可谓追步"国风"，在形式上又更突显自由活泼的风格。感情奔放而强烈，语言清晰而自然，开拓了诗歌发展的新局面。①

郭沫若有诗云："梅江浩浩东南去，鼓荡熏风据上游。健女把犁同铁汉，山歌入夜唱丰收。灵禽闻有翎五彩，文物由来第一流。今庆专区新建立，红旗插到九重头。"② 梅州是客家人的摇篮，有"世界客都"之称，也是我国著名的"客家山歌之乡"。梅江顺势而向东南浩浩而去，这里人文荟萃，乃客家人的精神家园。客家山歌艺术精致，如"清水出芙蓉，天然去雕饰"。"健女把犁同铁汉，山歌入夜唱丰收。"郭沫若热情讴歌客家妇女的"健女把犁"与唱着山歌闹丰收的情景。天放质朴的客家山歌，是客家人生活实践及其生活时代的影子，它反映出客家人开拓生活，与天斗、与地斗的奋斗史。客家山歌潜藏着丰富的客家人的情感和精神。郭沫若受客家山歌的感染已久，他一直为之赞叹。

郭沫若对民间文学的研究主要体现在神话传说方面。他与神话的渊源是继"五四"新文化运动开始之后。在这个"狂飙突进"的文化运动中，为了创作的需要，郭沫若积极地进行古今中外的神话传说材料的搜集、整理，并对其进行加工、处理，熔铸出《凤凰涅槃》《女神之再生》《地球，我的母亲》等具有神话色彩的壮丽诗篇。同时，出于对世界神话的重视，他专门撰写了《世界的神话》的研究性文章，从而深入挖掘中国神话、世界神话的文学与社会价值。在《女神》中，郭沫若把西方世界与古老东方的神话进行有机融合。《女神之再生》运用《浮士德》所描写的"神女"引导死去的浮士德与"光明圣母"相见，而诗剧的主干却是中国古代"女娲补天"的神话故事。郭沫若在创作和评论中，从来不拘泥于本土神话，而是以放眼世界的眼光，挖掘神话价值的宝贵资源。这体现了他的真知灼见：一是借助神话激发原始生命力，在文学创作中表情达意；二是从原始神话中看到人类朴素而巨大的创造力量，从而挖掘出神话的社会价值。

2.《女神》与客家传统文化的精神折射

在 20 世纪的中国文学史上，郭沫若是浪漫主义与理想主义的杰出代表。这与他身上的诗人气质与品行分不开。郭沫若身上继承的是客家人的基因，流淌的是客家人的血液，有客家人的精神品格。无论天涯海角，有形或者无形，这是个不变的事实，在他思想深处，永远有客家人精神因子的影响，而且很大程度上渗透于他的文学作品的思想蕴涵之中。

① 参见李惠芳：《中国民间文学》，武汉：武汉大学出版社，1999 年，第 76 页。
② 杨宏海：《客家诗文》，广州：华南理工大学出版社，2006 年，第 37 页。

　　《女神》的成功在于时代的需要与诗人创作个性的统一。狂飙突进的"五四"时代需要用高昂热情的浪漫主义来表现，而诗人郭沫若正是"偏于主观的人"，艺术的想象力、个人的郁结、民族的情怀，使浪漫主义在这里找到了喷火口。郭沫若反复强调："诗的本职专在抒情"，艺术是"灵魂与自然的结合"，"诗是人格创造的表现"。诗的抒情本质的强调，以及诗歌个性化的问题的提出，标志着诗歌艺术认识的深化；自我抒情主人公形象的创造，成为《女神》思想艺术的主要追求。[①] 诗歌汪洋恣肆、气吞山河，当可惊天地、泣鬼神。《女神》借助古典神话，体现了浪漫主义的精神实质。《女神》中的"自我"抒情形象是大时代中诗人自我灵魂、个性的真实袒露。正如诗歌所言："刚才不是有武夫蛮伯之群，打从这不周山下经过？说是要去争做什么元首……我们这五色天球看看要被震破！倦了的太阳只在空中睡眠，全也不吐放些儿炽烈的光波。"（女神之一）"我要去创造些新的光明，不能再在这壁龛之中做神。"（女神之二）奔放的气势、阔大的视野、峻新的格调，尤其是浪漫与理想的气息，开辟了一个全新的时代。

　　《女神》中的"我"袒露了崭新的民族魂与诗人自己的灵魂，并且将二者有机地融合为一。比如，《女神》中"我"对于理想的热烈追求，面向世界的眼光，都真实地反映了郭沫若热情奔放、胸襟开阔的个性；"我"彻底的破坏与创造精神，不仅表现了他的反抗性格，无比旺盛的生命力，无比丰富的创造力，而且表现了他坚决彻底、冲天一啸的个性。[②]

　　李怡先生在谈到郭沫若与《女神》的"狂飙突进"的时候，他认为郭沫若这种思想的倾诉是："源自郭沫若对中国文化'根本传统'的想象，而不能说是对德国浪漫主义运动的简单移植。"[③] 他进而认为"原始思维"与"互渗"的特征体现在《女神》中神与人、物与我、身与心、外与内的混融不分，及其诗歌艺术讲述中古今中外杂糅不辨的方式本身。他对作家作品的研究做了一个提醒，就是让被研究者回归到"本原"，把郭沫若放回至母根文化影响的"根本传统"中去讨论。这种观点无疑是中肯的。他进一步认为："他（郭沫若）对这种原始文化的想象就与远古的四川文化关系很大。"（这里的"四川文化"与"客家文化"显然是两个不同的概

---

　　① 参见李怡：《郭沫若〈女神〉与"发掘"中的区域文化》，全国"区域文化与文学"学术研讨会，2011 年，第 103 页。

　　② 参见李怡：《郭沫若〈女神〉与"发掘"中的区域文化》，全国"区域文化与文学"学术研讨会，2011 年，第 105 页。

　　③ 参见李怡：《郭沫若〈女神〉与"发掘"中的区域文化》，全国"区域文化与文学"学术研讨会，2011 年，第 104 - 105 页。

念）这种观点，当然可以进行商榷，以对郭沫若文学思想的研究进一步落到实处。

在笔者看来，《女神》中的文化蕴涵，与传统的客家文化有相当程度的关联，为什么呢？

《女神》中塑造的女性正与多年来客家文学对女性形象的塑造暗合，即对客家女性的赞赏与颂扬：真挚、热烈、勇敢、干练、果断、怀有母性——这正是多少年来客家女性光芒闪烁的原因。① 但是与客家文学中爱情、婚姻相关联的女性不同，郭沫若笔下的新时代女性超越了缱绻缠绵、多愁善感的惯常情感特征，展现出具有时代感的独特风姿，并赋予了《女神》在狂飙突进时代的新蕴涵。在这里寄托了他激情岁月的某种姿态与理想追求，这是郭沫若超越了客家文学风格的地方。然而，这种传统的超越，在新时代寻求生命的光辉与社会的价值之时，本身就是客家文化中历久弥新的精神与思想传统的折射。

郭沫若是"五四"新文化运动中的杰出诗人，当然不能不受到时代思潮的影响。正如他后来所回顾的那样，"他们主张个性，要有内在的要求。他们蔑视传统，又要有自由的组织"②。这种既"蔑视传统"，又承载历史厚实的文化思想，在他早期的作品中就有目共睹。这种"个性"与"内在要求"的融合，体现了现实与历史的统一。这样的所在，与他人的情操、风度与涵养相得益彰。正如宗白华所说的"精神上极自由、极解放，最富于智慧、最浓于热情、最富有艺术热情"③。

郭沫若作品凸显出中华民族的理想主义精神传统和仕族气质。在他的文学著作中呈现了有中国文化特色的形象，如凤凰、女神、棠棣之花、屈原、天狗等。这些形象体现了中华民族的基本精神：香木自焚、为民请命、壮怀激烈、卓然独立……④从《三个叛逆的女性》《屈原》《棠棣之花》《高渐离》《南冠草》到《孔雀胆》无不能从中发现仕族精神的折射，郭沫若集中表现了中国古代仕人"知其不可而为之"的理想情怀，在人文情感的关切中表达对世事的关怀。在《凤凰涅槃》中，凤凰以一种卓然不凡、居高临下的姿态，俯视群鸟，集香木自焚，以表达对污浊世界的彻底决裂，是所谓"大我"的情怀，体现了中国历史上一种崭新的精神，即

---

① 参见谭元亨主编：《海峡两岸客家文学论》，香港：中国评论学术出版社，2006年，第84页。

② 郭沫若：《郭沫若全集》（第十五卷），北京：人民文学出版社，1990年，第206页。

③ 宗白华：《论〈世说新语〉和晋人的美》，《美学散步》，上海：上海人民出版社，1981年，第177-194页。

④ 参见徐肖南：《走向世界的客家文学》，广州：华南理工大学出版社，2001年，第69页。

"五四"式的彻底、不妥协、战斗和雄强的民族精神。这种民族精神与客家人所追求的理想主义精神传统相神似，并使之与新世纪的曙光相融合。他将古典人文精神以现代思想的形式贯注于《凤凰涅槃》这首诗中，使之与"五四"精神相融合，既不使古典人文思想单纯地传统化，也不使革新思想完全西方化，而在于将古典人文情怀贯注以生命，这也是《凤凰涅槃》别出心裁的地方。①

在中国的自然里，"天"被认为是自然物和自然力量生长运行的空间，所谓"天何言哉？四时行焉，百物行焉"这种观念得到普遍认同。客家人视天为至高无上的神灵，祭拜天公是客家人普遍流行的习俗。客家人的"神灵"观根源于百越先民的宗法伦理，即重视对人类大共之祖的崇拜，故而产生彼此具有相似性的神灵观和伦理观。作为客家人后裔的郭沫若，那些独具色彩的浪漫和理想情怀涌现在他的血液中，深深浸染于客家文化的江河中。比如对女性的独特颂扬，便与客家文化中的"母仪天下"、对女性的崇敬密切相连。郭沫若的作品体现了一种强烈的客家母性文化色彩。

客家人较普遍地存在生命意识，并广泛地在礼俗习惯中体现着，那是一种尊重并肯定生命价值的理念，虽然其生命质量在客家文化氛围中体现得并不是很完美，但其"母仪天下"、祈吉乐观等生命价值取向是非常积极的。在郭沫若作品中有特别突出的"女性"象征意象，是对母性的顶礼膜拜，如《女神》《地球，我的母亲》《三个叛逆的女性》《棠棣之花》《屈原》中都有出色的女性表现，通过对母性的崇拜来抒发个人的谦卑与忠诚、爱戴与热情，在自我矮化中显现母性的伟大。中华民族正是在这种伟大母爱的哺育下，才有几千年不曾泯灭，至今更百倍辉煌的文明。另一种女性意象的表达，则是通过母性崇拜与男性自我共同构成的生命张力在文学作品中加以体现。它借太阳、宇宙、天狗等隐喻意象进行突显，它是自然与双重主体的融合。两者同时被包融于自然，与自然一体化。凤凰颂、橘颂、雷电颂均有无穷的生命力量。其艺术创作情境显然是和他的生命情怀前后呼应的。②

3.《地球，我的母亲》——对母性的崇拜与孝恩

《地球，我的母亲》，郭沫若于字里行间荡漾着慈母孝子的抒情，他独自与地球母亲对话，而却无旁人。诗中之"我"既是个人，也泛指全人类。作品中地球母亲的温情关怀透出地球已尽到了她的职责，而人类却远

---

① 参见徐肖南：《走向世界的客家文学》，广州：华南理工大学出版社，2001年，第69页。

② 参见徐肖南：《走向世界的客家文学》，广州：华南理工大学出版社，2001年，第83-84页。

未尽到履行孝子的义务。人类有理由不报答母亲吗？诗歌的主人翁似乎在自我责难，其实也无不在提醒人们对母亲的孝敬与感恩是人类最为基本的道德。

乡邑客人尊孝精神的产生，主要受到中华民族的历史和传统文化的深刻影响。悠久的中国历史和优秀传统文化的美德不断注入而逐步扎根完善，且与儒家思想提倡以仁为中心的礼、义、忠、恕、孝、悌、中庸等道德观念的影响分不开。客家人原本是中原汉族人、士族的后裔，他们遵奉儒家学说，如"千经万典，孝义为先""妻贤夫祸少、子孝父心宽""人之伦，父子恩""孝通经、四书熟""扬名声、显父母"等理论观念。"地球，我的母亲！从今后我知道你的深思，我饮一杯水，纵是天降的甘露，我知道那是你的乳，我的生命羹。"① 表现了地球万物的珍贵，而人类正是要有这种理念，才会尽到保护母亲、保护地球的责任。《地球，我的母亲》，这个"母亲"既是现实生活中生儿育女的"母亲"，又是养育了全人类的虚拟的地球"母亲"。郭沫若以地球作为"母亲"意象，深深渗透了客家人的"圆"的哲学与美学理念。地球外形别致、奇伟壮观，内里更是另有乾坤。一个博大的地球之圆，她孕育了无限的生机。其中圆中之圆，方中之圆，巧妙地体现了阴阳、八卦、五行的圆融意蕴。这也反映了客家人大胆奔放、不拘一格的想象力和创造力，体现出客家人对自然、社会和人生的体验。

客家文化中的"孝道"，还孕有道家如"道中道"的文化基因。这个理论成为调和整个社会及人与人之间的行为准则，特别是善与恶、正义与非正义、公正与偏私、诚实与虚伪的思想，这些思想都与孝道有较普遍的关联。在历史上，客家先贤为国为家担当重任，是中流砥柱，可敬可亲。由于长期的战乱、迁徙，客家人在灾难中深深认识到，长辈父母在家庭与国家的事业兴衰成败中发挥了主心骨作用。他们含辛茹苦，抚育子女，赡养老辈，携带孤寡，是温馨家庭的保护神。他们持守着"行莫丑于辱先"的文化信念，背负祖骸，筚路蓝缕，在五岭荒芜中，大启山林开基创业，重建家园。他们恪守着"尊祖、睦族"的优良文化传统，追孝先人，立足于自律、自尊、自强，将中原先祖的世德懿行转换为客家文化的"世泽""家声"。《地球，我的母亲》，不仅表达了对养育了人类这个地球母亲的无比孝敬与感恩之情，也深深表达了对祖国母亲、客家先贤的敬仰与感激之情。正是客家人的孝道精神与敬宗穆祖的文化底蕴之深，从而带来"枝繁

---

① 参见谭元亨编著：《客家文化史》（上），广州：华南理工大学出版社，2009年，第15页。

叶茂"的伦理道德之美。"我想这宇宙中的一切都是你的化身：需要是你呼吸的声威，雪雨是你血液的飞腾。"郭沫若深深赞叹地球母亲的伟大、女性的厚爱，因为她以宏大的力量来抚育整个人类。不仅如此，母亲在付出的同时，又何尝不是细腻而温柔的呢？这种谦卑与虔诚，使"母亲"的形象显得无比崇高。人与地球超越了现实的自然关系。人是地球的儿女，从物质到精神都是她孕育的。因此，人类应该知恩必报，回敬"母亲"，做她的孝子贤孙。"我羡慕你的孝子，田地里的农人""我羡慕你的宠子，炭坑里的工人"①，一切都要用劳动来尽其孝道，这是时代的呼唤，也是客邑人文的深情表达。

客家人对周围环境的整合与理想的空间，可谓"阴阳调和、天圆地方、吉利圆满"，它是客家人追求的"天人合一"的一种内在精神表达。郭沫若文学思想的表述，无疑包含了亲近自然的浪漫情怀。

二、东南亚客籍作家的民俗民间文学情结与华侨女性书写

凡有太阳照射的地方，就有客家人的存在。这种说法一点都不夸张。客家人无论走到什么地方，也无论处于何种险恶的环境，都能凭着生生不息的开拓与团结精神，开创出一片自己的天地，建立起自己生存的家园。在"五胡乱华"之后，客家先贤率领族人跋山涉水，来到粤东北的穷乡僻壤，硬是凭着几代人的拼命精神存活下来。当时南粤大地人烟稀少，瘴气弥漫，老百姓基本上过着刀耕火种的贫困生活。客家先贤不仅把中原先进的生产技术教给当地的老百姓，而且融通带来了中原文化。客家人不仅开拓了粤闽赣交界地带的广大山区，还开拓了四川、湖南、广西、海南等十多个省的广大地区。他们筚路蓝缕，"过番"南洋，拓荒到东南亚广阔的地方。② 如今客家华侨分布在全球各地，谱写了一曲曲开埠传奇的赞歌。"汉族移民凭其人数和经济、文化上的优势，在与土著民的斗争与融合中占据了主导地位，在基本保持自己固有的语言和习俗的前提下同化了土著民，同时也吸收了土著民的若干经济、文化特点，丰富了自己的文化体系；土著民则在冲突斗争中或被驱逐出自己原有的居地，或被同化而成为新民系的一个组成部分，同时也把自身固有的优秀文化成分融进外来移民的文化体系中。在这种既冲突斗争又互相融合的长期过程中，一种新的文

---

① 陈世松主编：《四川客家》，桂林：广西师范大学出版社，2005 年，第 15 页。
② 罗迎新：《海外侨客拓荒开埠及其影响作用的探究》，《"全球客家移民与地域社会发展"学术研讨会论文集》，2017 年。

化——客家文化就在该地区诞生了。"①

　　谢重光有关客家文化的形成的观点，同样也适用于对东南亚海外文化特点的融合。客家人漂洋过海，那是出于生计的考虑。他们通过亲朋好友或者同乡的介绍，以低贱的身份——"契约华工"来到南洋谋求生活。客家山歌唱到："无食无着甚艰难，想来想去想过番。"这是广大华侨在当时的困境下的一种百无聊赖的心声。客家华文文学正是这种心声的一种自觉表现。他们的创作表达了广大海外华侨的辛酸史、创业史，也揭示了一代又一代的客家华侨女性在海外艰苦的竞争生存中的无私无畏与毕生奉献的精神，她们是人类的脊梁。客籍作家的创作作品，其所关注的移民意识基本由原来的落叶归根转为落叶生根的本土关怀。

　　客籍作家早期的南洋书写明显地倾向于发掘南洋的"地方色彩"②，这与当时国内的乡土文学类似，强调对南洋风土人情的书写。由于当时侨民的思想，慢慢忽略了南洋的地方文化，因此也遭到地方政府的不满。有些华侨提出了"固定性""永久性"的概念，认为"华侨绝对不能离开南洋"，华侨"以南洋为家乡"，不能以"客寓"待之。这可视为一些华侨当时已有南洋身份认知上的自觉。南洋书写是一方面，另一方面，在他们的文化基因中都有深厚的故乡情结，即使在华侨的第二、第三代仍然不可或缺。于是在南洋文化与中国文化两种潜意识之中，存在着一种此消彼长的姿态，形成了"中国—南洋"或者"客家—南洋"的双重意识的心理与文化现象。③当故国有难、人民困顿的时候，她们思想中的中国意识、故乡意识又一次次地加强了。他们的作品呈现出个性化与战斗性。如1937年抗日战争爆发，客家作家吴文翔发表了《我们笔尖的动向》：

　　　　我们的笔尖，必须是救亡的
　　　　我们的笔尖，必须是反法西斯反封建的
　　　　我们的笔尖，必须是提倡世界和平的

---

　　① 谢重光：《客家形成发展史纲》，广州：华南理工大学出版社，2001年，第17页。

　　② （吉隆坡）《益群报》，1928年10月25日，转引自杨松年：《战前新马文学本土意识的形成与发展》，新加坡：新加坡国立大学中文系、八方文化企业公司，2002年，第40－41页。

　　③ （吉隆坡）《益群报》，1928年10月25日，转引自杨松年：《战前新马文学本土意识的形成与发展》，新加坡：新加坡国立大学中文系、八方文化企业公司，2002年，第40－41页。又参许文荣：《战前马华文学的南洋书写：最早的本土性建构与本土意识的萌发》，何国忠编：《百年回眸：马华文学与教育》，吉隆坡：华社研究中心，2005年，第209页。

我们的笔尖，必须是指导人类向生活争取的。①

这是发自内心的呼喊，它就是客家作家们强烈的爱国意识与故土意识的体现。

（一）新加坡客籍作家华侨女性的书写

1. 孙爱玲客家华侨女性的书写

孙爱玲，广东惠州客家人，毕业于南洋大学中文专业。她爱好的文学比较广泛，体裁有小品、诗歌、散文、小说，其中以小说为代表。著有小品集《水晶集》，小说集《绿绿杨柳风》《碧螺十里香》《玉魂扣》。孙爱玲的小说穿透力很强，注重历史文化的描写，擅长将人物形象的塑造孕育于乡土民俗中，突出人物思想形成、发展的流脉，是一幅幅形象、生动的人物民俗画。譬如，《碧螺十里香》中的茶文化、《白香祖与孔雀图》中的刺绣文化、《羽丁香》中的首饰文化等②，不一而足。孙爱玲通过这些作品的人物塑造及其民俗文化的熏陶，在本质上向海外传播了中国文化，也把作为中华文化一部分的客家文化向海外加以传播。小说中对于客家华侨女性形象的塑造更是栩栩如生，其在海外的生存与生活境况由此可见一斑。

在《碧螺十里香》中，"花"是文本中一个突出的意象。什么是意象呢？

所谓意象，就是客观物象经过创作主体独特的情感活动而创造出来的一种艺术之象，它深刻地蕴含了作者对所塑造的人与物的思想情感，即"意"之"象"。在比较文学中，意象的名词解释是：所谓"意象"，简单说来，可以说就是主观的"意"和客观的"象"的结合，也就是融入诗人思想感情的"物象"，是赋有某种特殊含义和文学意味的具体形象。简单地说就是借物抒情。在古代文学中，它有深刻的文化孕育，随着文学的发展，它不断得到升华。从《诗经》开始奠定了女人与花类比的基础。譬如《周南·桃夭》："桃之夭夭，灼灼其华。"《国风·卫风·伯兮》："焉得谖草？言树之背。愿言思伯，使我心痗。"这种景物的描写，把艳丽的桃花比喻为美丽的新娘，或者令人忘善的花草，开创了以花喻人的先河。在后

---

① 董皪屏：《新加坡客籍作家的文学创作》，黄贤强主编：《新加坡客家文化与社群》，新加坡：新加坡国立大学中文系、新加坡南洋客属总会、新加坡茶阳（大埔）会馆联合出版，2008年，第85页。

② 董皪屏：《新加坡客籍作家的文学创作》，黄贤强主编：《新加坡客家文化与社群》，新加坡：新加坡国立大学中文系、新加坡南洋客属总会、新加坡茶阳（大埔）会馆联合出版，2008年，第88页。

来的《楚辞》中，更有了花的众多类比，其内涵得到进一步的拓展，意义也变得深刻。形态各异的花，如秋兰、芙蓉、秋菊、木兰、蕙等，侧重于描写花的馨香与人的高洁品德之间的关系。屈原借此来表达自己对高尚人格的追求。[①]

受佛教文化的影响，客家人的思想观念、民俗习惯也带有宗教性。"香花佛事"就是佛教文化与客家民俗文化相结合的一种宗教科仪。它以说唱的方式演绎佛经故事、佛教人物、佛法哲理，它融佛教道场仪式和大众说唱表演为一体，也是一种宗教民俗仪式。几百年以来，它一直影响着客家人，且长盛不衰。[②] 作为客籍作家的孙爱玲，她深深受到客家民俗的影响。从花、香花到佛事，这些意象是融为一体的。它蕴含着一种精神：客家精神。《碧螺十里香》塑造了一位客家女性形象——关凤慈。除了关凤慈，孙爱玲作品中的其他女性如白香祖、花月季也都带有宗教色彩。作为茶老板汤赫明的姨太，她出身于女伶，但是有文化品位，如只喝极品碧螺春等；她教孩子们学戏，在作品中更为重要的是，在她的身上体现了传统女性的坚贞与坚韧的品格。在那个动荡的年月里，丈夫抛家舍业地去参加革命，唯有她默默承担了家庭的重担，抚养教育后代。这就是客家女性的大局观。不仅如此，客家女性还深受修身、齐家、治国、平天下的儒家文化的影响，教育子女读书，将来有所作为。在孙爱玲作品的女性形象中有一个共同的地方——这些女性饱经磨难，却不为困难低头，相反她们有一种迎难而上的不屈精神。关凤慈由于家境十分贫困，十多岁就被卖入戏班当戏子；白香祖十来岁时母亲离世，父亲患肺病而把她送入刺绣行；花月季的命运更悲惨，从小失去父母，在斋堂中长大。但是她们都能够独立自主地生活。[③] 在她们的身上体现了中华民族女性的优良品格，也体现了客家女性的特征。

花、茶、戏曲、香花佛事都是祖籍客家人生活、生存特有的民俗方式，而戏曲是客家民间文学的一种存在形式。孙爱玲借用客家的民俗与民间文学在其文学作品中塑造了一系列海外客家华侨女性人物形象。戏曲，作为客家民间文学的一种传播形式，在东南亚也有一定的传播市场。但伴随现代传播媒介的兴起，民间文学在海外传播受到限制，甚至有流失的可

---

① ［新加坡］张曦姗：《从花的意象到中华传统文化——孙爱玲女性书写探微》，《世界华文文学论坛》2012 年第 4 期，第 32 页。

② 参见李国泰：《略论"香花佛事"对梅州客家民俗文化的影响》，《客家研究辑刊》2007 年第 1 期，第 73 页。

③ ［新加坡］张曦姗：《从花的意象到中华传统文化——孙爱玲女性书写探微》，《世界华文文学论坛》2012 年第 4 期，第 33 页。

能。也许是对客家民间曲艺的呵护与关爱，也或许是由于孙爱玲对客家汉剧的深刻认识，不忍心让民间文化走进历史，于是在创作中她把对这种民间文学的认识灌输在创作中人物的塑造上。关凤慈戏子出身，她热爱粤剧，也教汤家的几个女孙唱戏，一招一式，有板有眼。难怪在评审《碧螺十里香》的时候，有评论家说："汤家二祖母关凤慈和大祖母蕴玉都写得很有性格，思想境界都合乎她们生活的时代和身份。尤其是二祖母写得最成功、饱满，令人可爱、可亲，重现了旧时代中国妇女的形象。"①

在孙爱玲的其他作品中，女性形象都透着传统的文化气质，是典型的客家女性的气质。另外，对客家传统文化有所表现的作品还有其他小说，如在《擂茶》（收录《水晶集》）中则渗透了客家河婆文化，作品中着力介绍了河婆文化中的民俗。从她身上，可以看到客家故土性与本土性的融合，找准了自己文学创作的价值取向、立足点。身处异域，心恋故土，这是一片拳拳之心。在她的文学中既可以辨别出中华文化的底蕴，又传达了客家女性的风俗及其精神特质，在女性形象的反映方面更是表现了客家华侨女性的优良特征，同时又展现了客家华侨女性在新加坡和东南亚生活与生存的精神风貌。②

229

2. 其他客籍作家华侨女性的书写

作为华人占绝大多数的东南亚国家新加坡，客家华侨的人数则是多数中的多数，客籍作家也是很多的。除孙爱玲以外，代表作家还有黄孟文、王润华、淡莹等。

黄孟文，祖籍广东梅县，生于马来西亚，在新加坡接受高等教育，在美国获得博士学位。作为新加坡的公民，他的小说、散文表现出强烈的民族意识与家国情怀；作为华人，他对西方文化冲击下的新加坡社会中中华文化价值的失落抱着清醒的忧患意识。他的作品如小说集《安乐窝》和散文集《朝阳从我身边掠过》中提出了华人文化与华人族群意识在跨文化语境中如何回应与调整的问题。

王润华和淡莹（祖籍分别为广东从化和梅县）夫妇，出生于马来西亚，后来在美国接受教育。他们认为文学养分首先是来自传统文化本身，然后是从自己熟悉的环境中寻找题材，在题材中提炼自己的观点。譬如，王润华写就的关于他熟悉的热带雨林生活的作品《橡胶树》和《南洋乡土

---

① 参见孙爱玲：《碧螺十里香》，新加坡：草根书屋，1994 年，第 37 - 38 页。

② 董皕屏：《新加坡客籍作家的文学创作》，黄贤强主编：《新加坡客家文化与社群》，新加坡：新加坡国立大学中文系、新加坡南洋客属总会、新加坡茶阳（大埔）会馆联合出版，2008 年，第 89 页。

集》等。而在创作手法上，淡莹说："我们受的西方教育使我们学习借鉴现代派的技巧、表现方法及观察点。"身份认同对于他们来说，先是华人，然后是客家人。人们永远不会忘了自己的民族与族群之根。

上述这些作家由于受多重文化的影响，使他们拥有不同于单纯文化语境形成的感受力与文化情感。也正是从这个意义上来说，使得这些跨文化语境的客籍作家"在身份建构上有更大的开放性"①，而他们的创作有更大的包容性与全球性。

新加坡客籍作家的移民意识的流变、对故土文化的依恋，发展至抗日年代表现为对祖国的捍卫；殖民时代为生存权利和独立进行的抗争；在新加坡独立以后以日益开放的视野接受和认识世界，同时也为世界接纳与肯定。作家的认同更体现为第二、第三代移民对国家的关心，对社会与家庭伦理等各个层面的关注，以及对个体生命意识的生存追求。因此，这些作家的创作丰富了新加坡文坛，并使之呈现出开放性、多元性的特点。

（二）马来西亚客籍作家华侨女性的书写

1. 流军与《海螺》的书写

流军，广东丰顺客家人。1940 年出生于马来西亚，1950 年到新加坡求学。他社会阅历非常丰富，做过割胶工人，当过商店店员、教师、船厂经理等，每一行都干得很出色，这为他的文学创作积累了相当多的生活素材。作为客家移民海外的后代，他的特定文化观根植于其家族史、迁徙史、海外当地的开发史及其所在国的交往史。他热爱自己的故土与国家、民族，以着力弘扬中华文化为己任。他写过马来半岛人民的抗日长篇小说《赤道洪流》，写过"新马乡土小说"《热爱土地的人》等作品。他的长篇小说《海螺》更为我们"打开了一扇了解海外华人奋斗史、生存状态和心态的窗口"②。小说中描写了一系列客家华侨女性形象。

《海螺》的小说故事带有热带雨林风光，充满着南国异域情调，但仍展现了中华文化的特点，主要表现在风俗习惯、礼节风俗上，譬如对风水、测字、超度亡灵等的描写。这也是道家思想的一种表现，尤其"风水"是客家先民所看重的。耕读传家是客家人普遍的追求，是客家人一个重要的传统风尚，可以帮客家人找到心灵的栖息与精神的寄托。"耕"与"读"是传统农业社会的两大本业，客家农耕文化之所以发达，与客家先

---

① 伍方斐：《台港澳及海外客籍作家的身份认同问题》，《华文文学》2004 年第 4 期，第 12 页。
② 参见曹安娜：《新加坡华文文学：中华神韵与南洋风味》，《世界华文文学论坛》2003 年第 1 期，第 60 页。

人的重视密不可分。他们重视后代的教育。即使再苦再累，如果一个家庭有一个读书人，他们就有了指望。在《海螺》中，夏子规一生超然物外，以占卜看风水为生。其孙夏薄情继承了道家的理念，同时掺杂了儒家的文化，这种又道又儒的文化体现，可以看出作品中的思想倾向。客家文化正是这两种思想的一种体现。① 具体到小说的故事中，其出现的男女之情都不是以正常的情感出现的。卢水雄通过地位、金钱的力量得到了丁香，这并非建立在爱情之上。丁香在卢家当牛做马。她作为四姨太嫁到卢家，并与二姨太、三姨太一样，被当作生育的工具、男人发泄的工具。在夫妻生活中，她是卢水雄性虐待的对象，只能由卢水雄任意摆布，丝毫没有个人正常的要求。只有肉体之痛，压根没有夫妻之乐。由于她漂亮的外表，无耻的卢水雄把她作为攀附向上的工具。当卢水雄身陷监狱，他不顾丁香为他奔走想办法，不惜把丁香献给日本鬼子。② 这种赤裸裸的丑恶暴露无遗。

卢水雄为何方人氏？ 他也是一个华侨的后代。当初他的祖父筚路蓝缕，靠着卖身为"猪仔"而闯荡南洋，历经生死、开芭垦荒。到了卢水雄一代，这个地主兼资本家买办，依托苏丹王室，巴结日本侵略军，讨好英国殖民者，发昧心之财、发国难之财，从一个小庄园主和土产公司的老板发迹成为一个跨国公司的财阀。③ 正是这个劣迹斑斑的坏蛋，使一个个华侨妇女惨遭不幸：其妻周氏因为他的折磨不能生育；二姨太因为难产胎死腹中而被苛责致死；三姨太因为卢水雄自己性无能反遭怪罪而被诬为"石妖"，被逼疯而跳井身亡；四姨太丁香在洞房花烛夜就遭到因性无能而心理变态的卢水雄的施虐。④ 作为客籍作家的流军的创作，一方面他对人心变质的华人给予了严厉的批判；另一方面，更为重要的是，对于海外华侨女性的悲惨遭遇给予了深深的同情，更能引发人们的思考。

在《海螺》这部小说中，贯穿全文的民族感情是复杂的。譬如，番客的乡愁，面对异国他乡的生活困境，他们愈加眷念自己的故土。正如小说中说道："这里是番邦，说什么也是别人的地方，这么卖力干嘛呢？"现在家眷已经过来了，家乡没有了田、没有了亲人，还有什么留恋呢？ 但是当

---

①　董皓屏：《新加坡客籍作家的文学创作》，黄贤强主编：《新加坡客家文化与社群》，新加坡：新加坡国立大学中文系、新加坡南洋客属总会、新加坡茶阳（大埔）会馆联合出版，2008年，第87页。

②　参见刘云：《史·风·情——读流军的〈海螺〉》，《华文文学》2004年第3期，第50页。

③　参见钟秋：《社会历史的百年画卷　世风人心的时代悲歌——流军长篇小说〈海螺〉论析》，《世界华文文学论坛》2004年第2期，第40页。

④　参见钟秋：《社会历史的百年画卷　世风人心的时代悲歌——流军长篇小说〈海螺〉论析》，《世界华文文学论坛》2004年第2期，第41页。

那些客家华侨听到笛声却又因为乡愁而落泪了。这是一种多么复杂的情感呀！随着落叶归根的观念转为落地生根的现实，流军作品也表现了一种移民身份认同的转变。其作品于南洋文化的背景下，融入了母根意识、客家意识，体现了一种族群的文化融合。① "华侨在迁徙海外的时候，常常将各自的文化，包括生活习惯、祭祀宗祠、姓氏族谱、礼节风俗、教育文化等全数照搬过去。"② 在《海螺》这部小说中，中华文化主要体现为相互密切关联的两个层面：一是以生活习惯、礼节风俗为基本生活方式所体现出来的民间文化形态，其中包括阴阳风水、超度亡灵、打醮祭奠、锣鼓唢呐等；二是小说中所显示的另一种表现形式是与民间文化相对应的儒释道的正统文化。③

流军的作品，在其小说中表现出复杂的民族情感。他关心民族文化，关爱客家华侨，关爱客家女性在居住地的生存状态及其生存模式。其创作于南洋文化的背景下，融入了母根文化，融入了客家意识，这是一种民族与族群相融合的创作。

2. 丘士珍《峇峇与娘惹》与吴仲青《梯形》的书写

（1）丘士珍《峇峇与娘惹》的娘惹形象。

在第二次世界大战结束以后，世界各国摆脱了殖民地的统治，东南亚各国人民都成为所在地的主人。早期新马地区的粤籍华侨不乏一些精英，有相当高的经济地位。长期以来，这些华侨为华人移民提供了初来乍到的经济支撑。随着马来亚国家的独立，华侨也纷纷加入马来亚国籍，成为实质上的马来亚华人。基于现实的考量，他们落实了"以南洋为家乡"的愿望。客籍作家的书写也逐渐靠近这一脉络，而成为一种新兴的马华文学。

能顶半边天的妇女形象，依然是马华文学的客籍作家比较重视的题材。丘士珍创作的《峇峇与娘惹》也是这一时期的典型之作。它深刻揭示了家庭伦理关系矛盾所带来的危机，以及在这场危机中表现出来的南洋华侨的生活状况与家庭形态。

故事的主线是两个同父异母的姐弟发生了恋爱，但是遭到父亲的反对。因此，姐弟俩密谋将父亲杀害。

姐弟俩出生在一个充满欲求的家庭中。他们的父亲拥有几位妻妾，经

---

① 董皓屏：《新加坡客籍作家的文学创作》，黄贤强主编：《新加坡客家文化与社群》，新加坡：新加坡国立大学中文系、新加坡南洋客属总会、新加坡茶阳（大埔）会馆联合出版，2008年，第88页。

② 钟秋：《略论东南亚华文小说中的"侨味"特色及其嬗变》，东南亚华文文学论坛，1994年，第23页。

③ 参见刘云：《史·风·情——读流军的〈海螺〉》，《华文文学》2004年第3期，第49－50页。

常在文本中出现的是二姨与三姨。他们的父亲和妻妾的"鱼水之欢"，经常使得他们"耳濡目染"。譬如，有一次一家人刚从外面回来，他们的父亲就指示三姨与他同房。① 文本如此形容娘惹和峇峇有样学样：

> （娘）惹躺在床上只是翻来覆去睡不着，她瞑想着阿姨和她的父亲做着不可告人的玩意儿。
> 　她的芳心不住地波动起来，她又想起可爱的弟弟，真是愚笨得可以，也不晓得偷偷地跑来和阿姐一块儿睡觉……
> 　然而，惹正在想入非非的当儿，一条黑影浮现在她的眼前！
> 　于是，她和（他）屏气静息地颤抖着。②

　　其实姐弟恋的这段爱情使娘惹陷入了痛苦，尤其后来峇峇娶了阿美之后，娘惹痛苦得病了，甚至起不了床。在家道中落的时候，她的父亲出于生意场中的交换，把她嫁给了一个暴躁的商人。这种婚姻完全没有幸福可言，娘惹被这个老男人百般虐待。在忍无可忍之下，她逃了出来。在此，娘惹并非逆来顺受的人，她是一个反抗者。可是在这种同样是男尊女卑的社会，逃出了狼窝，却又落入了虎口。在万般无奈之下，她又沦落到卖身为生的困境。③ 如果说文本中，娘惹是一个逆来顺受、不懂反抗的脆弱妇女形象的话，那么阿美则是一个勇于反抗的女子形象。在受尽家庭的凌辱之后，她的思想从一个蒙昧的任人摆布的状态中很快地觉醒过来，并坚决反抗：

> 　她的思想跟着光阴急速地转变，她愤恨这吃人的社会。这吃人的社会沉没了她的青春，泯灭了她的理智。现在她醒了。她认清楚了谁是她的敌人，谁是这社会的始作俑者；她决意踏上征途，牺牲一切，为磐石下的大众谋解放，争自由！④

---

　　① 许文荣：《战前马华文学的南洋书写：最早的本土性建构与本土意识的萌发》，何国忠编：《百年回眸：马华文学与教育》，吉隆坡：华社研究中心，2005年，第217页。
　　② 丘士珍：《峇峇与娘惹》，方修编：《马华新文学大系》（四），新加坡：星洲世界书局有限公司，1972年，第27－28页。
　　③ 参见范佩琳：《论丘士珍〈峇峇与娘惹〉和方北方〈娘惹与峇峇〉的人物形象塑造》，拉曼大学学士学位论文，2011年，第22页。
　　④ 参见范佩琳：《论丘士珍〈峇峇与娘惹〉和方北方〈娘惹与峇峇〉的人物形象塑造》，拉曼大学学士学位论文，2011年，第63页。

小说借用了鲁迅《狂人日记》的吃人意象，反映了当时封建社会环境气氛之浓厚，令人窒息。阿美则集中体现了一代青年女性的反封建精神。她代表了当时从中国南来的"新客"女性形象，也是客家华侨女性反抗精神的一个缩影。

（2）吴仲青《梯形》中的妓女形象。

在新马文学中吴仲青是一个现实主义较强的华文作家。他密切关心下层女性的生存状态，关注她们的生活方式。海外华侨女性的生活方式和所在南洋各国女性的生存境况都是他创作的对象。《梯形》这篇小说以南洋华族居民的视角进行叙说，探讨南洋的社会问题，特别是沦为娼妓的女人。华族居民女性沦为娼妓是多么的悲惨。导致女性沦落的原因有二：一是经济出现状况被逼无奈；二是因为贪得贪失被别人拉下水。而且，在南洋社会中，娼妓成为一个黑暗的产业。吴仲青深入这个论题，说明了他对南洋社会问题的严肃关注。其小说中不惜铺排陈述：妓寮生意的"门庭若市"、妓女接客的超负荷、妓寮生活的简陋龌龊等。在小说中，吴仲青给予无情的揭示与鞭挞。

譬如，《梯形》中有下列描述：①

她仰身躺着，衬衫贴着满身是汗的肉身，横陈在发出磷光的油灯照着的楼板中央的躺褥上，表示给任何人吸取剩余的肢体……

"唉！七个人过去了……"她重复闭了眼，"温存点吧！我恳求你！"

"……七年不出栅门，爬楼梯爬了七年。说是梯，那是一定爬得完的吧，而我似乎有不尽的梯级。竭尽全力，却像体力强壮的劳动工人一样，初时一晚就爬上八九级，或十来级不等；……耻辱的烙印，就是爬梯级的记号。……"

"那里？栅门比墙壁还要坚固呀！……"

"我出去希望什么呢？你说。到处是嘲笑你的眼睛，无处不有陷阱张开大口等着你。你不看见我的两颊和额上烙了耻辱的符印？啊！这烙印是谁替我烙上的，你应该比我还明白，但是你不肯说出来……"

"倘若此时出门去，怕碰来碰去都是我旧日爬过的梯级吧！就是那种梯级最没良心，一定要以惊奇的目光像看笼里逸出的野兽一般注视我了。我想他们心里会打起算盘来，说是现在可用不着两毛五了，可要好好的要一下了……"

---

① 方修编：《马华新文学大系》（三），新加坡：星洲世界书局有限公司，1972年，第507－509页。

（三）印尼客籍作家华侨女性的书写

东南亚华文文学在 20 世纪相当长的一段时间是边缘化的，但客籍作家及其华侨华人默默地坚守了下来，他们创作了不少感人的作品。"没有市场价格的华文文学却在坚守着心目中的价值，一种永恒的精神追求。非个中人无法体会的。"① 他们的坚守换来了东南亚各国文学的发展。印度尼西亚的华文文学也经历了黑暗与光明的时代。正如一首诗写道：

> 印华诗坛的油灯从来不息！
> 哪怕风吹雨打，
> 雷电交加，
> 印华诗坛就像个园圃，
> 总有一些花农在那里默默耕耘劳作！②

在中国等国家延续着印尼华文文学的生命之光，同时一直扩大着印华文学的生存基地和影响力。中国人民长期以来一直关心印华文学的发展。黄东平、严唯真、林万里、白放情、茜茜丽亚、明芳、晓彤等人的名字随着他们的作品在印尼以外的华文圈中流传，并在南洋各国流播，走向世界。③ 而客家人是印尼华侨中最为重要的组成部分，在印华文学中客籍作家发挥了不可忽视的作用。袁霓则是客籍华侨作家中的代表。

袁霓，出生于印尼雅加达，原名叶丽珍，祖籍广东梅县松口镇。1966年小学五年级，因印尼华校被新秩序政府封闭而失学，后靠补习与自修打下华文基础。1972 年开始为《印度尼西亚日报》投稿并刊登。其诗有《祝福与期望》：

> 蒲公英的种子，
> 夜来香的芬芳，
> 带着我的愿望，
> 随着暖暖的风，
> 随着东升的月光，

235

---

① ［菲律宾］王勇：《坚持的力量》，《印尼国际日报》，2013 年 5 月 14 日 R7 版。

② 蔡良乾：《不息的太阳——〈骄阳下的歌声〉序文》，《骄阳下的歌声——印度尼西亚14位作者合集》，新加坡：新加坡和平翻译及剪报私营有限公司，1997 年，第 i 页。

③ ［印度尼西亚］袁霓：《雅加达的圣诞夜》，成都：四川文艺出版社，2013 年，第 34 页。

吹到他的家园，
移到他的窗前。
我深爱的人儿，
告诉他我的祝福，
告诉他我的期望，
祝福与期望他：
血液向上，
身体健康。

　　这是一个具有美好理想、追求幸福的、拥有人文主义关怀的作家。她的作品收录在《印华短篇小说集》《印华散文集》《印华微型小说集》《面具》《做脸》《世界华文女作家微型小说选》《香港文学小说选》《华语文学 2005》《华语文学 2006》等合集中。① 作为客籍作家的袁霓，她的小说语言呈现出一种母语情结，小说的人物表现暗含客家的风土人情。"在印尼的华文文坛上，袁霓是一位有着浓厚华文情结的客籍女作家。在她小学五年级时，因华校封闭而失去继续学习华文的机会，但她并没有因此而放弃，而是怀着对母语的深厚感情，通过自学、函授、补习等方式坚持学习华文，并写下了大量优秀的华文文学作品……"② 袁霓的作品具有较强的社会现实意义。她关爱社会、关爱人生，关心作为弱势群体的女性生活与生存的方式。她为女性的生存地位而奔走呼告。于是爱情与婚姻的题材一直是袁霓关注的重点题材。这不仅是女性把自己的婚姻当作人生的第二次生命，而且透过婚姻的浪漫、甜蜜、平庸抑或悲惨的描述，深刻地揭示了女性的社会处境与不同的遭际。③ 以一般窥全豹，婚姻题材的小说是一面广菱镜，可以看到形形色色的社会问题。

　　在袁霓的短篇小说《花梦》中，她描写了一个 15 岁的纯情少女"我"爱上了一个网球运动员莱蒙，爱得那么真诚、认真，甚至痴迷。在莱蒙参加网球选拔赛之后，"我"为他祈祷、紧张与喝彩。当"我"孤单、无聊和被人欺负的时候，想到他，心里就会充满力量。可是这种纯净的热恋，仅仅是一厢情愿，没有引起莱蒙的更多思恋。这种不对等的恋爱，使得

① 参见袁霓：《美丽五月雪》，《散文诗世界》2013 年第 3 期，第 67－68 页。
② 郭海鹰：《袁霓：无法排遣的华文情结》，伍方斐、罗可群主编：《台港澳及海外客籍作家研究》，广州：华南理工大学出版社，2005 年，第 311 页。
③ 赵朕：《情像流水悄悄流——论印尼华文作家袁霓的小说》，《世界华文文学论坛》1998 年第 3 期，第 33 页。

"我"陷于深深的痛苦。袁霓并非关注爱情的结果，而是关注少女的大胆与执着、纯真与无邪。在《幸福，别走》中，贝琪深爱着波灵，但是为了帮助爸爸摆脱困境，她只得嫁给一个自己并不爱的男人。这种迫于内外压力的矛盾心理，使其爱情婚姻并不能掌握在自己手中，没有真正的幸福可言，贝琪也成为婚姻的奴隶。

如果说袁霓早期的小说有些稚嫩并使其批判力度显得捉襟见肘的话，那么，袁霓后期的创作就更有批判性。她对于女性题材的关注使其思想性更加深刻、更加全面。伴随印尼社会的日益世俗化，道德沦落，品质败坏，爱情被糟蹋，婚姻被亵渎，袁霓在思想认识上更加成熟。在她的《花梦》《心语》等作品中除了浪漫、热烈的表达之外，她更为重视作品的思想性、教育性。在诱导人们对美好情感的向往与追求之外，竭力鞭挞西方世界中"金钱拜物教"在现实中赤裸裸的金钱利益关系。在《一串项链》中，林家从表面上来看似乎是一个美满的家庭，孩子孝顺，太太温顺。可是有一天，林太太在洗衣服的过程中，发现丈夫的衣袋里有一串项链。林太太发现了丈夫的外遇：原来在结婚的那年，她的丈夫就在外头养了女人，而且有一个 14 岁的孩子。这让她在感情上陷入了不可自拔的深渊。《情原是恨》则不同，当作品中的女主人公发现丈夫在外有了女人之后，跟他进行了对话，在了解丈夫不愿回头时，她没有死缠烂打，而是毅然决然地离开了这个负心汉，自谋出路。[1]《情原是恨》塑造了一个独立自主、坚强勇敢的女性形象，是新时代的女性形象。

在评论袁霓的小说时，马峰认为："袁霓的小说创作情理兼备，爱情、社会、亲情交响协奏，情中寓理，理中含情。既有个人心路历程的内在透视，又有关心人情百态、社会疾苦的向外视野。她具有浓厚的现实情怀，不仅观照华人生存状态及心理，也对印尼社会现实、族群和谐以及下层小人物进行审视。她对小说的语言及形式要求严谨，自然流畅的叙事中略显沉重，细腻含蓄的语言中凸显质朴，跌宕起伏的情节中蕴蓄深刻。"[2] 这些观点颇有道理。

237

---

① 赵朕：《情像流水悄悄流——论印尼华文作家袁霓的小说》，《世界华文文学论坛》1998年第 3 期，第 34 页。

② 陈勇：《浓重的现实情怀——印尼袁霓论》，http：//www.chinawriter.com.cn/2012/2012 - 01 - 09/111991.html，2012 年 1 月 9 日。

参考文献

一、论著

1. 罗香林编：《粤东之风》，上海：北新书局，1936 年。

2. 王之正主编：《嘉应州志》，1750 年。

3. 麦若鹏：《黄遵宪传》，上海：古典文学出版社，1957 年。

4. 刘勰著，范文澜注：《文心雕龙注》（上、下），北京：人民文学出版社，1958 年。

5. 梁启超：《饮冰室诗话》，北京：人民文学出版社，1959 年。

6. 北京大学中文系近代诗研究小组编：《人境庐集外诗辑》，北京：中华书局，1960 年。

7. 陈运栋：《客家人》，台北：联亚出版社，1978 年。

8. 林兰编：《徐文长故事外集》，台北：东方文化书局，1971 年。

9. 杜维明：《中国近代思想人物论》，台北：时报文化事业出版有限公司，1980 年。

10. 傅乐诗：《近代中国人物思想论——保守主义》，台北：时报文化出版事业有限公司，1980 年。

11. （清）黄遵宪著，钱仲联笺注：《人境庐诗草笺注》（上、下），上海：上海古籍出版社，1981 年。

12. 谢佐芝：《客家渊源》，新加坡：崇文出版社，1991 年。

13. （清）黄遵宪：《黄遵宪致梁启超书》，《中国哲学》（第八期），上海：三联书店，1982 年。

14. 郑方泽编：《中国近代文学史事编年》，长春：吉林人民出版社，1983 年。

15. 钱锺书：《谈艺录》，北京：中华书局，1984 年。

16. 费孝通：《乡土中国》，北京：生活·读书·新知三联书店，1985 年。

17. 黄发坤、刘庆祥、蓝凤翔主编：《客家风采》（第二辑），梅江：梅江报社，1986 年。

18. 林海权：《诗词格律与章法》，福州：海峡文艺出版社，1986 年。

19. （清）宋湘著，周锡複选注：《宋湘诗选》，广州：广东人民出版社，1986 年。

20. 钱仲联：《梦苕庵诗话》，济南：齐鲁书社，1986 年。

21. 老子著，王弼注：《老子》，上海：上海古籍出版社，1989 年。

22. 林明德：《梁启超与晚清文学运动》，"国立"政治大学中文研究所博士学位论文，1989 年。

23. 张卫东、王洪友主编：《客家研究》（第一集），上海：同济大学出版社，1989 年。

24. 罗香林：《客家源流考》，北京：中国华侨出版社，1989 年。

25. 叶易：《中国近代文艺思潮史》，北京：高等教育出版社，1990 年。

26. 覃召文：《中国诗歌美学概论》，广州：花城出版社，1990 年。

27. 黄火兴等：《客家风情志》，香港：中华书局，1991 年。

28. 卢善庆：《中国近代美学思想史》，上海：华东师范大学出版社，1991 年。

29. 刘佐泉：《客家历史与传统文化》，开封：河南大学出版社，1991 年。

30. 林远辉、张应龙：《新加坡马来西亚华侨史》，广州：广东高等教育出版社，1991 年。

31. 张堂锜：《黄遵宪及其诗研究》，台北：文史哲出版社，1991 年。

32. 杨民康：《中国民歌与乡土社会》，长春：吉林教育出版社，1992 年。

33. 黄火兴：《喜妹过番》，广东省梅州市文化局编：《嘉应文学》（第七十九期），1992 年。

34. 陈旭麓：《近代中国社会的新陈代谢》，上海：上海人民出版社，1992 年。

35. 徐中玉主编：《中国近代文学大系·文学理论卷》，上海：上海书店出版社，1992 年。

36. 任访秋主编：《中国近代文学大系·散文卷》，上海：上海书店出版社，1992 年。

37. 于天池：《明清小说研究》，北京：北京师范大学出版社，1992 年。

38. 黄顺炘、黄马金、邹子彬主编：《客家风情》，北京：中国社会科

学出版社，1993 年。

39. 黄恒秋编：《客家台湾文学论》，苗栗：苗栗县立文化中心，1993 年。

40. 陈小冲：《台湾民间信仰》，厦门：鹭江出版社，1993 年。

41. 张卫东：《客家文化》，北京：新华出版社，1993 年。

42. 胡希张、余耀南：《客家山歌知识大全》，广州：花城出版社，1993 年。

43. 丘菊贤：《客家综论》，香港：香港天马图书有限公司，1994 年。

44. 赖雨桐：《客家研究文集》，广州：广东人民出版社，1995 年。

45. 刘善群：《客家礼俗》，福州：福建教育出版社，1995 年。

46. 陶思炎：《风俗探幽》，南京：东南大学出版社，1995 年。

47. 王耀华：《客家艺能文化》，福州：福建教育出版社，1995 年。

48. 陈炜萍、何志溪、钟震东搜集整理：《客家传统情诗》，福州：海峡文艺出版社，1995 年。

49. 王增能：《客家饮食文化》，福州：福建教育出版社，1995 年。

50. 吴淑钿：《近代宋诗派诗论研究》，北京：文津出版社，1996 年。

51. 袁行霈：《中国诗歌艺术研究》，北京：北京大学出版社，1996 年。

52. 张光宇：《闽客方言史稿》，台北：南天书局，1996 年。

53. 饶宗颐著，黄挺编：《饶宗颐潮汕地方史论集》，汕头：汕头大学出版社，1996 年。

54. 杨彦杰：《闽西客家宗族社会研究》，香港：国际客家学会、海外华人研究社、法国远东学院，1996 年。

55. 王安忆：《香港的情与爱》，《王安忆自选集》（第三卷），北京：作家出版社，1996 年。

56. 叶春生：《岭南俗文学简史》，广州：广东高等教育出版社，1996 年。

57. 吕芃：《龚自珍诗艺发微》，济南：山东大学出版社，1996 年。

58. 张福清编注：《女诫：妇女的枷锁》，北京：中央民族大学出版社，1996 年。

59. 巫瑞书：《南方民俗与楚文化》，长沙：岳麓书社，1997 年。

60. 张惟等编：《寻根揽胜闽西缘》，福州：海风出版社，1997 年。

61. 谢水顺、李珽：《福建古代刻书》，福州：福建人民出版社，1997 年。

62.（清）屈大均：《广东新语》，北京：中华书局，1997 年。

63. 陈支平：《客家源流新论》，南宁：广西教育出版社，1997 年。

64. 胡希张、莫日芬、董励、张维耿：《客家风华》，广州：广东人民出版社，1997 年。

65. 周发祥：《西方文论与中国文学》，南京：江苏教育出版社，1997 年。

66. 陈万雄：《五四新文化的源流》，北京：生活·读书·新知三联书店，1997 年。

67. 杨仲义：《中国古代诗体简论》，北京：中华书局，1997 年。

68. 谢永昌：《梅州客家风情》，香港：香港天马图书有限公司，1998 年。

69. 谭元亨：《客家圣典》，深圳：海天出版社，1997 年。

70. 李泽厚：《中国现代思想史论》，合肥：安徽文艺出版社，1999 年。

71. 李如龙、周日健主编：《客家方言研究》，广州：暨南大学出版社，1998 年。

72. 关爱和：《古典主义的终结——桐城派与"五四"新文学》，上海：上海文艺出版社，1998 年。

73. 罗香林：《客家源流考》，北京：中国华侨出版社，1989 年。

74. 曾祥委：《试论"客家"》，黄钰钊主编：《客从何来》，广州：广东经济出版社，1998 年。

75. 钟壬寿编著：《六堆客家乡土志》，屏东：常青出版社，1999 年。

76. 广东梅州客家联谊会编著：《世界客家名人谱》，广州：花城出版社，1999 年。

77. 罗英祥：《客家情歌精选录》，香港：香港天马图书有限公司，1999 年。

78. 丘权政主编：《客家与近代中国》，北京：中国华侨出版社，1999 年。

79. 刘善群编著：《客家与宁化石壁》，北京：中国华侨出版社，2000 年。

80. 肖宪：《犹太人——谜一般的民族》，上海：上海人民出版社，2000 年。

81. 刘还月：《台湾的客家人》，台北：常民文化事业股份有限公司，2000 年。

241

82. 罗可群：《广东客家文学史》，广州：广东人民出版社，2000 年。

83. 孙晓芬：《四川的客家人与客家文化》，成都：四川大学出版社，2000 年。

84. 叶春生：《岭南民间文化》，广州：广东高等教育出版社，2000 年。

85. （清）黄遵宪著，钱仲联笺注：《人境庐诗草》（上、下），北京：中国青年出版社，2000 年。

86. 徐正光主编：《宗教、语言与音乐——第四届国际客家学研讨会论文集》，2000 年。

87.《梅州市华侨志》编委会、梅州市华侨历史学会编：《梅州市华侨志》，2001 年。

88. 徐肖南：《走向世界的客家文学》，广州：华南理工大学出版社，2001 年。

89. 杨春茂：《傈僳族民间文学概论》，昆明：云南教育出版社，2002 年。

90. 杨晓明：《梁启超文论的现代性阐释》，成都：四川民族出版社，2002 年。

91. 钟叔河：《从东方到西方——〈走向世界丛书〉叙论集》，长沙：岳麓书社，2002 年。

92. 余咏宇：《土家族哭嫁歌之音乐特征与社会涵义》，北京：中央民族大学出版社，2002 年。

93. 谢剑、房学嘉：《围不住的围龙屋》，广州：花城出版社，2002 年。

94. 王东：《社会结构与客家人教育》，武汉：湖北教育出版社，2003 年。

95. 梁德新：《客家乡情》，梅州：梅州市作家协会，2003 年。

96. 冯秀珍：《客家文化大观》（下册），北京：经济日报出版社，2003 年。

97. 王珂：《百年新诗体建设研究》，上海：上海三联书店，2004 年。

98. 钱理群、金宏达等编：《鲁迅文集精读本》，北京：中国华侨出版社，2004 年。

99. 鸿宇编著：《婚嫁文化》，拉萨：西藏人民出版社，2004 年。

100. 张典婉：《台湾客家女性》，台北：玉山社，2004 年。

101. 黄火兴编著：《梅水风光——客家民间文学精选集》，梅州：广东嘉应音像出版社，2005 年。

102. 季广茂：《意识形态视域中的现代话语转型与文学观念嬗变》，北京：北京大学出版社，2005 年。

103. 施萍：《林语堂：文化转型的人格符号》，北京：北京大学出版社，2005 年。

104. 刘佐泉：《观澜溯源话客家》，桂林：广西师范大学出版社，2005 年。

105. 谢重光：《客家文化与妇女生活》，上海：上海古籍出版社，2005 年。

106. 李雄飞：《文化视野下的山歌认同与差异》，北京：民族出版社，2005 年。

107. 陈铮编：《黄遵宪全集》（上、下），北京：中华书局，2005 年。

108. 丘琳昌主编：《梅江史话》，梅州：梅州市梅江区委员会，2005 年。

109. 刘勇：《中国现代文学的心理学研究》，北京：北京大学出版社，2006 年。

110. 罗英祥编著：《飘洋过海的客家人》，开封：河南大学出版社，1994 年。

111. 鲍宗豪：《婚俗与中国传统文化》，桂林：广西师范大学出版社，2006 年。

112. 杨宏海、叶小华编著：《客家艺韵》，广州：华南理工大学出版社，2006 年。

113. 刘大可：《田野中的地域社会与文化》，北京：民族出版社，2007 年。

114. 程贤章：《我生命的摇篮和驿站》，北京：作家出版社，2007 年。

115. 刘善群：《客家与石壁史论》，北京：方志出版社，2007 年。

116. 王建周主编：《客家文化与产业发展研究》，桂林：广西师范大学出版社，2007 年。

117. 王东：《那方山水那方人：客家源流新说》，上海：华东师范大学出版社，2007 年。

118. 余耀南编著：《大埔民间故事歌谣和俗谚》，广州：广东人民出版社，2008 年。

119. 谢如剑编著：《大埔客家民俗》，广州：广东人民出版社，2008 年。

120. 钟俊昆：《中央苏区文艺研究：以歌谣和戏剧为重点的考察》，北京：中国社会科学出版社，2009 年。

121. 林作尧、梁德新：《客都民俗文化风情》，广州：暨南大学出版社，2009 年。

122. 曾敏儿：《行走大埔》，广州：花城出版社，2009 年。

123. 万建中等：《中国民间散文叙事文学的主题学研究》，北京：北京大学出版社，2009 年。

124. 梁伟光编：《客家古邑·民俗》，广州：华南理工大学出版社，2010 年。

125. 吴敏慧编：《客家古邑传说》，广州：华南理工大学出版社，2010 年。

126. 房学嘉等：《客家妇女社会与文化》，广州：华南理工大学出版社，2012 年。

127. 陈晓敏编：《客家古邑艺韵》，广州：华南理工大学出版社，2010 年。

128. 胡希张：《客家竹板歌研究》，广州：广东人民出版社，2010 年。

129. 广东省文学艺术界联合会、广东省民间文艺家协会编：《广东民间故事全书》（梅州卷），广州：岭南美术出版社，2012 年。

130. 邓锐编著：《梅州侨批》，北京：中国华侨出版社，2013 年。

131. 谭元亨编著：《客家与华文文学论》，广州：华南理工大学出版社，2014 年。

132. 鲁迅：《鲁迅全集》（第一卷），北京：同心出版社，2014 年。

二、论文

1. 罗尔纲：《太平天国开"女科"事探讨》，《学术月刊》1984 年第 7 期。

2. 钟禄元：《蜀北客族风光》，《文史教学》1941 年第 3 期。

3. 张永芳：《试论晚清诗界革命的发生与发展》，《社会科学辑刊》1984 年第 2 期。

4. 纪洞天：《明溪岁时习俗》，《明溪文史资料》（第一辑），1988 年。

5. 钟文典：《广西妇女与会党起义》，《学术论坛》1988 年第 6 期。

6. 田辛垦：《从一首民谣看客家妇女的特色》，广东省梅州市文史资料委员会编：《梅州文史》（第一辑），1989 年。

7. 左鹏军：《人境庐诗又一格》，《广东社会科学》1990 年第 4 期。

8. 管林：《龚自珍黄遵宪诗歌之比较》，《华南师范大学学报》1992 年第 2 期。

9. 熊蔚霞、郑甫弘：《抗日战争时期闽粤侨乡的侨眷生活》，《南洋问题研究》1992 年第 4 期。

10. 吴文福：《中国客家分部报告》，《客家纵横谈》1994 年第 1 期。

11. 刘佐泉：《客家文化中的南方土著民族习俗因素举隅》，《客家》1994 年第 1 期。

12. 徐维群：《太平天国妇女政策与客家妇女》，《龙岩师专学报》1995 年第 2 期。

13. 李泳集：《客家妇女与现代民间宗教活动》，《民俗研究》1996 年第 2 期。

14. 刘锦云：《客家妇女的劳动教育》，《客家研究辑刊》1996 年第 2 期。

15. 熊守清：《广西客家的源流分布及其特点》，《广西师范大学学报》1996 年第 1 期。

16. 韩小林：《近代西方教会在粤东客家地区的传播及其影响述略》，《嘉应学院学报》2003 年第 1 期。

17. 施义慧、刘大可：《太平天国运动中的广西客家妇女》，《中华女子学院学报》1997 年第 3 期。

18. 徐继群：《传统客家妇女相对应地位的定位及其成因》，《龙岩师专学报》1999 年第 1 期。

19. 周振鹤：《客家源流异说》，《学术月刊》1996 年第 3 期。

20. 章颖：《"客"与"主"——略谈客家妇女的生活特点及其地位作用》，《闽西职业大学学报》2000 年第 2 期。

21. 赵剑：《客家妇女与"二婚亲"——兼与房学嘉先生商榷》，《中华女子学院学报》2001 年第 2 期。

22. 钟文典：《太平天国妇女问题漫谈》，《学术论坛》2001 年第 1 期。

23. 刘锦云：《客家妇女的地位变迁》，《客家纵横谈》2001 年第 1 期。

24. 范若兰：《允许与严禁：闽粤地方对妇女出洋的反应》（1860—1949 年），《华侨华人历史研究》2002 年第 3 期。

25. 王予霞：《闽西客家山歌的现代化进程》，《第六届国际客家学研讨会论文集》，北京：燕山出版社，2002 年。

26. 周晓蕾：《客家文化旅游——闽粤赣边区特色旅游发展的优势及设想》，《"客家文化与全球化"国际学术研讨会论文集》（下），2003 年。

245

27. 江冰:《广东文化的自信与文学的"本土言说"》,《"中国新文学学会第二十八届年会"暨"萧殷与中国新文学批评"学术研讨会论文集》,2012 年。

28. 刘晓春、胡希张、温萍:《客家山歌传承的文化生态》,《文艺研究》2008 年第 2 期。

29. 谢立言:《大埔茶阳古礼婚嫁习俗漫谈》,广东省梅州市文史资料委员会编:《梅州文史》(第十六辑),2003 年。

30.《"客家文化与全球化"国际学术研讨会论文集》(上),2003 年。

三、报刊、地方志、文史资料

1.《新小说》于 1902 年 11 月在日本横滨创办,该刊附设于《新民丛报》,由梁启超、韩文举、蒋智由、马君武等主办,共出 24 期。

2.《东方杂志》由商务印书馆创办于 1904 年 3 月,为我国期刊史上大型综合刊物。

3.《民报》1905 年 11 月 26 日创刊于东京,1910 年初秘密印刷两期后停刊,今据上海书店 1987 年影印本。

4. 欧嘉年:《"万方今一概,莫自大中华"——读晚清诗人黄遵宪的诗》,《南方日报》,1980 年 2 月 3 日第 4 版。

5.《时务报》,今据沈云龙主编《近代中国史料丛刊》版本。

6. 梁启超主办《国风》,何国桢编辑,上海广智书局发行,今据沈云龙主编《近代中国史料丛刊》版本。《国风》为旬刊,每逢一、十一、二十一日出版,从宣统二年正月创刊到三年六月二十一日第二卷第 17 号停刊,共 52 期。

7.《辛亥革命时期期刊介绍》,北京:人民出版社,1987 年。

8. 吕顺安:《新竹县乡土史料》,1995 年。

9.《赣州府志》。

10.《熊氏族谱》。

11.《信丰县志》。

12.《听雨斋诗集》。

13.《梅县县志》。

14.《大埔县志》。

15.《平远县志》。

16.《苗栗县志》。

17.(民国)《陆川县志》。

18. 大埔县侨办编：《大埔华侨志》（未刊稿）。

19. 蕉岭县地方志编纂委员会编：《蕉岭县志》，广州：广东人民出版社，1992年。

20. 上杭县官庄乡树人村《蓝氏家谱》。

21.《武平文史资料》（第十、十三辑）。

22.《瑞金文史资料》（第一、二、七辑）。

23.《大埔文史资料》（第一、九、十六辑）。

24.《梅县市文史资料》（第一、九辑）。

25.（康熙）《宁化县志》，1699年。

26.（乾隆）《赣州府志》，1867年。

27.（乾隆）《上杭县志》，1820年。

28.（道光）《定南厅志》，1825年。

29.（道光）《瑞金县志》，1822年。

30.（咸丰）《兴宁县志》，1929年。

31.（同治）《赣州府志》，1873年。

32.（同治）《兴国县志》，1872年。

33.（光绪）《惠州府志》，1881年。

34.（光绪）《嘉应州志》，1898年。

35.（民国）《长汀县志》，1941年。

36.（民国）《大埔县志》，1943年。

37.《星洲日报》。

38.《南洋商报》。

39.《中国报》。

40.《光华日报》。

41.《东方日报》。

四、相关作品

1. 黄遵宪：《日本国志》（羊城富文斋刊），1890年。

2. 黄遵宪：《日本杂事诗》（长沙富文堂重刊），1898年。

3. 梁启超：《饮冰室合集》（12册），上海：中华书局，1936年。

4.《全唐文》，上海：上海古籍出版社，1990年。

5.《全唐诗》，北京：中华书局，1999年。

6. 郑海麟、张伟雄编校：《黄遵宪文集》，京都：中文出版社，1991年。

247

7. 曾光雄总编：《苗县九腔十八调特辑》，台北：台湾文化局，1994 年。

8. 李幸祥：《六堆客家故事》，同山：高雄县文化中心，1997 年。

9. 黄遵宪：《日本国志》（羊城富文斋改刻本），1997 年。

10. （清）黄遵宪著，吴振清、徐勇、王家祥编校整理：《黄遵宪集》（上、下），天津：天津人民出版社，2003 年。

11. 伍方斐、罗可群：《台港澳及海外客籍作家研究》，广州：华南理工大学出版社，2005 年。

12. 谭元亨编著：《客家文化史》（上、下），广州：华南理工大学出版社，2009 年。

13. 谭达先：《海外华侨华人民间文学》，北京：中国戏剧出版社，2010 年。

14. 黄荣洛：《台湾客家传统山歌词》，新竹：新竹县文化局，2000 年。

15. 郑荣兴：《客家戏基础唱腔选》，新竹：新竹县文化局，2000 年。

16. 胡泉雄编著：《客家山歌概述：歌词、俚谚、歇后语、童谣》，苗栗：台湾苗县出版社，2003 年。

17. 罗雪松、徐一周、何忠隆主编：《博白客家歌谣集》，成都：西南交通大学出版社，2011 年。

18. 胡希张：《客家山歌史研究》，广州：广东人民出版社，2013 年。

19. 黄贤强主编：《跨域研究客家文化》，新加坡国立大学中文系，2015 年。

五、国外专著与论文

1. ［日］实藤惠秀：《近代日支文化论》，东京：大东出版社，1941 年。

2. ［日］岛田久美子译著：《黄遵宪——中国诗人选集二集》，东京：岩波书店，1963 年。

3. 彭泽周：《中国的近代化与明治维新》，东京：同朋舍，1976 年。

4. ［日］蒲地典子：《中国的改革——黄遵宪与日本模式》，剑桥：哈佛大学出版社，1981 年。

5. ［日］蒲地典子：《黄遵宪的变法论》，剑桥：山川社，1981 年。

6. ［捷克］多莱热罗娃－韦林格洛娃著，伍晓明译：《从传统到现代——19 至 20 世纪转折时期的中国小说》，北京：北京大学出版社，

248

1991 年。

7. ［美］艾恺:《文化守成主义论》，贵阳：贵州人民出版社，1991 年。

8. ［新加坡］郑子瑜:《"五四"新文化运动的前驱者——黄遵宪》，《中华文化的过去现在和未来》，北京：中华书局，1991 年。

9. ［日］佐藤保:《黄遵宪与宫岛诚一郎》，《御茶水女子大学中国文学会报》，1991 年。

10. ［美］伊恩·瓦特著，高原、董红钧译:《小说的兴起》，北京：生活·读书·新知三联书店，1992 年。

11. ［美］张灏著，崔志海、葛夫平译:《梁启超与中国思想的过渡》（1890—1907），南京：江苏人民出版社，1993 年。

12. ［日］伊原泽周:《〈日本国志〉编写的探讨——以黄遵宪初次东渡为中心》，《近代史研究》1993 年第 1 期。

13. ［美］柯文著，雷颐、罗检秋译:《在传统与现代性之间——王韬与晚清改革》，南京：江苏人民出版社，1994 年。

14. ［英］安东尼·吉登斯著，赵旭东、方文译:《现代性与自我认同——现代晚期的自我与社会》，北京：生活·读书·新知三联书店，1998 年。

15. 王德威:《想像中国的方法》，北京：生活·读书·新知三联书店，1998 年。

16. ［新加坡］王力坚:《黄遵宪的文学主张及其诗歌评价》，《中国文学研究》1998 年第 1 期。

17. ［法］埃弥尔·涂尔干著，李鲁宁译:《孟德斯鸠与卢梭》，上海：上海人民出版社，2006 年。

18. ［法］劳格文:《客家传统社会》，北京：中华书局，2005 年。

19. LEONG S T. Migration and ethnicity in Chinese history, Hakkas, Peng-min, and their neighbors. Tipai：SMC Publishing Inc. ，1998.